Che Guevara

Série Biografias **L&PM** POCKET:

Albert Einstein – Laurent Seksik
Andy Warhol – Mériam Korichi
Átila – Éric Deschodt / Prêmio "Coup de coeur en poche" 2006 (França)
Balzac – François Taillandier
Baudelaire – Jean-Baptiste Baronian
Beethoven – Bernard Fauconnier
Billie Holiday – Sylvia Fol
Buda – Sophie Royer
Cézanne – Bernard Fauconnier / Prêmio de biografia da cidade de Hossegor 2007 (França)
Che Guevara – Alain Foix
Freud – René Major e Chantal Talagrand
Gandhi – Christine Jordis / Prêmio do livro de história da cidade de Courbevoie 2008 (França)
Jesus – Christiane Rancé
Jimi Hendrix – Franck Médioni
Júlio César – Joël Schmidt
Kafka – Gérard-Georges Lemaire
Kerouac – Yves Buin
Leonardo da Vinci – Sophie Chauveau
Lou Andreas-Salomé – Dorian Astor
Luís XVI – Bernard Vincent
Marilyn Monroe – Anne Plantagenet
Martin Luther King – Alain Foix
Michelangelo – Nadine Sautel
Modigliani – Christian Parisot
Napoleão Bonaparte – Pascale Fautrier
Nietzsche – Dorian Astor
Oscar Wilde – Daniel Salvatore Schiffer
Pasolini – René de Ceccatty
Picasso – Gilles Plazy
Rimbaud – Jean-Baptiste Baronian
Shakespeare – Claude Mourthé
Van Gogh – David Haziot / Prêmio da Academia Francesa 2008
Virginia Woolf – Alexandra Lemasson

Alain Foix

Che Guevara

Tradução de JULIA DA ROSA SIMÕES

www.lpm.com.br

L&PM POCKET

Coleção **L&PM** POCKET, vol. 1260
Série Biografias/33

Texto de acordo com a nova ortografia.
Título original: *Che Guevara*

Primeira edição na Coleção **L&PM** POCKET: setembro de 2017

Tradução: Julia da Rosa Simões
Capa e projeto gráfico: Editora Gallimard
Ilustrações da capa: iStock
Preparação: Marianne Scholze
Revisão: Simone Diefenbach

CIP-Brasil. Catalogação na publicação
Sindicato Nacional dos Editores de Livros, RJ.

F694c

Foix, Alain
    Che Guevara / Alain Foix; tradução Julia da Rosa Simões. – 1. ed. – Porto Alegre, RS: L&PM, 2017.
    288 p. ; 18 cm.   (Coleção L&PM POCKET, v. 1260)

    Tradução de: *Che Guevara*
    ISBN 978-85-254-3675-7

    1. Guevara, Ernesto, 1928-1967. 2. Guerrilheiros - América Latina - Biografia. I. Simões, Julia da Rosa. II. Título. III. Série.

17-44406   CDD 920.932242
                    CDU 929:323.22

© Éditions Gallimard, 2015

Todos os direitos desta edição reservados a L&PM Editores
Rua Comendador Coruja, 314, loja 9 – Floresta – 90220-180
Porto Alegre – RS – Brasil / Fone: 51.3225.5777 – Fax: 51.3221.5380

Pedidos & Depto. comercial: vendas@lpm.com.br
Fale conosco: info@lpm.com.br
www.lpm.com.br

Impresso no Brasil
Primavera de 2017

Sumário

A VIAGEM INICIÁTICA

    Partir / 13

    Diógenes de moto / 39

    O beijo dos leprosos / 51

A MUDA DA SERPENTE EMPLUMADA

    Nascido em 4 de julho / 69

    Levar o essencial / 82

    Morder e fugir / 93

    A revolução no cinema / 106

    O touro, o comandante e o cachorrinho / 121

    A conquista do Oeste / 140

O SABOR DA VITÓRIA

    A morte, sempre a morte / 151

    O artista e o camponês / 161

    O dólar na ponta do fuzil / 173

    O pesadelo Kennedy / 183

    K contra K / 190

    Fidel é deixado para trás / 198

A ÚLTIMA VIAGEM

O adeus à ilha / 211

Fiasco no Congo / 220

Lua de mel na Tanzânia / 227

O caminho que não leva a lugar algum / 235

Morte sem sepultura / 242

ANEXOS

Cronologia / 259

Referências / 263

Notas / 267

Agradecimentos / 277

Sobre o autor / 279

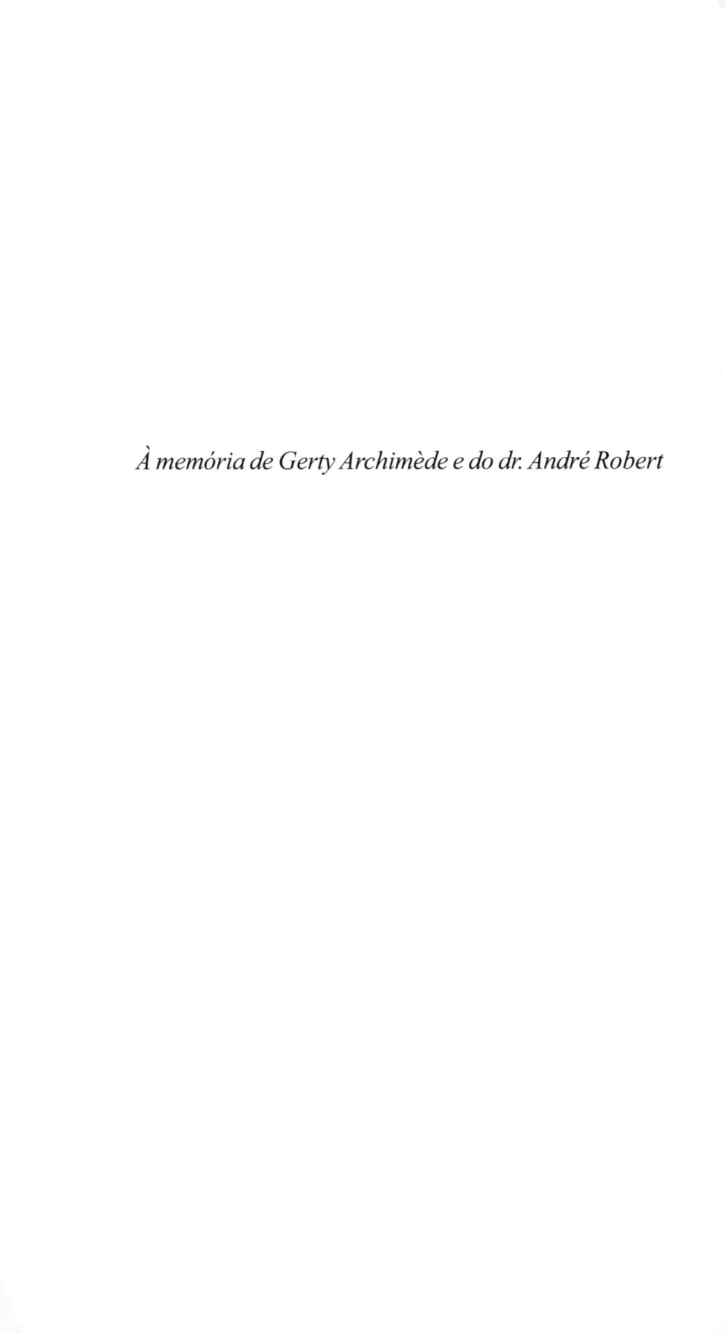

À memória de Gerty Archimède e do dr. André Robert

"Nossa revolução obstinou-se a lutar contra o analfabetismo e a desenvolver a educação e a cultura para que todos fossem como o Che."

FIDEL CASTRO

"Sejam cubanos."

JEAN-PAUL SARTRE

"Sou o futuro em movimento."

ERNESTO CHE GUEVARA

"You may say I'm a dreamer, but I'm not the only one."

JOHN LENNON

A VIAGEM INICIÁTICA

Partir

Partir. Partir em silêncio. Abandonar o que se tem de mais precioso, levar consigo apenas o essencial. Ele acaricia, sonhador, a parte lisa e imberbe da bochecha, entre o maxilar e a maçã do rosto, que se recusa obstinadamente a deixar crescer um único fio da barba de resto farta que ele usa. Como se algo de sua adolescência ainda resistisse ao homem maduro e duro em que ele se transformara. Sob a aurora dourada do alvorecer em Havana, ele observa, do alto da Fortaleza de San Carlos de La Cabaña, erigida no promontório da margem sul da baía e então sob seu comando, o burburinho nascente, as parelhas de cavalos, os carros americanos, os caminhões soltando nuvens de fumaça, as bicicletas e os pedestres aos milhares que começam a animar o bulevar Malecón, longo quebra-mar tocado pelas ondas. Desse observatório que domina a cidade, ele consegue distinguir, ao longe, Hemingway titubeando no cais, apoiado no ombro incerto de um companheiro de bebedeira à saída do Dos Hermanos, do La Bodeguita del Medio ou do El Floridita, locais preferidos de suas noites etílicas, e prestes a dissipar em seu reluzente iate os múltiplos daiquiris de sua lavra.

O velho, que aplaudira os barbudos da revolução e abraçara Fidel Castro, ainda pode sonhar em alto-mar com pescas milagrosas e imensos peixes-espada. Mas não por muito tempo.

El Comandante Ernesto Guevara de la Serna sabe disso. Ao contrário de todos aqueles *comemierdas* que ainda se iludem com as atitudes do Tio Sam, o vizinho norte-americano, ele há muito tempo entendeu que os imperialistas não deixarão surgir sob suas barbas uma nova ordem mundial, uma utopia de liberdade que afronta o famoso *American way of life*. E por mais que o caro Hemingway seja um grande escritor, por mais livre e admirável que possa ser, ele um dia terá que deixar Cuba por ordem de seu governo, como todo cidadão estadunidense, e voltar para a Flórida, pois em breve um americano em Cuba poderá ser condenado a cinco anos de prisão.

Partir, sim, partir. "Tenho de novo as costelas de Rocinante sob os calcanhares"[1], ele um dia escreverá aos pais.

Será seu destino como o do cavaleiro da triste figura, ao qual ele gosta de se comparar: correr o mundo, defender viúvas e órfãos, atacar moinhos de vento? Como Dom Quixote, ele carrega a velha nobreza de coração herdada da mãe e da linhagem dos De la Serna, família de intelectuais afortunados, patrícios distintos que colocam o espírito acima do dinheiro. Ele havia herdado a desenvoltura que faz a graça e a liberdade daqueles que se elevam com orgulho e desdém acima das contingências materiais e das pressões sociais dos mexericos.

De mãe burguesa e boêmia e pai de origem irlandesa – Ernesto Guevara Lynch, arquiteto e empresário pouco empreendedor, pouco à vontade em questões monetárias, que de falência em falência levaria a mulher e os cinco filhos às raias da indigência –, ele nascera em berço pouco convencional, libertário e sonhador. Seu sonho do "homem novo" assemelha-se ao do fidalgo de La Mancha, que se recusa a aceitar o mundo ao redor e parte para a guerra contra os mercadores do Templo e contra os barrigas-cheias que zombam do espírito cavalheiresco e da verdadeira nobreza, aquela que vem do coração, do espírito, da ética e da esperança. Atitude ridícula, fora de moda? Azar da moda, azar das aparências. Melhor saber quem dita a moda e por quê. Que riam. O ridículo não mata. A Browning, sempre à mão no estojo de couro gasto preso ao cinto, pode fazer isso muito bem. Sua figura tem algo de Dom Quixote, sem dúvida, mas de um Quixote pragmático e armado.

Ele havia chegado a Cuba como um falcão, e como um falcão partiria. Pássaro sem terra, não fizera seu ninho ali. Mas precisava ficar um pouco mais, esperar, a pedido de Fidel Castro, a consolidação do ninho dos pássaros novos que caçavam os antigos. Não seria esse o destino de Cuba? Os índios tainos, seus primeiros habitantes, haviam recebido de braços abertos Cristóvão Colombo e seus aventureiros, que, segundo os versos épicos do cubano José Maria de Heredia, haviam guerreado na ilha como *falcões na montanha natal*. Ele conhecia aqueles versos de cor. *Iam buscar, enfim, o fulgente metal,/ Que do Cipango flui como riqueza esquiva./ E do alísio fiel a força sempre viva/ Velozmente os guiava ao mundo ocidental./ Cada noite, a esperar da glória as alvoradas,/ Do amplo mar tropical o fosfóreo vestido/ O seu sonho enfeitou de miragens douradas* [...].*

Mas não havia ouro em Cuba, apenas uma terra fértil que precisava ser cultivada, mão de obra local reduzida à escravidão depois de sucessivos massacres e mão de obra importada pelo tráfico negreiro.

Ernesto havia aprendido o poema de Heredia no colégio argentino, como toda criança latino-americana. Apreciava sua beleza romântica. Com ele saciara um pouco da fome de poesia de que era ávido desde a adolescência e que o levava quase à indigestão. Grande devorador de literatura e filosofia, ele compartilha dessa feliz característica com as muitas crianças enfermiças, frágeis e muitas vezes acamadas como ele, tendo como companheiro o tédio proporcionado por tantos dias de leitura solitária. O poema épico havia, como tantos outros, conquistado seu espírito. O brilho guerreiro daqueles versos com os clarões do metal das armaduras espanholas o perturbava. Não apenas pelas ênfases pomposas, mas também pelo caráter luminoso que acompanhava as ondas de conquistadores de uma América cem vezes violada.

Ele havia percorrido um longo caminho desde a infância burguesa e protegida, havia lido outras coisas e com outros olhos, sobretudo um certo José Martí, poeta e escritor, libertador de Cuba, que se tornara independente da Espanha mas depois caíra na dependência comercial dos Estados Unidos. José Martí era o herói fundador do orgulho cubano, cujo busto de fronte alta, rosto emaciado, bigode espesso hoje ornava, como uma Marianne, todos os espaços públicos e edifícios oficiais.

---

* Trecho de "Os conquistadores", traduzido por Gustavo Barroso. (N.T.)

Sim, Ernesto lera muito, mas acima de tudo viajara, saindo do confortável casulo para mergulhar, com apenas 24 anos, num continente de miséria, doença, analfabetismo e submissão desesperada ao longo de duas viagens pela América Latina. Construíra para si, assim, uma ideia precisa sobre a alienação e a exploração das populações indígenas. Buscara respostas a suas perguntas mergulhando nas profundezas da filosofia. Leu Descartes, "herói do pensamento", como o descreveu nas margens de um livro, um aventureiro da metafísica que avança para fora dos territórios balizados pela mente, mas que avança mascarado, soldado de um pensamento armado e robusto. Ele lera Kant, Hegel, Nietzsche e Schopenhauer, Platão, Aristóteles e Heráclito, Pitágoras, Empédocles e Parmênides, Husserl, Heidegger, Merleau-Ponty e Sartre. Frequentara os livros de Bertrand Russell, praticara Freud e dialogara com Bergson. Depois lera Marx e Engels, Lênin, Mao e Althusser. Vira a outra face da moeda dourada do poema "Os conquistadores" e devolvera-a a Cuba com a força das armas. No entanto, conservava algo do conquistador dentro de si. O brilho dos alexandrinos perdurava. O ouro sonhado pelo conquistador moderno em que ele se transformara para construir um outro novo mundo não brilhava mais com a cor do metal amarelo que, segundo ele, era responsável pelo infortúnio dos homens, mas com a cor dos tempos futuros que veriam sua utopia realizada. Depois de sua morte, sem dúvida depois de sua morte. Ele sabia disso. Tinha certeza.

Partir em breve. Por enquanto, deixar para trás aquela cidadela que havia cinco meses era sua residência principal, desde sua chegada triunfal a Havana, atrás do heroico e jovial companheiro de luta, o comandante Camilo Cienfuegos.

Em 2 de janeiro de 1959, dia da vitória final, ele recebera ordens de Fidel Castro, que continuava em Santiago de Cuba, para tomar de assalto a fortaleza de La Cabaña. Em 3 de janeiro, depois da conquista, recebera ordens de assumir o comando e a direção do tribunal revolucionário. Fizera daquele lugar uma prisão de segurança máxima para mais de três mil civis e militares contrarrevolucionários.

Estamos em 12 de junho de 1959. Em dois dias, ele fará 31 anos. Mas pouco pensara em aniversários durante os dois últimos anos, passados em combate. Afetuosamente chamado de Che, devido ao tique de linguagem que os argentinos têm de pronunciar essa interjeição em finais de frase a torto e a direito, tornara-se o homem sem idade. Sem tempo, ao menos. Precisa partir naquela noite.

Sente-se sufocar. Precisa de ar. Haviam-lhe arranjado, porém, longe do forte, uma pequena casa-escritório de telhado vermelho e conforto mínimo, de acordo com seu gosto decididamente espartano. Um pouco abaixo, um flamboyant faz voar ao sol suas pétalas escarlates tendo ao fundo o azul da baía onde *El Comandante* deixa seus olhos se perderem. Em sua boca, um gosto de sangue. Faz cinco meses que julga, manda prender e matar. Sanções que vão de dez anos de prisão a pena de morte, reservada aos militares culpados de crimes de guerra e torturas a cidadãos comuns ou soldados prisioneiros. Cinco meses de extrema tensão, de combates intestinos entre o guerreiro que ele se tornara e o médico que ele continuava sendo apesar de tudo. Mas seu Juramento de Hipócrates, prestado em Buenos Aires quase às vésperas de seu aniversário de 25 anos, em 11 de junho de 1953, ao receber o diploma de doutor em medicina e cirurgia com menção honrosa, parece muito distante. Distante também parece o estudante que partira sonhador sob as estrelas do verão austral de 29 de dezembro de 1951, "mãos nos bolsos vazios", na carona da *Poderosa*, uma relíquia em duas rodas, uma velha Norton 500 cc, malcheirosa, barulhenta e queimando óleo, orgulho do amigo Alberto Granado e pilotada por ele, atravessando a América do Sul rumo à Venezuela, saindo de Buenos Aires e cruzando a cordilheira dos Andes. Uma longa viagem iniciática em que "sua América" lhe revelara suas belezas, seus mistérios, suas terríveis injustiças. Voltara dela profundamente modificado. Por trás do médico que retornava já se escondia o aventureiro.

Depois disso, sua vida seria viajar. Viajar literal ou internamente, para as profundezas de uma alma que pouco a pouco descobre suas próprias sombras e precipícios, mas também suas luzes. Durante esse périplo em que o médico boêmio se radicaliza, abraçando a causa revolucionária, ele se torna soldado e, pela força dos acontecimentos, executor.

Sete anos tinham se passado desde o doutorado e ele estava ali. Dentro de um forte sangrento, assinara 164 ordens de execução de militares julgados sanguinários, irrecuperáveis e perigosos para a revolução. Número do qual não se orgulha, a não ser pela dolorosa razão de ter cauterizado uma chaga para impedir mais mortes ainda. Número muito inferior ao atribuído a ele por seus detratores, que o chamam de "açougueiro de La Cabaña".

Não que não haja nesse homem algo de aterrorizante, como o gosto pelo sangue, a embriaguez do combate, a vertigem dos precipícios íntimos que sempre o levam ao encontro da morte. Mas pode-se dizer que ele fizera de tudo para limitar o número de mortos, que lutara com unhas e dentes para fazer com que chegassem a Fidel Castro as apelações que ele acreditava legítimas. Pouquíssimas haviam sido atendidas. Ele obtemperara e executara. Como agir de outro modo? Havia tomado partido da revolução e de Fidel, por quem sente admiração e confiança ilimitadas. Castro sente o mesmo por ele. Uma amizade profunda une os dois homens, moldada pelos rigores da Sierra Maestra durante aqueles dois anos de combate.

Mas ele, o Che, herói de Santa Clara, cidade da vitória decisiva, fora enclausurado por Fidel assim que chegara a Havana naquele forte inexpugnável, responsável pelo trabalho sujo da revolução. Teria o *líder máximo* desejado manter afastado das necessárias negociações para a formação do governo revolucionário aquele herói do povo, brilhante demais, visionário demais, bajulado demais, ouvido demais, protegendo assim aquelas discussões extremamente delicadas de um espírito incisivo, de palavras categóricas e francas, pouco afeito a acordos duvidosos e ardis políticos? E não havia ele pedido a Camilo Cienfuegos, subordinado ao Che, para precedê-lo e entrar vitorioso em Havana, pelas mesmas razões? Alguns acreditam que sim. Teria sido necessário, para não assustar rápido demais o grande vizinho americano, colocar à sombra dos projetores voltados para a jovem revolução aquele que afirmava a quem quisesse ouvir que era comunista? É bastante provável que sim.

Para além das conjecturas, devemos fazer a seguinte pergunta: qual dos dirigentes da revolução seria o mais capaz de comandar uma injustiça imparcial e sem apelação diante de uma população dividida entre os sedentos de vingança e os que temem excessos? A resposta é evidente: ninguém além dele gozava, naquele momento, de tanta legitimidade. Em primeiro lugar, porque ele era argentino, estrangeiro às pequenas questões pré-revolucionárias de Cuba, e não podia ser suspeito de tomar parte em lutas internas. Sua integridade, elevação e intransigência morais já tinham, aliás, dado a volta na ilha.

Por fim, podemos supor que Fidel, tendo que gerenciar a continuidade do poder que estava em suas mãos, não quisera de modo algum que elas fossem manchadas de sangue. Ernesto Guevara era seu braço direito, ou melhor, seu braço-forte; não tinha intenção de tomar o poder. Cuba era apenas uma etapa para ele. Ora! Ele podia, então, fazer aquele trabalho.

Para facilitar-lhe a tarefa e aumentar a legitimidade dos atos que lhe eram solicitados, Fidel Castro modificara a Constituição cubana, que desde 1940 proibia a pena de morte.

Um encargo, realmente, e um ato de urgência para responder ao povo, cuja sede de vingança corria o risco de levar a revolução para o caos. As cenas de linchamento se multiplicavam por toda a ilha. O chefe da polícia de Santiago, conhecido por seus abusos e torturas, é selvagemente assassinado por um povo em fúria. Fidel pede calma, garante uma justiça revolucionária equitativa e firme. Ele a instaura convocando o povo e os jornalistas do mundo inteiro para um processo público organizado no imenso Palácio dos Esportes, com dezoito mil lugares. Erro crasso! Não se trata de justiça, mas de uma tourada! Entre os jornalistas presentes, Gabriel García Márquez inspira-se no acontecimento para escrever *O outono do patriarca*. Para sua grande surpresa, depara-se com Errol Flynn, que se dirige a ele em francês. "Que merda! Flynn também era castrista!"[2]

Naquele 16 de fevereiro de 1959, um estádio inteiro em fúria vaia Jésus Sosa Blanco, ex-chefe da polícia de Batista, cujas 108 acusações de assassinato eram conhecidas em toda a ilha. Os arrazoados são interrompidos pela multidão. Os advogados têm dificuldade de se fazer ouvir. A "operação verdade" que Fidel, seguro de si e de sua justiça, mas também com certa ingenuidade, quisera apresentar ao mundo inteiro transforma-se numa farsa diante de quatrocentos jornalistas zombeteiros e horrorizados. Aquilo que o Che diz e pensa se torna inaudível naquele momento: "A justiça revolucionária é uma justiça da verdade, ela não é rancor ou excesso nocivo. Quando infligimos a pena de morte, fazemos isso corretamente".[3] *Dura lex, sed lex*, em suma. Urgia impor a presença da lei para evitar o caos. Garantir o rigor à população para conter a raiva. "Sejamos terríveis para que o povo não o seja", dizia Danton.

A jovem revolução era como um botão que se abria durante uma primavera fria. Qualquer vento poderia lhe ser fatal. Sua luz ainda oscilava aos olhos do mundo, e o inverno dos aproveitadores ameaçava à sombra dos quartéis, das delegacias, na rua e nos bairros ricos. Especialmente no coração de El Vedado, antiga floresta preservada durante a era colonial, fora do centro da cidade, que vira florescer sob o domínio americano luxuosas residências, pretensiosos arranha-céus, cassinos, bordéis e hotéis de luxo como o Le Capri, onde se hospedavam homens como Lucky Luciano, Meyer Lansky, Santino Masselli, também chamado Sonny the Butcher, e outros grandes nomes da máfia norte-americana, muito ligada à polícia e aos altos escalões do exército de Batista – todos vivendo em bons termos com os agentes da CIA espalhados por toda parte. Em suma, todo o fermento para uma contrarrevolução. Era preciso ser inflexível, podar os galhos podres do exército e da polícia, aos quais se agarravam os parasitas da antiga ordem. Era preciso mostrar com clareza quem era o novo chefe. Assim, marcial e magistral, Fidel Castro instalara seu QG no 22º andar do Habana Hilton, renomeado Habana Libre, fazendo os ratos da máfia fugir das redondezas.

Mas nem a lei marcial nem a lei civil poderiam sustentar a legitimidade de um novo poder sem a instauração de uma lei moral. Uma ética clara, compreensível por todos, precisa ser estabelecida. Não a moral religiosa corrompida pelas práticas duvidosas dos fiéis que gozavam do poder tirânico, tampouco a moral da Igreja, que perdera boa parte de seu crédito popular devido à sua ambivalência em relação à revolução, mas uma moral laica e revolucionária que afirme a primazia do povo, *primus civitatis*.

Ironia da História, o descendente direto, por parte de pai, de Charles Lynch, juiz da Virgínia vindo da Irlanda, que dera origem à palavra "linchamento", vê-se dois séculos mais tarde com a função de organizar os tribunais de La Cabaña, que têm como um de seus objetivos confessos colocar um ponto final nos inúmeros linchamentos perpetrados em toda Cuba.

Ernesto Guevara estabelece o imperativo categórico da razão revolucionária em todas as suas decisões. Ele cala os sentimentos em nome da razão, que deve servir a uma causa superior à sua pessoa. Simples de dizer. Mas mesmo para o comandante Ernesto Guevara de la Serna, que desde a mais tenra infância forjava sua própria vontade, que a afiava como um soldado afia seu sabre, isso teria consequências.

O cansaço que o invade e que já o tinha levado ao hospital e obrigado ao repouso forçado não é como aquele que conhecera durante os dois anos de guerrilha na montanha.

Apesar de não ser ele a dirigir pessoalmente os pelotões e a conduzir os condenados até o famoso *paredón*, e sim Herman Marks, um *gringo* que se aliara à causa, é ele quem assina as penas de morte com uma mão pesada e cansada, mas segura de si. Ele exige, aliás, visto que a revolução era um feito de todos os combatentes, que todos os homens presentes no forte se revezem para participar das execuções. Todos devem assumir esse gesto revolucionário e, portanto, necessário, e ninguém pode alegar ter as mãos limpas.

Sair daqui, e rápido. Deixar a morte e abraçar a vida. Ernesto volta o rosto para o leste, para os raios do sol nascente que acabam de passar a alta barreira da Sierra Maestra, longa cadeia de montanhas que, culminando a cerca de dois mil metros, margeia a porção oriental da ilha, onde tudo havia começado. À luz do alvorecer, vitorioso depois de plantar a bandeira da revolução no coração frívolo de Havana, ele busca naquela manhã serena um pouco de calma e tranquilidade. Respira lenta e profundamente, controla a respiração como havia aprendido a fazer. Há algo de Rimbaud naquele rosto que presta homenagem ao astro da manhã e fecha os olhos sob os raios já quentes, como a máscara de uma criança morta ou de um adolescente paralisado para todo o sempre. Alguma coisa acabara às margens ardentes de suas infâncias. Infâncias banhadas por torrentes de poesia, de exacerbada sensibilidade à injustiça, prestes a sair da correnteza à menor tempestade e extravasar de indignação. Mas o jovem de Charleville havia matado o menino dentro de si, abandonando a poesia e exilando-se na África para descer às margens escuras do tráfico negreiro, enquanto o de Buenos Aires, poeta de rima mal armada, faz de sua vida um longo poema de som e fúria, barroco e tumultuado, inacabado.

Ele experimentara fazer poesia. Mas seus versos de pé-quebrado o levavam a corar. Não que ele não tivesse talento para certo tipo de escrita, precisa e afiada, mas faltava-lhe o essencial: a música e o ritmo. Ele não tinha o ouvido musical e não sabia dançar. Um argentino inapto para o tango, incapaz de distingui-lo de uma valsa ou de uma rumba. Ele havia aprendido alguns passos para conquistar as garotas, mas sua falta de jeito provocava risos, como na noite do baile em que Alberto Granado, para divertir-se, dissera-lhe: "Essa você pode dançar, é um tango".[4] Tratava-se de uma rumba. Ele se enredara nas pernas da desconcertada garota e, em meio aos risos que se elevavam em volta, soubera assumir seu erro, pois tinha um profundo senso de autoderrisão.

E agora ele está ali, desajeitado como um albatroz, no meio de um povo de dançarinos. Se o pássaro desastrado em sociedade às vezes desperta sorrisos ou caretas de irritação, o falcão sempre presente dentro dele impõe respeito, admiração e por vezes temor.

Naquela manhã de 12 de junho de 1959 ele está impaciente. Deixar aquele espaço prisional, descer ao coração risonho de Havana, beber a saideira e pegar o avião ao cair da noite. Uma vez só, ele bem que gostaria de festejar aquele 14 de junho, data de seu 31º aniversário. Festejá-lo como um cubano, pois Fidel Castro, devido às responsabilidades que lhe confiara, concedera-lhe em 9 de janeiro de 1959 a nacionalidade cubana. Mais que isso, decretara-o "cubano de nascimento". Estranho e engraçado, sem dúvida. Mas havia um fundo de verdade naquilo tudo. Cuba era de fato para Ernesto Che Guevara de la Serna o lugar de seu segundo nascimento. Ele havia nascido com a revolução.

A velha locomotiva a diesel BB 63567 alaranjada solta um grito estridente e move-se lentamente, puxando da estação La Coubre, em frente ao porto, uma carga composta de materiais e homens, enquanto lhe responde a sirene do grande cargueiro com a bandeira americana que entra em Havana, cercado por seus navios-pilotos. A vida continuava como se nada tivesse acontecido, o comércio internacional também, sobretudo com os norte-americanos. Mas por quanto tempo?

Tudo precisava ser refeito, e toda a economia precisava ser reconstruída. O tirano Batista, que batera em retirada, levara consigo os cofres do Estado.

Fulgencio Batista, um sargento obscuro que se tornara, não se sabe por qual milagre, qual passe de mágica ianque, da noite para o dia, coronel do exército cubano e que, em 15 de janeiro de 1934, à frente de uma junta militar, dirigira um golpe de Estado para formar um governo sob a dependência dos Estados Unidos. Para cúmulo da ironia, a mulher daquele que fizera de Havana a "puta" dos Estados Unidos – com seus 270 bordéis, seus inúmeros cassinos mantidos por gângsteres da máfia da Flórida – era uma mulher profundamente devota e supersticiosa que mandara erigir, antes de fugir com o dinheiro do povo, um Cristo monumental de mármore branco com quinze metros de altura que, 79 metros acima da baía, abençoava a capital. Esse Cristo, semelhante ao do Rio de Janeiro, instalado a poucos passos da casa-escritório de Che

Guevara, era um estranho companheiro. Naquela manhã, eles olham para a mesma direção, os olhos fixos na cidade que começa a acordar.

Estranha ironia, no entanto, da parte de Castro, alojar ali, tão perto daquele Cristo monumental, seu companheiro de lutas que ele sabe profundamente ateu, anticlerical tanto por tradição familiar quanto por convicção e de palavrões sacrílegos tão fáceis. Que ironia obrigá-lo a acordar e a dormir à sombra daquele Cristo cuja imponente presença ele não pode em momento algum ignorar! Não resta dúvida, aliás, conhecendo-se o espírito sarcástico do Che, de que ele havia zombado gentilmente da mãe de Fidel, beata incurável, que, enquanto duraram os combates pela revolução, todos os dias ia rezar aos pés da estátua do Cristo de Santiago de Cuba pelo filho. Não resta dúvida, também, que Che achara graça ao ficar sabendo que, desde o dia seguinte à sua inauguração, e várias vezes depois, raios caíam na cabeça do Cristo de Havana.

As ondas batem com um ronronar contínuo no quebra-mar de Malecón, e o Che estremece. Não por causa do alísio que acaba de cruzar a barreira da Sierra Maestra, mas pela passagem de um sopro bem mais ardente, que ele busca no fundo de seu peito. O sinal precursor do despertar iminente de seu inimigo interno, o inimigo mortal escondido no fundo de seu corpo desde a infância e do qual ele nunca se livrará: a asma.

Controlar, controlar a respiração, não se deixar invadir pelo sufocamento. Dominar aquele animal que quer sua pele, afogá-lo em si mesmo, dissolvê-lo por inteiro em seu mar negro, seu vazio sem margens. O oceano abaixo leva sua língua profunda à garganta de Havana. Suas ondas batem com força no dique de Malecón em chuvas de espuma. Falta-lhe ar. Encontrar o equilíbrio, fluxo e refluxo, regular a entrada de oxigênio, combater a asfixia, mão negra da morte que comprime seus pulmões, toma posse de sua laringe.

O horizonte lhe escapa. Fora nele que sua mãe se perdera. Celia de la Serna era jovem, bonita e despreocupada. Ela mergulhava, nadava, seu estilo livre era vigoroso, como o de uma campeã de natação. Ela queria chegar ao horizonte, desaparecera atrás do encrespamento das ondas. Ele a perdera de vista. Estava sozinho naquela praia, abandonado naquele outono argentino do mês de maio de 1930. Ele tinha dois anos e chorava ao lado de seu castelo de areia. Ninguém daquele clube náutico muito chique de San Isidro, na marina de Buenos Aires, prestara atenção nele. Fazia frio. O vento era gélido. Ele tremia. A sombra o cobria, e a noite caía. Sua mãe estava morta, era o que ele pensava, fora devorada pelo oceano. Ele nunca mais a veria. A sombra que finalmente emergira e saíra da água seria mesmo ela ou seu fantasma? Não, aquela que usava o mesmo maiô e se parecia com ela em tudo, aquela que se desesperava com sua inconsciência, gritava, chorava e tentava reaquecer o filho pálido, trêmulo e tomado por uma tosse invencível, e que lhe dizia "Ernestito, não chore, acalme-se, mamãe está aqui", aquela não era sua mãe, não era mais sua mãe. Ela se chamava Celia Guevara de la Serna, tinha de fato 24 anos, mas não era mais sua mãe. Acabara de perder essa condição. Ernesto continuaria a chamá-la de mamãe, sentiria por ela uma afeição filial, seria obediente, mas naquele momento se tornara o filho mais velho, assumira o comando, do fundo de sua cama, com seus espasmos de dor. Ele e sua doença orientariam a vida daquela *mamita* e daquele *papito*, que também acorrera, em pânico, de seu iate de doze metros a poucos metros de distância. Eles passariam de médico em médico, de especialista em especialista, para tentar encontrar uma maneira de conter aquela doença misteriosa que parecia ter fundo emocional, que podia ter os sintomas diminuídos mas que, por enquanto, naquele ano de 1930, não tinha cura.

Celia era voluntariosa. Ela não desistia e queria combater a todo custo aquela asma que estava roubando seu pequeno *Tété*. Ela não conseguia suportar seu "ronronar"[5] durante as crises frequentes, diria seu marido, que logo se deixaria convencer a abandonar o ar úmido e insalubre de San Isidro, assim como eles tinham deixado o de Rosario, onde o menino frágil havia nascido por acidente, durante uma parada a caminho de Buenos Aires, e onde pegara, ainda bebê, uma broncopneumonia.

O novo trabalho de Ernesto pai, enquanto coproprietário de uma empresa de construção naval em San Isidro, possibilitara que eles se aproximassem da capital e do restante da família. Família simpática, porém burguesa e sufocante, da qual eles não se importaram de se afastar novamente.

Partir. O pai tinha o gosto da aventura e da viagem. A mãe também. Ela havia viajado à Europa, visitado Paris e se aperfeiçoara na língua que havia aprendido, jovem de boa família que era, com religiosas francesas. Uma língua que ela ensinaria ao pequeno *Tété*, e junto com ela o gosto pela Cidade Luz e tudo o que esta iluminava em matéria de arte, literatura, filosofia, espírito de liberdade e modernidade, em que a mulher tinha lugar. Ela havia voltado à Argentina de cabelos curtos e com um cigarro na boca.

Foram para a montanha, a companheira de sofrimentos, esforços, delícias e combates que Ernesto frequentaria por toda a vida. Subiram as encostas da Sierra de Córdoba e se instalaram na pequena cidade de Alta Gracia, conhecida pelo ar puro e pelo clima salutar. Ernesto tinha quatro anos e meio, mas, como não podia frequentar a escola de maneira contínua, Celia se ocupara de sua instrução até os dez anos, idade em que ele poderia ingressar no liceu. Mas a asma continuara presente, apesar de atenuada pelo clima, irrompendo em ondas sufocantes que o submergiam. Ele resistia, lutava e, às vezes, no fim de suas forças, sem fôlego, contorcendo-se na cama, acabava pedindo: "Papito, me dê uma injeção".[6] Sua vontade se fortalecera nessas primeiras lutas contra essa morte com a qual ele aprendera a coabitar, a coexistir. Com o passar do tempo, ela não lhe causaria mais medo, e ele tomaria consciência de que precisaria mostrar a essa residente invasora quem era o senhor em sua própria casa. Afastando a doce mordaça dos braços da mãe, ele desafiaria a morte, correndo riscos excessivos. Podemos vê-lo numa fotografia equilibrando-se num cano acima de um precipício. Ele tomara gosto por esse esforço. Abandonando os clubes de golfe e polos, para os quais sua posição social o orientava, ele descera para a arena dos esportes de contato e aguçara sua virilidade. Praticara rúgbi, tornara-se goleiro de um time de futebol de bom nível, apaixonara-se pelo boxe e, por outro lado, pelo xadrez, jogo de guerra, estratégia e confronto, de intensa agressividade mental, em que ele se destacara, chegando a desafiar em duelo o melhor jogador da Argentina, diante do qual precisara se curvar em sinal de admiração. Todas essas atividades foram encorajadas por seus pais, a começar pela mãe, numa época em que o espírito olímpico do francês Pierre de Coubertin, saudado pela burguesia do mundo inteiro, conferia ao esporte, aliado às artes e à atividade intelectual, suas cartas de nobreza.

As ondas se acalmam dentro dele. *El Comandante* recupera o fôlego. Ele se levanta, os punhos tocando o frio metal da escrivaninha. Aleida March está atrás dele, silenciosa e discreta. Ela observa sua nuca há pouco raspada, pois ele abandonara por ela os grandes cachos escuros que caíam quase até os ombros. Fazia dez dias, por ocasião do casamento dos dois, em 2 de junho de 1959. Aleida é a segunda mulher de Ernesto. Ela é tão loira, doce e cubana quanto ele é moreno, taciturno e argentino. Ela é como sua sombra. Uma assistente onipresente e eficaz, uma companheira tranquila no coração duro daquela fortaleza. Ela assiste sem pestanejar à crise de asma. Acima de tudo, não intervir. Isso o deixaria furioso. A asma é uma questão dele com ele mesmo. Felizmente, é uma crise passageira.

Aleida já está com a chaleira de água quente na mão e a erva para lhe preparar um mate. Naqueles momentos, é o que ela pode fazer de melhor. É no mate que ele encontra conforto, naquela bebida amarga que faz descer pela garganta todo amargor de sua alma. Ele é um argentino que não consegue ficar sem seu mate. Como um britânico e seu chá. Mesmo no coração da selva, nos picos mais agudos da Sierra Maestra, em vales profundos e perigosos, em todos os ardentes caminhos da guerrilha, ele levava consigo sua erva-mate, sua *yerba buena*. Deus sabe por que meios e estratagemas ele a encontrava quando sua mãe não a enviava de sua Argentina natal. Mas ele sempre tinha um pacote de reserva.

Aleida observa aquele homem, quase uma estátua, que lhe dá as costas, olhos voltados para o oceano. Um corpo musculoso impondo suas formas atléticas a uma farda larga e calças folgadas caídas sobre coturnos mal amarrados e bolsos laterais abarrotados com uma miscelânea de objetos diversos, pendendo como pochetes. Uma estátua, talvez, mas em movimento.

Do alto de suas 25 primaveras, Aleida já entendeu que aquele monumento vivo que a escolheu como esposa e por quem ela se apaixonou perdidamente nunca lhe pertencerá. Pois aquele herói da revolução já não é apenas um homem, e ela tem plena consciência de que não pode conter uma torrente com as mãos. Ele é um homem-movimento. Nem ela nem ninguém poderia detê-lo, a não ser a morte. Como se surfasse sobre as ondas, é dele que retira energia e a devolve com gestos precisos e estruturados, com sua eficácia e seu equilíbrio. Longe de ser uma mulher passiva, coisa que causaria horror ao Che, ela mantém com ele um diálogo muito mais que apenas amoroso. Ela é sua secretária e sua enfermeira. Dotada de um aguçado senso de organização, ela o auxilia na desgastante tarefa de gestão de La Cabaña e em tudo que ele quiser lhe confiar. "Ele não encontrou em mim uma companheira com a sagacidade e a sabedoria de um Sancho Pança", ela escreveria, "mas uma companheira leal e constante."[7]

Não, ela sem dúvida não tinha nem a sagacidade nem a sabedoria de Sancho Pança, pois, sob seus ares de jovem comportada e doce, essa professora escondia um temperamento fogoso. Com um ciúme doentio, assim que qualquer saia passasse sob os olhos de *El Comandante*, ela mostrava as garras. Sofreram as consequências várias mulheres que, voluntariamente ou não, se viram próximas demais do belo argentino. Um ciúme que o Che gostava de atiçar, aliás, com seu espírito zombeteiro. Uma carta enviada do Marrocos logo depois é um exemplo:

> Aleiducha
> Dessa última etapa de minha viagem envio-te um beijo marital. Eu esperava manter-me fiel, mesmo em pensamento. Mas as mulheres marroquinas são realmente sedutoras...
> Um beijo.[8]

Filha de uma família de camponeses pobres, caçula de cinco filhos, Aleida é dotada de uma determinação e de uma pugnacidade que estão longe de desagradar ao guerrilheiro. Interessada por estudos de medicina, ela precisara, por falta de dinheiro, optar pelo ensino, entrando primeiro numa escola preparatória de Santa Clara e, depois, com a ajuda financeira de um tio e de Orlando, seu irmão mais velho, obtendo os diplomas que lhe permitiram estudar pedagogia na universidade central de Las Villas. É ali, entre esportes, leituras e cinema, suas três paixões, que ela desperta politicamente. Um despertar provocado pelo golpe de Estado de Fulgencio Batista, em março de 1952, e a seguir, em 1953, pelo rocambolesco assalto ao quartel Moncada, em Santiago de Cuba, comandado por um intrépido e jovem advogado chamado Fidel Castro à frente de 130 rebeldes determinados a derrubar a ditadura.

O ataque ocorrido em 26 de julho, em pleno carnaval de Santiago, ato fundador do movimento revolucionário que será chamado de Movimento 26 de Julho (M-26), fora um fracasso retumbante. Preparado com cuidado numa fazenda de aves escolhida como QG, seu objetivo era tirar proveito da embriaguez e da bagunça daquele dia de festa – alguns estavam disfarçados de militares e policiais, outros usavam paramentos variados –, tomar de assalto o arsenal e, depois, o quartel inteiro. Infelizmente, os soldados também tinham se organizado para o carnaval. Eles haviam deslocado o arsenal para fazer espaço para a música e a dança. Ao entrar no local, os rebeldes se viram cara a cara com soldados armados com instrumentos de música. O alerta fora dado e, em meio aos tambores de carnaval, um tiroteio infernal tivera início. Os muros amarelo-ovo do quartel que parecia um castelo de opereta ou um cenário hollywoodiano foram manchados de sangue. Seis rebeldes morreram em combate, 49 foram torturados até a morte dentro do próprio quartel. Fidel havia conseguido escapar com a ajuda da população, mas fora capturado alguns dias depois.

Assim teve início a verdadeira lenda que marcaria com ferro em brasa a consciência de toda aquela geração de cubanos da qual Aleida fazia parte e que determinaria o futuro de alguns. Assim teve início a lenda de Fidel Castro, o abençoado, dotado de uma sorte fora do comum que nunca o abandonaria.

O tenente Pedro Sarría, descendente dos haitianos escravos levados para o leste de Cuba, que o capturara, recebera ordens de executá-lo imediatamente. Como Batista era mulato, os soldados negros tendiam a identificar-se com ele e dar-lhe crédito. Mas o tenente Sarría, de 53 anos, não era um desses homens. Com alta consciência de sua função, recusara-se a aplicar servilmente ordens contrárias à sua moral militar. Ele gritara a seus soldados: "Não atirem! Não se matam ideias". E essas ideias, salvas *in extremis*, trilhariam um longo caminho. Os revolucionários nada tinham de comunistas à época. Humanistas, sem dúvida, no rastro do libertador José Martí. Castro faria sua profissão de fé durante seu processo, em que se encarregaria de sua própria defesa. Defesa de um tribuno formidável, cujos ecos seriam ouvidos nas costas americanas e no México, onde se refugiavam os oponentes de Batista. Condenado a quinze anos de prisão, cumprira apenas dois, libertado por uma oportuna anistia. Ele iria então ao encontro de aliados no México, em 1955, acompanhado pelo irmão Raúl.

Sua autodefesa, transcrita e publicada clandestinamente com o título *A história me absolverá*, se tornaria uma verdadeira bíblia. Ao cair nas mãos de uma jovem estudante de pedagogia chamada Aleida March, o livro a faria abandonar a outra bíblia que ela lia com ardor, a da igreja presbiteriana, na qual entrara em busca de respostas para sua necessidade de sentido e justiça.

No mesmo ano, em certa noite de setembro, Aleida havia conhecido Faustino Pérez, um dos fundadores do MNR (Movimento Nacional Revolucionário), de regresso do México, onde se unira a Fidel Castro e ao M-26. Ele preparava secretamente o desembarque prometido pelo líder do M-26 quando de sua estrondosa partida da ilha. Muitos acreditaram nessa promessa e esperavam ansiosamente o retorno do messias com o dom da fala. Esse retorno ocorreria antes do previsto, pois em 2 de dezembro de 1956 se dera o desembarque de 82 guerrilheiros, entre os quais Faustino Pérez, que havia ido ao encontro do M-26 no México com a posse de todas as informações necessárias para sua recepção pelos aliados.

Faustino era um correligionário de Aleida na igreja presbiteriana. Ele a fizera entrar para o Movimento 26 de Julho e fora por isso que, dois anos depois, em novembro de 1958, Che Guevara e seus barbudos viram desembarcar no acampamento protegido pelas montanhas de Escambray uma loira graciosa de formas arredondadas que revelavam toda a sua feminilidade sob o tecido leve que as recobria. Aquele agente de ligação que acabava de enfrentar mil perigos carregava, amarrados ao peito, os cinquenta mil pesos que os militantes da planície haviam-lhe entregue para auxiliar os combatentes das montanhas. Dirigindo-se diretamente ao famoso guerrilheiro cuja cabeça a prêmio aparecia em todos os muros de sua cidade num retrato pouco fiel, ela lhe pedira ajuda para se desfazer do pacote que a incomodava muitíssimo. Ela se lembraria, junto com a amiga Marta, que a acompanhava, de duas bonitas mãos de um homem que lhe parecia velho mas bastante sedutor.

Foi na fortaleza de La Cabaña, onde a morte cumpria sua missão, que um primeiro filho foi concebido, no mesmo lugar onde eles se casariam, em 2 de junho de 1959, na presença de Raúl Castro, irmão de Fidel, e de sua mulher Vilma, de Celia Sánchez, amiga de Fidel, mas na ausência notável deste último, que se queixara de não ter sido avisado do casamento arranjado às pressas e em meio à semiclandestinidade. Semiclandestinidade, por certo, mas o riso aberto e inesperado do jovem noivo, "o homem que nunca ri", segundo Régis Debray, estampou a capa dos jornais do dia seguinte. Um riso liberador, sem nenhuma dúvida, soando como um contraponto ao ricto de morte que se desenhava em cada pedra daquele lugar. Aquele riso, inesperado, estrondoso, que fazia vibrar a barriga que ele queria fecundar novamente, também fora, sem sombra de dúvida, um novo grito de vitória contra a morte. Era nos braços de Aleida que mais uma vez ele desafiava a morte, martelando em sua mente um pensamento que nunca o abandonaria: a certeza de que o amor era mais forte que a morte. E foi ali mesmo que ele a tomou pela primeira vez nos braços, em meio ao silêncio ardente de uma noite de janeiro que ele com humor batizou de "a noite em que a fortaleza foi tomada". A "fortaleza" em questão confessaria mais tarde não ter oposto nenhuma resistência. Mas a criança concebida naquela noite foi abortada após um acidente que o Che não testemunhou. Um aborto que despertaria sua raiva. Ele pensou, sem que Aleida conseguisse convencê-lo do contrário, que ela o havia provocado porque eles ainda não eram casados.

El Comandante ergue-se totalmente, o olhar fixo no horizonte. Aleida agora sabe que pode aproximar-se. Ela se cola contra suas costas, abraça-o como se quisesse detê-lo. Ele partirá sem ela, não quer que ela o acompanhe na longa viagem diplomática que o levará a países não alinhados, como Egito, Índia, Indonésia, Paquistão, Ceilão, Marrocos, Iugoslávia e até mesmo Japão, grande aliado dos Estados Unidos, para tornar a revolução cubana conhecida, provar sua legitimidade, buscar apoios, armas. Ele se encontrará com Nasser, Nehru, Tito.

Na Índia, alguém lhe perguntará por que sua mulher não o acompanha. E, no avião que o levará ao Japão, ele escreverá à mãe: "Não pude trazê-la comigo por causa de meu complicado esquema mental". É à mãe que ele responde, somente a ela, tentando dar – a si mesmo? – um simulacro de explicação para o motivo de não ter levado consigo aquela a quem ele um dia dirá: "Você é, com exceção de minha mãe, a única mulher que realmente amei".[9]

Casados, sim, mas como na resistência, na clandestinidade ou na casamata de um forte: na intimidade. O casamento como algo absolutamente privado, que só diz respeito a ela e a ele, que não os une aos olhos do mundo. Esse outro tipo de oficialidade ele não quer. Ele é um solitário, extremamente solitário, que não quer estar ligado a uma pessoa por artifício de uma representação. Essa imagem seria falsa. Ele odeia a falsidade. Sua ligação com Aleida, como com toda a sua família e seus amigos, é profunda e subterrânea, protegida pela espessa cortina de seu pudor afetivo. Ele é um urso. Não é desses homens que esbanjam palavras e provas de amor. Revela-se, aliás, bastante rude para com as pessoas que ama, não hesitando em utilizar o tom sarcástico que com frequência causa estragos junto àqueles que não sabem decodificar seu afeto oculto. Grande provocador, seu humor o protege ao mesmo tempo que protege aqueles que ama com essa paixão que ferve dentro dele. Recebe o abraço de Aleida e devolve-o pelo simples fato de aceitá-lo, ainda que naquela situação: está em seu escritório, no trabalho, não gosta de misturar as coisas. Alguém bate à porta.

É René Depestre. O homem não é muito alto, magro, quase frágil, mas adivinha-se sob seu uniforme verde-oliva um corpo vigoroso e atlético. Olhos faiscantes, sedutores e penetrantes, nos quais se lê a determinação de um combatente. Sorriso ao mesmo tempo alegre e melancólico que às vezes surge no rosto dos haitianos. Um sorriso que se interrompe por um instante diante da palidez do Che.

A palidez o remete ao primeiro encontro dos dois, no quarto de um luxuoso hotel na praia de Tarará, cidade balneária a vinte quilômetros de Havana, onde Fidel Castro havia determinado um repouso necessário ao Che, cujo estado de saúde degradara-se sensivelmente. Sequela dos dois anos de combate na Sierra Maestra, onde ele cuidara pouco de si, mas sem dúvida também resultante da tensão interna que não era alheia à organização dos tribunais revolucionários de La Cabaña e às pesadas decisões que ele precisava tomar enquanto juiz. Mas, em vez de descansar naquele ambiente luxuoso, de que tinha um verdadeiro horror, o Che fizera dele um local de seminários sobre o futuro político de Cuba, dos quais participavam Fidel, seus próximos e um bom número de intelectuais e políticos comunistas especialmente convidados.

Fora por isso que o poeta e escritor haitiano René Depestre, engajado na luta comunista internacionalista e radicalmente oposto ao dr. François Duvalier, ou Papa Doc, ditador do Haiti, havia ido a Tarará em 23 de março de 1959.

Ele se tornara conhecido pelos revolucionários cubanos graças a um artigo estrondoso em que louvara a jovem revolução, publicado no principal jornal do Haiti, porta-voz do governo. O artigo havia sido encomendado, ironicamente, pelo próprio Duvalier, que se preocupava em administrar o perigoso vizinho cujas costas ficavam a menos de 77 quilômetros das suas.

O episódio não deixava de ser interessante, pois o jovem turbilhão chamado René Depestre já se tornara conhecido na ilha aos dezessete anos, quando, à frente de um jornal escolar muito popular, provocara uma greve geral que paralisara o país e abrira o caminho para o golpe de Estado militar que destituíra o presidente no poder, Paul Magloire. Chegando ao poder após a convocação de novas eleições, Duvalier convocara o jovem poeta. Um revólver repousava ostensivamente em cima de sua escrivaninha:

– René, você é um jovem inteligente, brilhante, mas se tornou perigoso. Eu poderia matá-lo. Mas não farei isso. Cuidei de sua mãe, cuidei de você. Não, não o matarei. Você pode ser útil a seu país. Trabalhe comigo e se dará bem. Você poderá ser um de meus ministros.

– Senhor presidente, obrigado por ter cuidado de minha mãe e de mim, quando eu era criança. Nós lhe somos muito gratos. Mas nossas ideias políticas são radicalmente opostas. Não posso trabalhar a seu lado.

– René, não o matarei. Mas, se em 48 horas você não tiver deixado a ilha, não poderei garantir sua segurança.

Ele então fora para Paris, depois para Praga e para toda a União Soviética, encontrara-se com os líderes políticos e intelectuais desses países, estudara a teoria marxista, a filosofia e lera os pensadores comunistas, neomarxistas, os teóricos de Frankfurt, como Adorno, Habermas, Horkheimer, os intelectuais liberais e antimarxistas, como Raymond Aron.

Depois, constatando o horror e os erros do stalinismo, buscara outras vias para a utopia comunista quando a revolução cubana tomara o poder e despertara seu entusiasmo. Ele estava com 33 anos e havia voltado a seu país para rever a mãe. Ao saber de seu retorno, Papa Doc o convocara de novo a seu gabinete para propor-lhe, para sua grande surpresa, que escrevesse um artigo em homenagem aos barbudos de Cuba. O ditador finalmente poderia tirar proveito da escrita daquele poeta revoltado. Bastaria deixá-lo expressar-se livremente no jornal oficial.

– Tudo bem?

Ernesto Guevara encara o hóspede, sorrindo.

– Sim, tudo bem.

Como que para tornar verossímil sua resposta, ele abre uma caixinha de madeira, da qual tira um charuto Montecristo nº 1, que havia aprendido a apreciar, rola-o pelos dedos, passa-o pelas narinas com visível deleite, umedece-o com a língua, corta sua ponta com um golpe seco dos incisivos, cospe-a numa lata de lixo e acende um fósforo. A fumaça branca que ele exala lentamente preenche a peça, como o sinal de fumaça de uma paz reencontrada. Uma paz momentânea com o inimigo interno que ele acaba de dominar.

– E você, como está?

– Prontíssimo, meu comandante. Os 59 haitianos e eu estamos impacientes para lutar. Esperamos o sinal verde.

– E os dominicanos?

– Estão prestes a partir. Devem desembarcar de Santo Domingo em dois dias, no 14.

– Dia 14? É loucura. Eles ainda não estão prontos.

– Se partirem de fato nesse dia, precisaremos segui-los rapidamente e desembarcar em Porto Príncipe.

– Sim, tirar proveito do efeito surpresa. Abrir um foco de guerrilha em Santo Domingo e, simultaneamente, operar uma ofensiva no Haiti para tomar o poder embaixo do nariz e às barbas dos Tonton Macoute.* Seu comando haitiano está

---

* Milícia paramilitar haitiana que obedecia diretamente ao ditador Papa Doc. (N.T.)

suficientemente pronto, vi-o em ação. Vocês vão devorar os Macoute. Mas tenho minhas dúvidas em relação aos guerrilheiros dominicanos. Eles não seguiram o treinamento com suficiente seriedade. Parto esta noite. É uma pena. Não seria possível esperar meu regresso, em setembro?

– Parece que não. Fidel está seguindo as operações de perto.

– Sim, vocês vão realizar seu sonho de juventude. Em 1947, aos 21 anos, ele participou com Juan Bosch do fracassado desembarque em Santo Domingo para derrubar o ditador Trujillo.

– Sim, eu sei. E é esse mesmo Juan Bosch que ele quer colocar no poder em Santo Domingo.

– Um escritor no poder causa boa impressão, não?

– Em quem? Mas também acho que ele terá o grande prazer de destituir Batista, que se adonou do poder.

– Grande prazer, de fato. Bom, é isso, então. Invejo-os. Eu os seguiria, se pudesse. Mas a diplomacia me chama.

– Fidel o manterá informado. Boa viagem, *comandante*.

– Boa sorte.

Ao sair de La Cabaña, o poeta haitiano, sonhador, passa em revista os três meses de incrível densidade que o viram chegar a Havana, conhecer o Che e Fidel Castro e engajar-se na preparação militar de uma unidade contra seu velho inimigo Papa Doc. Ele está longe de desconfiar que, dois dias depois, os oitenta guerrilheiros dominicanos mal preparados, apressados e vigiados pela CIA serão dizimados ao desembarcar em Santo Domingo, e que, diante da catástrofe, Fidel anulará a partida dos haitianos, que rumavam para uma morte certa.

Ele também não sabe que, convidado para passar alguns dias na ilha por Fidel e pelo Che, que haviam lido com grande interesse seu artigo no jornal haitiano, ele ficará na verdade dezenove anos em Cuba, colaborando de perto com Guevara, depois com o poder cubano.

Esse primeiro encontro com o Che em Tarará, para onde fora levado diretamente depois de sua chegada a Havana, ficou gravado em sua memória. Fora Aleida, de uniforme, quem o recebera: "Ele acaba de ter uma crise de asma, mas vai recebê-lo no quarto". O Che estava na cama, com a calça da farda e o torso nu, coturnos nos pés, desamarrados, cotovelo no colchão e cabeça apoiada na palma da mão esquerda. Um olhar penetrante, amigável, no qual René percebeu na hora algo que raramente enxergava nos olhos de um branco: ele não o via como um negro. René, por sua vez, não tinha a impressão de ter um branco à sua frente. E, ao longo de todos os anos de colaboração entre os dois, ele nunca surpreenderia a nuança perceptível que um olhar branco podia ter quando pousado na cor de sua pele. O fato é que, naquela época, apesar da integração em todos os níveis sociais e políticos, os negros de Cuba, quase todos descendentes de haitianos deportados, ainda pagavam nos olhares o imposto da cor, consequência da colonização e do tráfico negreiro.

– Seu artigo é notável – dissera-lhe o Che. – De sua ilha no Haiti você entendeu perfeitamente nossa revolução. Talvez graças a Toussaint Louverture.

– Conhece Toussaint Louverture?

– Claro, estudei-o de perto. Personagem formidável, um herói, um sábio também. Sua reforma agrária foi notável. Um grande precursor. Ele compreendeu que aqui, na América, assim como no hoje chamado Terceiro Mundo, uma revolução pode ser realizada pela posse e pela gestão da terra.

– Conhece o Haiti?

– Não, para minha grande vergonha. Durante meu périplo pela América do Sul e pela América Central, em 1953 e 1954, não passei pelo Haiti ou por Santo Domingo. Um grande arrependimento. Vocês são parte integrante de nossa América, aquela que um dia existirá como uma unidade. Já é hora, aliás, dessa unidade acontecer. Está pronto a nos ajudar?

– De que modo?

– Derrubando as ditaduras de Papa Doc e de Trujillo. Finalmente unificando as duas partes da ilha numa única nação.

– Foi o que Toussaint Louverture tentou fazer.

– Sim, eu sei. Os colonialistas o impediram. Mas nós podemos conseguir. O Haiti não está mais isolado. Cuba é seu apoio.
– Mas como?

O Che expusera sua estratégia em pinça. Atacar de um lado Santo Domingo com uma guerra de guerrilha a partir das montanhas e aos poucos obter a adesão da população, como eles haviam feito na Sierra Maestra. Enquanto isso, tomar o poder em Porto Príncipe com um comando bem treinado. Sim, um comando, não uma guerrilha. Os camponeses das montanhas haitianas eram pobres demais, não poderiam sustentar uma guerrilha. Em contrapartida, o Haiti era um Estado fraco. Um comando poderia vencer com facilidade os Tonton Macoute e os militares pouco organizados.
– Gostaria de participar dessa reunificação da América, nossa América?
– Conte comigo, comandante. Mas, se estou entendendo, a revolução cubana não foi apenas a derrubada de um poder local. Vocês querem ir muito mais longe...
– *Chico, se trata de una revolución so-cia-lis-ta.*[10]

Diógenes de moto

> A lua cheia refletindo no mar pinta as ondas com faíscas prateadas. Sentados em uma duna, observando o vai e vem contínuo da maré, nós dois estamos envoltos em nossos pensamentos. Para mim, o mar sempre foi uma espécie de confidente, um amigo que absorve tudo o que eu lhe conto sem trair meus segredos e que sempre me dá os melhores conselhos – seu som pode ser interpretado como se preferir.[1]

O amigo mar, atento e bondoso, encobre com um discreto murmúrio as confidências dos dois homens na praia caribenha de Tarará, e as palavras escritas nove anos antes pelo Che em seu diário de viagem ao norte de Mar del Plata (Argentina) tornam-se vividamente presentes ao lado daquele outro companheiro de viagem que vem do Haiti. No entanto, ao contrário de Alberto Granado, médico de palavras duras que descobre o oceano aos trinta anos, René é um poeta nascido em Jacmel, à beira do mar. Eles compartilham o gosto pelas ondas e pelas palavras que se exaltam em meio ao incessante burburinho das ondas.

Para Ernesto, o momento é perfeito para se falar de literatura e poesia, e também de história e geografia. Ele quer refazer o mundo, refazê-lo de fato, de outro modo, seguir os passos de Simón Bolívar e de José Martí, desbravar os caminhos abertos por eles, lançar-se ao assalto dos moinhos de vento. Ele abre seu coração com o poeta, como faz com o mar, cujo som "pode ser interpretado como se preferir".

Fio a fio, sobre a tela em branco de uma América sonhada, delineia-se o trajeto seguido por um fidalgo amante de poesia, por um jovem de boa família destinado à medicina mas que se torna guerrilheiro.

Movido pelo desejo de tecer o fio da história de uma América Latina que ele quer maiúscula, bem como pelo de traçar seu próprio itinerário, que ele vê traçando uma curva decisiva dessa história, Ernesto Guevara de la Serna leva seu convidado à nascente desse caminho que vai das calçadas de Buenos Aires às encostas da Sierra Maestra, e da Sierra Maestra ao Oriente de Cuba, numa corrida vitoriosa para o oeste, num território estreito de mil quilômetros de comprimento em meia-lua entre o México e o Haiti, e que poderia unir Porto Príncipe a Cancun, estirando o grande arco caribenho. Um arco de fraternidade e unidade histórica sobre essa América, sua América.

Ernesto quer contar a história do minúsculo que encontra o maiúsculo, como havia feito em seu diário de viagem, sem omitir nenhum detalhe insignificante, esmiuçando-a com a precisão científica do entomologista, para que a verdade se revele no plano da verdade.

Se a História é contada pelos vencedores, ele é esse vencedor que quer contá-la de outra maneira que não pela mentira da ideologia. Ele tem a seu lado um outro viajante, que já havia percorrido um continente, a Europa, que ele ainda não conhecia, e que, de regresso da URSS, voltara do stalinismo buscando outras verdades para o comunismo.

Três anos antes, em 24 de fevereiro de 1956, uma bomba cuja detonação se fizera ouvir no mundo inteiro explodira no Kremlin durante o XX Congresso do Partido Comunista da União Soviética: o relatório de Nikita Khrushchev denunciando os crimes de Stálin. Um relatório espantoso que havia provocado reações em cadeia e mergulhado todos os fiéis do comunismo em grande confusão. Alguns partidos irmãos, porém, como o Partido Comunista Francês (PCF), tinham se recusado a arcar com todas as consequências do relatório. Fora então que se elevara das Pequenas Antilhas, parte da "América maiúscula" de Che Guevara, uma voz de estertor, a voz de um poeta maior, autor de *Diário de um retorno ao país natal*, de *La Tragédie du roi Christophe*, o martinicano que os haitianos consideravam um dos seus, o compatriota de poesia de René Depestre: Aimé Césaire.

O poeta haitiano havia lido, relido e digerido a carta estrondosa do martinicano a Maurice Thorez, secretário-geral do PCF, entregando-lhe sua ruidosa desfiliação do partido.

Ele a conhecia de cor, poderia recitá-la ao Che, que também a conhecia e que a lera no original francês. Passagens inteiras dessa longa carta ecoavam com singular atualidade na praia caribenha de Tarará:

> Creio ter dito o suficiente para que se entenda que não é nem o marxismo nem o comunismo que renego, é o uso que alguns fizeram do marxismo e do comunismo que reprovo... é chegada a hora de abandonar todos os velhos caminhos. Os que levaram à impostura, à tirania, ao crime. É suficiente dizer que, de nossa parte, não queremos mais nos contentar em assistir à política dos outros. Ao atropelamento dos outros. Às combinações dos outros. Ao remendo das consciências ou à casuística dos outros.
> Chegou a hora de nós mesmos.
> E o que acabo de dizer dos negros só é válido para os negros. Sim, tudo ainda pode ser salvo, tudo, mesmo o pseudossocialismo instalado aqui e ali na Europa por Stálin, desde que a iniciativa seja devolvida aos povos que, até então, apenas puderam sofrê-la; desde que o poder desça e se enraíze no povo.[2]

"Chegou a hora de nós mesmos." É exatamente o que pensa Che Guevara. Mas como dar vida a esse "nós mesmos", entre o paternalismo colonial da América do Norte e o "fraternalismo" da URSS, que, naquele momento, não reconhece Cuba como um pequeno irmão, e não sem motivos: Cuba não se declara comunista e ainda não quer fazê-lo, pois seu líder máximo, Fidel Castro, ainda não está totalmente convencido do socialismo, em todo caso não a ponto de fazer dele uma profissão de fé perante o mundo e, principalmente, perante seu potente vizinho anticomunista, onde reina a sinistra sombra do macarthismo. Ernesto trabalha nisso secretamente com Raúl, irmão mais novo de Fidel e eminente membro do Partido Comunista Cubano. Toda a praia de Tarará trabalha nisso, de seminário em seminário, e René Depestre fica espantado de ver ali tantos comunistas famosos, vindos do mundo inteiro. E a confidência murmurada com um sorriso malicioso, "*Chico, se trata de una revolución so-cia-lis-ta*", expressa essa certeza, mas ela só se revelará em plena luz do dia pela ação da História, pelas posturas do Tio Sam diante da revolução e pelas circunstâncias políticas que opõem os dois blocos da Guerra Fria. Mas ainda não chegamos lá.

Por enquanto, trata-se de reunir esse "nós mesmos", de que René, representante do Haiti, faz parte. Um "nós mesmos" que se inscreve tanto na maiúscula da unidade histórica de um continente e seus arquipélagos quanto na minúscula das histórias e trajetórias individuais, em que cada um deve tomar consciência de pertencer a um grande todo.

Havia sido essa revelação, ao fim da primeira viagem do Che pela América Latina, que o fizera dizer, no Peru, no dia de seu 24º aniversário, ao lado dos leprosos que ele fora tratar junto com o doutor Bresciani:

> Ainda que sejamos insignificantes demais para sermos porta-vozes de causa tão nobre, acreditamos, e essa jornada só tem servido para confirmar essa crença, que a divisão da América em nações instáveis e ilusórias é uma completa ficção. Somos uma raça mestiça com incontestáveis similaridades etnográficas, desde o México até o Estreito de Magalhães. Assim, em uma tentativa de nos livrarmos de qualquer provincialismo imbecilizante, eu proponho um brinde ao Peru e a uma América unida.[3]

Essa verdade histórica, que ele vive no espírito e na carne, se afirmara à medida que se desenrolava esse percurso iniciático, a cada passo desse viajante infatigável que, qual verdadeiro peripatético, pensava andando.

A longa caminhada, exercício quase cotidiano que ele impõe a seus guerrilheiros, fortalece o espírito e o corpo, aguçando a vontade e levando todo o indivíduo a um grau de ascetismo em que este se livra do não essencial para chegar à clareza de ideias, ele a aplicava a si mesmo como um ato de filosofia prática. E fora durante suas peregrinações pela América Latina que ele aos poucos se livrara dos hábitos e das ideias feitas do pequeno-burguês que era:

> Minha boca fala o que meus olhos lhe disseram para falar. Teria nossa visão sido estreita demais, preconceituosa demais ou apressada demais? Teriam nossas conclusões sido rígidas? Talvez, mas é assim que a máquina de escrever interpreta os impulsos desbaratados que me fizeram pressionar as teclas, e esses impulsos fugazes já estão mortos. Além disso, ninguém pode responder por eles. A pessoa que tomou estas notas morreu no dia em que pisou novamente o solo argentino. A pessoa que está agora reorganizando e polindo estas mesmas notas, eu, não sou mais eu, pelo menos não o mesmo que era antes. Esse vagar sem rumo pelos caminhos de nossa Maiúscula América me transformou mais do que me dei conta.[4]

Esse "eu [que] é um outro", como diria Rimbaud, iria continuar a buscar-se, a buscar sua verdade sob os céus estrelados e cambiantes de sua América. Mas essa verdade pessoal, singular, encontraria outra, maior que ela, a verdade da história da América Latina, à qual se fundiria. Duas verdades que logo fariam uma só, ele estava convencido disso. Ao fim do caminho, ele passará a falar de sua pessoa histórica.

Mas o asceta que ele se tornara sabia que a ascensão à verdade era um caminho difícil e doloroso, cheio de armadilhas e emboscadas, na maior parte do tempo causadas por si mesmo, por um ego persistente, com fome de si, sempre a ser combatido para ser levado à humildade. A humildade de um coração a nu, prisma necessário para iluminar o avanço do humano.

Ao longo do caminho, o fidalgo da bela figura se transforma num Diógenes americano. À pergunta "O que procuras?" ele também poderia ter respondido "Procuro um homem". O homem que ele vislumbrava na visão, sem dúvida criticável mas profundamente sincera, do "homem novo" que somente o comunismo real poderia gerar.

Ele tem, como o cínico da Antiguidade, aptidão para o trabalho constante da vontade, que ele afia com a pedra abrasiva do real, o desprezo às convenções sociais, o gosto pelo despojamento e pelos prazeres simples, o agudo senso de ironia e da réplica brilhante, às vezes brutal, a franqueza a todo custo, mesmo que dolorosa, o ódio à hipocrisia e a impertinência em relação aos poderosos e dominantes. Apesar de não dormir dentro de um barril como Diógenes, ele prefere o relento a uma cama macia onde a vontade amolece, a consciência entorpece e deixa o indivíduo em perigo. Perigo às vezes real, quando se trata de dormir durante a guerrilha e sob um teto, com paredes e uma porta fechada que podem fazê-lo ser surpreendido em pleno sono pelo inimigo.

Ele aos poucos se torna o que é, levando em sua longa caminhada todo o lote de aptidões, qualidades e também de defeitos de Ernesto Guevara de la Serna, jovem de boa família, seguro de si e da superioridade de suas qualidades tanto intelectuais quanto morais.

A tendência para julgamentos expeditivos e muitas vezes injustos sobre seus contemporâneos, rotulando-os com as etiquetas prontas de suas categorias morais, será de grande utilidade quando, condutor de homens, ele precisar classificá-los rapidamente em bons ou medíocres guerrilheiros, atribuindo-lhes tarefas adaptadas a suas qualidades aparentes, julgando suas ações e punindo-os. Ele se enganará mais de uma vez, mas um engano não é um erro. Basta retificá-lo assim que ele for percebido. Para isso, é preciso ter a capacidade para o diálogo consigo mesmo e com os outros, que seus avanços internos, tanto quanto os constrangimentos da vida em grupo, lhe ensinam a desenvolver. O erro, porém, quando seu ou do outro, será imediatamente reprimido. O que fará dele um líder tão admirado quanto temido.

Do mesmo modo, o fato de ele ser um mau perdedor – tanto nos esportes coletivos ou individuais que ele praticava (rúgbi, futebol, atletismo) quanto no xadrez ou nas cartas – se tornará um trunfo quando, aliado à sua audácia, à sua temeridade e a seu caráter imprudente, ele precisar combater o inimigo com armas em punho. O ímpeto que lhe valia no rúgbi o apelido de *Fuser* (contração de "Furioso" e "Serna") marcaria, no entanto, aos olhos de Fidel Castro, o limite de suas qualidades de combatente: "Enquanto guerrilheiro, ele tinha um calcanhar de Aquiles, que era sua excessiva agressividade, seu desprezo absoluto pelo perigo"[5].

Outro defeito gritante, reconhecido desde a adolescência por seus amigos, o de prestar pouca atenção à higiene física e tomar pouquíssimos banhos, e que lhe valera o apelido de *Chancho* (porco), se tornaria um trunfo quando, em plena guerrilha, a falta de água às vezes o obrigasse a ficar até seis meses sem poder tomar um banho de verdade, sempre com a mesma roupa.

E não restam dúvidas, para o Che, de que um guerrilheiro só terá o "odor de santidade" na medida em que o fedor que ele exalar a vários metros de distância for a expressão de seu engajamento físico e moral no caminho certo, o do herói capaz de se entregar de corpo e alma a uma causa superior a ele, capaz de fundir-se, somente com a força de sua vontade, desprezando as aparências, a sensibilidade e os sentimentos, a uma unidade de ação, a uma história maior que ele. "Nosso olfato havia abraçado nosso estilo de vida", ele escreveria; "as redes de dormir dos guerrilheiros eram reconhecíveis por seus respectivos cheiros."[6]

Dom Quixote, mas Diógenes e Descartes também são seus companheiros de uma estrada mental que o conduz à ascese por meio do desprezo às aparências, da ação da vontade, da imaginação, da dúvida necessária e de uma conduta racional sempre posta em questão. Um caminho que ele tem certeza de permitir ao guerrilheiro, para além da superioridade física e numérica do inimigo, vencer o adversário impondo-lhe sua superioridade moral, abalando suas certezas e desmoralizando-o. A relação de força não passa de uma medida numérica e espacial em dado momento. Mas é preciso contar com o movimento, próprio à guerrilha e ao guerrilheiro, que impõe ao adversário seu espírito, sua vontade e suas estratégias. Esse movimento também é o avanço de uma história que vai da vontade individual e coletiva à transformação geral de um certo estado de coisas. Era isso, para ele, que a vitória dos guerrilheiros de Cuba acabara de provar. E essa história, que devia servir de exemplo a todas as revoluções futuras, tanto pelos sucessos quanto pelos erros cometidos, não devia de modo algum ser deformada pela mentira e pela ideologia.

É por isso que, para ele, contar sua história da maneira mais objetiva e clara possível a René Depestre, o amigo estrangeiro capaz de integrar-se ao combate e levá-lo para o exterior, reveste-se de uma importância capital e faz parte da luta a que ele ainda quer se dedicar, pois a revolução está longe de estar concluída. Ele tem uma consciência muito clara disso. Uma revolução dentro de uma revolução mais ampla. Uma revolução que produz sua revolução, que se amplia e se aprofunda, uma "revolução ininterrupta", como ele diz. Daí a falar em revolução permanente é um passo. Mas ele não é trotskista. Ele desconfia do trotskismo.

Che Guevara, apesar de doente e de cama, é naquele exato momento uma cabeça essencial dessa história em movimento que se alimenta da carne dos homens, de suas mentalidades e sensibilidades.

Na intimidade daquele quarto à beira-mar, dois homens, dois caribenhos, mas também dois sedutores vigiados por uma ciumenta guerreira loira de uniforme. O argentino, que conscientemente faz de sua vida um ato poético, não esconde seu gosto pelas mulheres, apesar de um aparente pudor. Esse gosto é saciado sem vergonha, segundo Roberto, seu irmão mais novo, e seus amigos, em especial o volúvel e pouco discreto Alberto Granado, mas também segundo René, cuja poesia se exalta com o perfume das mulheres e que, vivendo ao lado do Che até sua partida derradeira de Cuba, o verá voar de conquista em conquista com as mais belas representantes do sexo oposto. Esse grande sacerdote do "erotismo solar" não esconde que seu conhecimento do mundo e de suas culturas acontece em boa medida por intermédio das mulheres e de seus horizontes íntimos e singulares. Não resta dúvida de que a paixão pela poesia e pelas mulheres imediatamente soldou a cumplicidade masculina entre aqueles dois homens tão diferentes.

Difícil imaginar que naquele momento de conversa e abertura, naquela penumbra propícia às confidências, sob o discreto murmúrio do oceano, eles não tenham falado dessa parte essencial de suas vidas. Pois para Ernesto Guevara, como para Dom Quixote, tudo havia começado com uma mulher.

Em Buenos Aires ele sem dúvida tivera amores menores, paixões passageiras, juras de amor inconsequentes. Um jovem bonito e bem educado como Ernesto, com um charme singular, olhos ardentes, belas mãos finas e fortes, voz profunda e bem colocada, sorriso irresistível, alcançava sem dificuldade seus objetivos de sedutor, por mais que ele às vezes se esforçasse com uma ducha rápida, um pouco de perfume e uma roupa adequada, que escondesse sua timidez sob a máscara de um homem audacioso. Uma timidez sem dúvida perceptível sob a ousadia, que aumentava ainda mais seu charme. E se a jovem não se deixasse assustar por seu falar direto, suas palavras às vezes um pouco cruas, sua perturbadora franqueza, seu comportamento rude e sem tato, então o sucesso era garantido.

Mas uma havia contado mais que as outras, e fora atrás dela que ele partira, sonhador, ao lado de Alberto no périplo pela cordilheira dos Andes. Uma primeira grande etapa que poderia ter sido a última: a bela Chichina (María del Carmen Ferreyra), dezesseis anos, sua Dulcineia prometida em casamento, esperava-o na burguesa casa dos pais em Miramar.

Ele sonhava com ela, sentado na carona da sacolejante *Poderosa*, carregada como uma mula, que mais de uma vez cedera aos obstáculos e, sem conseguir lidar com as curvas da estrada, fazia-os comer poeira com espantosa regularidade. No amontoado de bolsas levadas na velha Norton 500, havia uma que se agitava sobre seus joelhos. Ele carregava um pequeno cão chamado Come-back, que aquele novo Diógenes, também apaixonado pela espécie canina, queria dar à sua prometida. Enquanto isso, ele descobria o oceano:

> A brisa que sopra enche nossos sentidos com o poder que vem do mar e transforma tudo o que toca; até mesmo Come-back observa, com seu pequeno focinho apontando para a frente, a faixa de prata que se desenrola várias vezes a cada minuto. Come-back é um símbolo e um sobrevivente: um símbolo do laço que exige meu retorno; e um sobrevivente dos percalços da viagem – duas batidas, nas quais a bolsa onde ele estava caiu da moto, tendo sido uma das vezes quase pisoteado por um

cavalo, e uma persistente diarreia... Na estrada que acompanha a costa, Come-back continua com sua afinidade pela aviação, mas sai ileso de mais uma queda de cabeça no chão. A moto está muito difícil de controlar, porque o peso extra no bagageiro, atrás do centro de gravidade, levanta a roda da frente ao menor lapso de concentração e nos manda para os ares.[7]

Não obstante os diversos voos e aterrissagens dolorosos, os três viajantes chegam sãos e salvos. O primeiro, latindo e lambendo os braços de Chichina, encantada com aquele presente agitado; o segundo, sonhador e indeciso, abraçando esses dois; o terceiro, Alberto, irônico e inquieto, temendo perder sua estranha tripulação para aquele quadro idílico.

Come-back chamava-se assim como uma promessa (não cumprida) de retorno. Eles tinham planos de parar ali por dois dias, mas ficaram oito. Oito dias de um parêntese amoroso que retesava frouxamente um dilema em que, dentro de Ernesto, o aventureiro disputava com o apaixonado confortavelmente instalado nos bancos de um belo carro:

> A viagem oscilava em uma balança, dormia em um casulo, subordinada à palavra que poderia consentir ou amarrar... dentro da grande barriga da baleia, o lado burguês de meu universo ainda estava sendo construído.[8]

O destino de um homem muitas vezes está ligado a momentos de mudança, a uma escolha. Mas o que nos faz tomar uma decisão? Uma vontade clara e lúcida? Ou a escolha já foi tomada muito antes de se tornar consciente? Do alto de seus 24 anos, o jovem médico filósofo tem consciência de que a decisão de afastar-se dos braços de Chichina não é simples consequência de sua vontade. Onde fica de fato o livre-arbítrio? O famoso caso escolástico do asno de Buridan, que morre de sede e fome entre um balde de feno e outro de água colocados à mesma distância demonstra o absurdo de tal pretensão da consciência, pois é claro que um asno real não cairá nessa armadilha porque já tem sede ou fome. Do mesmo modo, essa sede ou essa fome de aventuras já existia em Ernesto, muito mais forte do que os braços de sua Dulcineia. Ele confessará:

> Por um momento, o poema de Otero Silva soou em meus ouvidos quando saí, como pensava, vitorioso:
>
> Eu escutava passos no barco
> Os pés descalços
> E pressentia os rostos anoitecidos de fome.
> Meu coração era um pêndulo entre ela e a rua.
> Eu não sei com que forças me livrei de seus olhos
> Me libertei de seus braços.
> Ela ficou, nublando de lágrimas sua angústia
> Atrás da chuva e do cristal
> Porém incapaz de gritar: Espera-me
> Eu vou contigo!
>
> Depois, não tive mais certeza se uma madeira que flutua na maré tem o direito de dizer "sobrevivi" quando alguma onda a joga finalmente na praia que ela tanto procurava; mas isso foi depois.[9]

Naquele momento, essa separação afetiva fora inaugural. Ernesto acabava de tomar um caminho do qual nunca mais se afastaria.

Partir, ele sempre poderia partir em silêncio. Abandonar o que tinha de mais precioso, levar consigo apenas o essencial. Mulheres, filhos e família seriam o custo dessa escolha que formaria o aventureiro dentro dele. Mas essa escolha inicial não fora feita sem uma má-fé bastante sartriana.

Come-back, aquela bola de pelos, aquela mentira de retorno, continuaria vivo por muito tempo em sua mente, até que a poeira levantada pela *Poderosa* aos poucos o apagasse de sua consciência. Ao deixar Miramar, ele também cometera um furto amoroso, instigado por Alberto:

> Lembrei-me então da provocação de Alberto: "A pulseira, ou então você não é tudo isso que você diz".
> Suas mãos desapareceram no vazio das minhas.

"Chichina, essa pulseira... posso levá-la comigo, para me guiar e me lembrar de você?"
Pobre criatura! Eu sei que não era o ouro que importava, apesar do que as pessoas dizem: os dedos estavam apenas medindo o amor que me fez pedir aquilo. Ao menos, é isso que eu honestamente penso. Alberto costuma dizer (com uma pitada de maldade, acho) que não é preciso dedos muito sensíveis para pesar os "29 quilates" do meu amor.[10]

O furto havia sido, na verdade, uma garantia simbólica mais que venal, um tributo à amizade. A escolha corolária havia sido pelo companheiro. Pois se os 29 quilates sem dúvida tiraram os dois "mendigos celestes" de algumas dificuldades financeiras, seu real valor foi selar uma amizade definitiva entre os dois jovens. Outros companheiros viriam e seguiriam os passos de Ernesto. No fim das contas, porém, o caminho decidiria. E quando ele encontrasse parceiras, elas também precisariam ser, acima de tudo, companheiras na alma.

O beijo dos leprosos

De sua janela, *El Comandante* vê o poeta haitiano se afastar com sua silhueta fina que desaparece em meio à fumaça do charuto.

Voltará a vê-lo? Ele espera que sim. A missão de René Depestre é arriscada. Ele talvez tenha em mãos o futuro do Haiti e mesmo de uma parte daquele mundo que dizem negro. Um mundo que ele pouco conhecia antes daquele primeiro encontro em Tarará, havia três meses. A empatia fora imediata e a confiança também, abrindo rapidamente as portas para as confidências. René Depestre tinha as qualidades da atenção e da escuta, que faziam com que as pessoas logo se abrissem com ele. Uma das armas do grande sedutor.

Apesar de vindos de dois mundos muito diferentes, tudo os aproximava. Ernesto vibrava os "r" e René os comia, mas a longa conversa que se prolongara por seis horas aproximara a América indígena da América negra. Ernesto por certo lera o famoso *Discurso sobre o colonialismo*, em que Aimé Césaire, então comunista, estigmatizava a barbárie dos colonizadores, a decadência da Europa, e invocava a revolução, única capaz, por meio da ação do proletariado, de libertar a humanidade da "estreita tirania de uma burguesia desumanizada". Mas ele não conhecia Franz Fanon e demais autores do Caribe que associavam sua América à África e viam o mal-estar do colonizado como o produto de um mal único: o Ocidente colonizador. Ele sem dúvida conhecera alguns negros, pouquíssimo numerosos na Argentina e em seu percurso latino-americano. Ele combatera, na região Oriente de Cuba e na Sierra Maestra, com guerrilheiros negros cujas qualidades de combatentes ele pudera avaliar. E sem dúvida aqueles negros o haviam ajudado a se livrar dos últimos resquícios de preconceito que lhe colavam à pele.

Preconceitos de raça e classe que ainda o visitavam em Caracas, quando de sua primeira viagem iniciática. O jovem aristocrata branco e argentino escrevera:

> Os negros, aqueles exemplos magníficos da raça africana que conservaram sua pureza racial por não possuírem afinidade alguma com qualquer tipo de miscigenação, viram seu espaço ser invadido por um novo tipo de escravo: o português. E assim as duas antigas raças agora dividem uma experiência comum, repleta de disputas e querelas. A discriminação e a pobreza as unem na batalha diária pela sobrevivência, mas suas diferentes atitudes com relação à vida as separam completamente: o negro é indolente e perdulário, gasta seu dinheiro com frivolidades e bebida; o europeu tem uma tradição de trabalho e economia que o acompanha até este canto da América e o empurra para a frente, independentemente de suas próprias aspirações individuais.[1]

Mas os combatentes negros da Sierra Maestra não eram intelectuais e não podiam levar o Che à ampla visão despertada por René Depestre. Ela completava a sua do ponto de vista do mundo americano, engajava-o numa reflexão a respeito da história da colonização, que associava estreitamente a América Latina à África negra.

Quando René, dois anos depois, lhe der de presente *Os condenados da terra*, de Fanon, prefaciado por Sartre, ele terá uma verdadeira revelação. Encontrará no livro a expressão de suas próprias ideias, em especial sobre o papel determinante do campesinato nas revoluções do Terceiro Mundo, a importância e a necessidade de ação violenta pelas populações oprimidas, a unidade necessária contra o imperialismo e a busca de um novo modelo para o socialismo. Mas também – o que aproximava muito Fanon de Sartre, de quem Che era um grande leitor – a noção de engajamento e de responsabilidade do indivíduo sobre seu destino e o da coletividade da qual ele é parte determinante e irredutível. Uma sociedade não é a soma de indivíduos unificados, ou mesmo uniformizados, mas uma multiplicidade de singularidades que unem seus interesses numa mesma direção pela sinergia de suas ações. O médico Guevara vai ao encontro do psiquiatra Fanon na necessidade de tomar-se consciência do mal para lutar contra ele. O mal de que sofre o indivíduo é o mal de que sofre a sociedade. O do colonizado, por exemplo, é uma violência interiorizada, uma violência contra si mesmo, resultante da aceitação da violência do outro, um eu que se submete à proclamação abrupta e unilateral por parte do dominante a respeito de sua inferioridade mental, cultural, "racial", econômica.

Primeiro, a tomada de consciência, depois, a agressão ao colonizador como catarse da violência interiorizada: essas são as vias pelas quais o indivíduo pode imaginar e criar outras maneiras de fazer a sociedade, de integrar-se à comunidade. Este tem, portanto, no avanço de sua sociedade, um dever no sentido da moral kantiana e uma responsabilidade no sentido da moral sartriana. O indivíduo e sua consciência são a chave dessa revolução universal sonhada pelo Che. Aquela que deve construir o chamado "homem novo".

O pensamento de Fanon reforça sua convicção de que outras formas de comunismo podem existir, e de que uma revolução é uma libertação da criatividade individual, como ele diz em 1960 a jovens médicos de Havana:

> A revolução não tende a padronizar a vontade coletiva, como afirmam alguns, mas, bem ao contrário, a libertar as possibilidades individuais do homem.[2]

Os condenados da terra parece-lhe tão fundamental que ele publica uma edição cubana do livro. A África passará a ter grande importância a seus olhos, sobretudo depois que a leitura da obra evocar a lembrança ainda recente do assassinato, por oficiais belgas, de Patrice Lumumba, ministro da República Democrática do Congo, em 17 de janeiro de 1961.

Ele irá a Argel em 1963 para saudar a independência da Argélia. Voltará a esse país em 1965 e conhecerá Josie, a viúva de Fanon, morto de leucemia. Ela era jornalista e ele lhe concederá uma longa entrevista para o jornal *Révolution africaine*:

> – Você pode me dar uma ideia geral da posição do governo cubano em relação à África?
> – A África representa um dos mais importantes terrenos de luta contra todas as formas de exploração que existem no

> mundo: contra o imperialismo, o colonialismo, o neocolonialismo. Existem na África grandes possibilidades de sucesso, mas também inúmeros perigos. Do lado positivo, temos a juventude dos Estados modernos do povo africano, o ódio que o colonialismo deixou no povo, as diferenças muito claras e muito profundas que existem entre um africano e um colonialista... Acreditamos que o principal perigo que a África precisa enfrentar seja a possibilidade sempre presente de uma divisão entre os povos africanos. [...]
> É evidente que os problemas diferem segundo as nações e que é preciso, antes de mais nada, prestar atenção às realidades específicas. Por isso é impossível chegar-se a uma fórmula geral que possa ser aplicada a todos os países da África.[3]

Assim, aquilo que vale para um indivíduo vale para uma nação: trata-se de pensar "usando a própria cabeça". Cada indivíduo, assim como cada nação, tem suas particularidades. A liberdade consiste em aceitar a diferença sem perder de vista que se pertence a um todo, a uma unidade. O Che compreenderá, mais tarde, ao combater no Congo, a que ponto sua visão era justa, e também a que ponto ele idealizava a África.

É certo que René Depestre deu corpo e vida em sua mente a essa África que antes não passava de uma abstração, como os índios da cordilheira dos Andes antes de ele os conhecer e descobrir, maravilhado, a extensão dessas culturas assassinadas e deixadas a morrer pelos colonos. Não restam dúvidas de que a descoberta da África e de seus descendentes caribenhos pesará mais tarde em sua decisão de impulsionar no Congo uma tentativa de insurreição.

Por enquanto, o poeta negro o remete a outras colinas, aquelas onde ele havia conhecido os nativos da América. Deslumbramento, estupor, cólera, indignação, admiração, desprezo e incompreensão se confundiram dentro dele diante das riquezas, da beleza, do caráter sublime das paisagens e das ruínas antigas, diante da terrível miséria, da sujeira, da humilhação, da estagnação dos mais fracos e da lepra física e mental. Um turbilhão de sentimentos contraditórios que haviam posto Ernesto e Alberto, aqueles dois beatniks antes de seu tempo (Kerouac ainda estava longe de escrever *On the Road* e a geração beat ainda estava no limbo), cara a cara com suas contradições de pequeno-burgueses, questionando-os sobre o sentido de suas andanças, de suas vidas e de suas responsabilidades de espectadores passivos.

Em Valparaíso, ele ainda sonhava. A Ilha de Páscoa sorria-lhes ao longe:

> A Ilha de Páscoa! Nossa imaginação alça voo, depois para e anda em círculos: "Lá, ter um namorado branco é uma honra"; "Você não precisa trabalhar, as mulheres fazem tudo – você só come, dorme e as faz felizes". Aquele lugar maravilhoso, onde o clima é ideal, as mulheres são ideais, a comida é ideal, o trabalho é ideal (na sua abençoada inexistência). Quem se importa se nós ficarmos lá um ano, quem se importa com os estudos, o trabalho, a família etc.? Na vitrine de uma loja, uma lagosta enorme pisca para nós e, de sua cama feita com alfaces, todo seu corpo nos fala: "Eu vim da Ilha de Páscoa, onde o clima é ideal, as mulheres são ideais..."[4]

Mas o sonho fora interrompido pelo terrível sorriso do La Gioconda, taberna miserável onde eles tinham encontrado a hospitalidade e a cordialidade de um proprietário pró-argentinos. Depois de percorrer o submundo de Valparaíso, com as "narinas dilatas saboreando o odor acre da pólvora e do sangue"[5], a visita de uma cliente do La Gioconda, doente e asmática, mergulhara-os num verdadeiro abatimento. Os médicos que eles eram, um diplomado, o outro não ainda, tinham se deparado com o muro abrupto da miséria, com os limites de suas capacidades. Aquele fora para eles, diante da morte anunciada da velha senhora que havia penado a vida inteira sem reclamar e que nela perdera sua saúde, o primeiro passo de uma brutal tomada de consciência:

> É em casos como esses, quando um médico percebe que não pode fazer nada, que ele deseja a mudança; uma mudança que impedisse a injustiça... É aí, no final, para as pessoas cujos horizontes nunca ultrapassam o dia de amanhã, que

nós percebemos a profunda tragédia que circunscreve a vida do proletariado em todo o mundo. [...] Quanto tempo mais esta ordem atual, baseada na ideia absurda de classes sociais, vai durar eu não sei.⁶

Simples constatação de impotência que aos poucos, lentamente, se transformaria, em Ernesto, numa vontade de poder. A Mauser que seu previdente e preocupado pai havia colocado em sua mochila até o momento só servira para matar um pato num lago e um cachorro que, numa noite de delírio e angústia, eles tinham pensado ser o feroz "tigre chileno" que um estranho personagem incutira em suas férteis imaginações. O guerrilheiro ainda estava longe, mas a capacidade de sacar a arma já existia.

O médico também ainda não existia de fato, mas se perguntava sobre sua utilidade social, cujo papel ele já havia relativizado. Ele não seria um eterno Sísifo? Apesar de tratar as doenças dos pobres, ele não os curava das verdadeiras causas de seus males: a falta de higiene, de educação, de dinheiro; o embrutecimento pelo trabalho, pelo álcool e pelas drogas.

Ele ainda está longe do momento em que dirá:

> Para ser um médico revolucionário e para ser revolucionário é preciso, acima de tudo, fazer a revolução.⁷

Ele ainda está longe do momento em que, diante dos estudantes de Havana, citará seu passado de jovem médico:

> Eu queria vencer, sonhava em ser um pesquisador conhecido, sonhava em trabalhar incansavelmente para encontrar alguma coisa que pudesse, enfim, ser colocada à disposição da humanidade, mas que, naquele momento, representava uma vitória pessoal. Eu era, como todos nós, um produto de meu meio.⁸

Essa primeira viagem havia sido, inicialmente, como uma grande festa de despedida da vida de criança, uma espécie burguesa de rito de passagem, como o dos jovens massais, que partem para o coração da savana, longe de suas aldeias, para puxar o rabo do leão e voltar adultos.

Mas a viagem fizera nascer dentro dele um novo tipo de sede. Novos locais, como San Martín de los Andes, fizeram os dois médicos sonhar e planejar suas futuras vitórias sociais:

> Ali, à sombra de umas árvores gigantescas, onde a imensidão da natureza tinha impedido o avanço da civilização, fizemos planos de montar um laboratório quando voltássemos de nossa viagem. Imaginamos janelas enormes, voltadas para o lago, enquanto o inverno pintaria o chão todo de branco; um helicóptero para nos locomover de um lado para o outro; pescar em um bote; excursões sem fim para dentro da floresta quase virgem.
> Muitas vezes, durante a viagem, desejamos ficar em alguns dos lugares maravilhosos que vimos, mas só a floresta amazônica teve o mesmo poder sobre nossa faceta sedentária como esse lugar teve. Eu sei agora, por conta dos fatos, que estou destinado a viajar [...]. Ainda assim, existem momentos em que eu recordo com uma saudade intensa aquelas paragens no sul da Argentina. Talvez um dia, quando estiver cansado de errar por aí, eu volte para a Argentina e me assente nos lagos andinos, se não indefinidamente, pelo menos em trânsito para outra concepção de mundo. E eu visitarei de novo a região dos lagos da Cordilheira e morarei lá.[9]

Essa "faceta sedentária" ficará escondida dentro dele, mesmo nas profundezas da hostil floresta boliviana onde o guerrilheiro acabará seus dias, a dois passos da fronteira argentina, local de seu sonhado retorno.

Partir. Partir em silêncio. Abandonar o que se tem de mais precioso, levar consigo apenas o essencial. Mas esse mais precioso, sempre no fundo dele, retorna dolorosamente à sua lembrança, batendo às portas de sua consciência por qualquer motivo.

No barco que os levara ao leprosário de San Pablo, no Peru, onde Alberto, desejoso de especializar-se no tratamento da lepra, deveria encontrar-se com o doutor Bresciani, Ernesto seduzira uma jovem mestiça que o lembrava de Chichina:

> Um carinho simples da tal garota mal-humorada, condoída pelo meu estado físico lamentável, fez ressurgirem memórias adormecidas de minha vida pré-aventureira. Naquela noite, os mosquitos me mantiveram acordado e eu fiquei pensando em Chichina, que agora era apenas um sonho distante, um sonho muito bonito que havia terminado de forma um tanto quanto inusitada nessas situações, com mais mel em minha memória do que fel. Mandei-lhe um beijo gentil e sereno, o beijo de um velho amigo que a conhece e a compreende... A cúpula imensa do céu estrelado sobre minha cabeça brilhava alegremente, como se respondesse afirmativamente à dúvida que emergiu do fundo de minha alma: "Será que isto tudo vale a pena?".[10]

"Será que isto tudo vale a pena?" Pergunta sempre presente e confirmada pelos céus, que ele interroga da Guatemala ao México, do México a Cuba, de Cuba ao Congo, do Congo à Bolívia. Sempre uma pergunta. Che Guevara é um homem que duvida, não absolutamente, mas metodicamente, para avançar com passo firme. Ele olha em volta, toma notas, fotografa, analisa, propõe explicações, informa-se, questiona. De demônios a maravilhas, ele avança. No meio de paisagens paradisíacas, purgatórios: em Tarata, aldeia esquecida do mundo nas montanhas chilenas, atrás das nuvens ele descobre, deslumbrado, antigos canais incas que "corriam para o fundo do vale, formando mais de mil quedas d'água que ziguezagueavam ao redor da estrada, enquanto esta descia a montanha em espiral".[11] Entusiasmo logo arrefecido pelo olhar dos índios aimarás:

> Estas pessoas que nos observam caminhar pelas ruas da cidade formam uma raça derrotada. Elas nos olham servilmente, quase que com medo, completamente indiferentes ao mundo exterior. Algumas dão a impressão de continuar vivendo simplesmente porque este é um hábito do qual não conseguem se livrar.[12]

Do purgatório, ele segue caminho até o inferno no Peru, onde os leprosos os aguardavam. Ele abraçaria, sem medo por sua saúde, aqueles condenados, com os quais jogaria futebol. Em seus olhos, um olhar sem preocupação, devolvendo àquelas pessoas abandonadas, com palavras, sorrisos e amizade, a humanidade que lhes era negada. Depois, porque aquela miséria profunda, aquele infortúnio e aquela dor reforçavam dentro dele sua força vital, sua vontade de lutar consigo mesmo e com o mundo, de ir até o limite de sua resistência à dor e ao esforço, ele subitamente decidira atravessar o Amazonas a nado. Travessia de ida e volta que levara duas horas.

A vida, o esplendor e o calor humano levados ao leprosário pelos dois viajantes foram tão intensos que os pacientes decidiram construir-lhes uma balsa sólida para que continuassem seu périplo pelo rio. Despedidas pungentes e sinceras, uma banda improvisada de leprosos cantara-lhes uma serenata. O tocador de bandoneon quase não tinha mais dedos.

> Um grupo de pacientes da colônia veio até a sede, para uma festa de despedida para nós dois, com um homem cego que cantava canções locais. [...] Depois da música, veio a parte dos discursos; quatro pacientes falaram da melhor maneira que puderam, um tanto quanto atrapalhados. Um deles ficou empacado em uma frase e, para sair da situação, gritou "três vivas aos doutores".[13]

A balsa havia sido batizada de *Mambo-Tango*. Com uma carga de peixes, sonhos e uma galinha, eles tinham soltado as amarras na direção da Colômbia e da Venezuela. No entanto, tirando proveito do sono que levara Ernesto para bem longe das turbulências aquáticas e dos mosquitos, a galinha conseguira escapar com a ajuda da noite, levada pelas águas escuras do rio. Não fora tanto a fuga da refeição alada o mais doloroso, mas a constatação de uma súbita covardia que o invadira e impedira de mergulhar em busca da fugitiva. É o que ele confidencia à mãe numa carta, envergonhado:

> Eu, que em San Pablo já havia atravessado um rio a nado, não tive coragem de nadar atrás do bicho, em parte porque nós tínhamos visto jacarés aqui e ali e, em parte, porque eu

nunca consegui de fato superar meu medo da água à noite.
Você teria resolvido tudo se estivesse lá.[14]

Conhecendo sua relação com a água e com a mãe, sem dúvida haveria nisso matéria para psicanálise. Mas deixemos aos especialistas e aos exploradores do inconsciente, dos quais Ernesto, enquanto amador, fazia parte, pois lia com assiduidade a obra de Freud desde os quinze anos de idade. Esse caso poderia ter-lhe interessado se ele mesmo não fosse o sujeito. Certo é que esse momento permanece para ele como uma lembrança ardente do fato de ter encontrado naquela noite seu Estige, seu rio infernal, um limite intransponível de sua vontade, que o obrigara à inação diante de um dever a cumprir.

Aquela era a coisa que ele mais odiava, aqueles momentos de sua vida em que, cheio de vergonha, era obrigado a constatar que não conseguira superar seu medo e que fugira do perigo. Sua vida inteira será construída em cima disso: armar sua vontade para atravessar a correnteza do medo. Mas ela também será construída em cima da aceitação da errância e do erro, dados inevitáveis e necessários para aquele que de fato quer viajar para fora dos caminhos conhecidos, partir à descoberta do mundo, dos outros e de si mesmo, para aquele que quiser aventurar-se em novos territórios.

Erros de percurso, ele conheceu vários. Seguindo a correnteza do Amazonas, eles chegaram ao Brasil mas pensaram estar em Leticia, na Colômbia. Eles passaram desta cidade sem perceber e viram-se a sete horas de navegação rio abaixo. Precisaram voltar a pé e deixar o *Mambo-Tango* na água.

Em Leticia, eles se tornaram treinadores de um medíocre time de futebol para ganhar um pouco de dinheiro e chegar à Venezuela. O time havia chegado, contra todas as expectativas (Ernesto no gol e Alberto no ataque), à final do campeonato, e os dois treinadores foram cobertos de glórias e voaram para Caracas, onde Alberto conseguiu um cargo no hospital e decidiu ficar.

Ernesto continuou sozinho a viagem até os Estados Unidos; desembarcou em Miami com um único dólar no bolso.

Ficou um mês vagando sem rumo à espera da oportunidade de conseguir pegar um avião de volta a Buenos Aires, em setembro de 1952. Até essa data, viveu de expedientes, pois seu orgulho o impedia de aceitar qualquer ajuda financeira dos pais.

Ao contrário de Alberto, sua "faceta viajante" sobrepôs-se à "faceta sedentária". Ele só voltou a Buenos Aires para terminar os estudos, obter seu diploma de médico com menção honrosa por sua tese sobre alergias e preparar uma nova viagem iniciada menos de um ano depois, em 7 de julho de 1953, dessa vez a pé e em transporte público.

Ele era o Sancho Pança dos sonhos de Alberto, desfeitos em Caracas, tornara-se o Dom Quixote que encontrava seu próprio Pança na pessoa de Carlos Ferrer, apelidado Calica, um amigo de infância, filho de seu médico, o dr. Ferrer, com quem ele aprontara muito quando menino. Eles tinham se conhecido "graças ao bacilo de Koch", "anfitrião" dos dois em Alta Gracia, estação de cura prezada pelos doentes dos pulmões. Seus respectivos pais tinham se tornado amigos. Ernesto decidira voltar a viajar antes mesmo de recolocar os pés na Argentina. Carlos Ferrer lembra-se da maneira como Ernesto o havia arrastado para a aventura:

– Esteja pronto, Calica. Partiremos dentro de um ano.
– Em um ano, Chancho? O que está dizendo? Você ainda tem doze matérias...
– Vou conseguir acabar todas...
– Pare de me incomodar, não conseguirá, não.
– Estou dizendo que conseguirei.[15]

E conseguiu.

Essa segunda viagem seria uma viagem sem fim, pois a primeira o transformara definitivamente. Ele descobrira a América e a América o descobrira. Descobrira no sentido de que ele pouco a pouco se desfizera das pompas de uma educação burguesa que, apesar de esclarecida, liberal, quase libertária, não deixava de se fechar em certo idealismo e em certa visão confortável de mundo. Sua consciência das injustiças gritantes, da realidade e da miséria permanecia, de certo modo, abstrata. Ele era o primogênito mimado de uma família de cinco filhos, sem preocupações imediatas e com uma vida em que o dinheiro em si era desprezado na medida em que se tivesse o suficiente para viver com tranquilidade. Ernesto frequentava desde a infância meninos pobres, inclusive preferia conviver com eles. Sua casa estava sempre aberta, e Celia Guevara preparava lanches para todos.

Podemos concluir, a partir de seu comportamento rude de adolescente, de sua negligência com o vestir, uma certa identificação, sem dúvida ligada ao complexo de um filho da burguesia que, consciente de sua diferença social, tenta fazer-se ainda mais pobre do que o pobre para integrar-se melhor ao grupo. A postura boêmia de seus pais, longe de constituir uma barreira para essa atitude, era favorável a ela. Mas ele nunca precisara encarar a verdadeira miséria, ele nunca havia percebido até que ponto ela era resultante de uma opressão, de uma dominação, de uma humilhação coletiva dos povos indígenas alienados, privados de suas culturas, despossuídos de suas terras e submetidos a uma exploração sistemática. E, coisa fundamental a seus olhos, essa miséria era correlata de uma falta total de perspectiva, do fim de um horizonte de esperança que só era substituído por aquele de uma redenção *post mortem* prometida pela religião. A falta de educação e a falta de meios para prover as necessidades mais fundamentais obrigavam aquelas populações a viver da mão para a boca sem um verdadeiro projeto de futuro, submetidas às condições escandalosas daqueles que as empregavam.

O périplo pela cordilheira dos Andes, espinha dorsal da América Latina, levara-o a perceber tanto a unidade do subcontinente quanto a da condição dos indígenas, quaisquer que fossem suas diferenças culturais.

O futuro médico que ele era se vira sem recursos e impotente diante da obscenidade daquela miséria generalizada sob seus olhos. Enquanto cientista, ele buscava uma explicação para o mundo. A poesia e a literatura não lhe eram suficientes para apreender o real. A raiva e a simples revolta tampouco ofereciam soluções. Ele fazia parte de uma família de revoltados. Revoltados contra Hitler, revoltados contra Perón, revoltados contra a injustiça. O que não os impedia de levar uma vida confortável. Mas ele sentia em seu foro íntimo que não podia viver assim. Ele tinha uma missão a cumprir, precisava encontrar seus instrumentos, preparar suas armas e, em primeiro lugar, construir um esquema operatório baseado num diagnóstico exato, numa compreensão clara das causas. Então ele voltara a mergulhar nos livros, frequentara de novo os filósofos, mas só encontrara respostas satisfatórias em Marx.

É verdade que Alberto Granado, seis anos mais velho, era um marxista engajado, ao passo que ele, com exceção de algumas participações em manifestações, mantivera-se afastado das agitações políticas, preferindo a literatura. Esse primeiro companheiro de estrada lhe propusera algumas interpretações marxistas para as gritantes injustiças que eles encontravam no caminho. Também era marxista sua tia Beatriz, a preferida, solteirona rígida que vivia com sua avó paterna, Ana Isabel Lynch, na casa onde ele havia passado boa parte da infância. Ele aderira a algumas daquelas análises, adotava algumas daquelas conclusões, sobretudo porque elas vinham de pessoas a seus olhos credíveis e de boa-fé. Mas foi muito lentamente, em sua busca de uma explicação para o mundo, em sua busca de soluções apropriadas que fossem além de um simples ato de caridade, que ele olhou para o marxismo como uma verdadeira ciência do homem e da sociedade, e não mais como este parecera, numa primeira aproximação, a seus olhos de ateu: um dogma ou uma crença.

> Quando nos perguntam se somos ou não somos marxistas, nossa atitude é a do físico a quem perguntassem se ele é "newtoniano" ou a do biólogo a quem perguntassem se ele é "pasteuriano". Existem verdades tão evidentes que se tornou inútil discuti-las. Devemos ser "marxistas" com tanta naturalidade quanto somos "newtonianos" em física ou "pasteurianos" em biologia, considerando que, se novos

fenômenos levarem a novos conceitos, os que ficaram para trás não perderão suas verdades. Esse é o caso, por exemplo, da relatividade de Einstein ou da teria dos quanta de Planck em relação às descobertas de Newton; o que não retira nada da grandeza do cientista inglês. É graças a Newton que a física pôde progredir e descobrir novas noções de espaço. E o cientista inglês foi um degrau necessário.[16]

Como toda ciência, porém, o marxismo é por natureza superável, o que nada tira de seu valor de verdade. Ernesto julga, aliás, que essa teoria não seja aplicável a todos os lugares. É preciso admitir uma certa adaptabilidade. A luta latino-americana, em especial, supõe algumas infidelidades ao marxismo ortodoxo. Uma posição antidogmática que acabará opondo-o aos stalinistas do mundo inteiro.

> Nós, que somos latino-americanos, nós podemos, por exemplo, não aprovar sua interpretação de Bolívar ou a análise sobre o México que ele faz com Engels, na qual admite certas teorias sobre as raças e as nacionalidades que se tornaram inadmissíveis em nossos dias.[17]

Marxista, sim, mas mantendo sua liberdade crítica. A partir de então, tia Beatriz, com quem os laços intelectuais e afetivos se estreitariam (os dois estavam muito próximos para ele), se tornaria seu segundo ponto de referência feminino, sua base argentina. Ele lhe confidenciaria suas iniciativas, suas dúvidas, suas conclusões na conduta que fixara para si.

Ali onde Alberto se detém, ali é de fato o ponto de partida para Ernesto. Para o primeiro, a estrada é o meio; para o segundo, o caminho é o objetivo. É uma vereda de poesia cujas sombras crescem à medida que ele caminha na direção da luz. Ele vai ao encontro de si mesmo e faz de sua vida um ato de poesia concreta, como ele escreve à mãe em 1956: "Acho que poderia dizer como um poeta que você não conhece – 'Só levarei para debaixo da terra o pesar de um canto inacabado'".[18]

Esse "canto inacabado" de que fala Nazim Hikmet, poeta turco e comunista, logo será marcado pelos pés calçados em sólidos coturnos nos caminhos da guerrilha.

Pode-se falar, aqui, em voz interior e, para continuar no âmbito da poesia, em "iluminações". Dizer que Ernesto Guevara é um iluminado só é exato se permanecermos no campo poético, sem confundi-lo com o da loucura, apesar de os dois às vezes terem limites comuns. Limites que os surrealistas ultrapassaram. A iluminação em Ernesto está ancorada num diálogo construído e estruturado com o real. O mundo dirige-se a ele em poesia, assim como as estrelas cantam sua poesia em equações ao astrônomo.

É por meio da voz de um desconhecido, na Venezuela, numa noite em que ele estava pronto para ouvir, que esse mundo vai até ele. Momento cuja veracidade Alberto confirmaria mais tarde:

> Ainda não sei se foi a atmosfera ou a personalidade do homem que me preparou para a revelação, mas já tinha ouvido aqueles mesmos argumentos diversas vezes, de pessoas diferentes, e eles não tinham exercido impressão alguma sobre mim... Ele deixou escorregar, com aquela sua risada um tanto quanto prepotente acentuando as disparidades entre seus quatro incisos frontais: "O futuro pertence ao povo e, gradual ou subitamente, ele vai chegar ao poder, aqui e em todo o mundo". "O problema", continuou, "é que o povo deve ser educado, e isso não pode ser feito antes que ele tome o poder, só depois. Ele só pode aprender a partir de seus próprios erros, e estes serão muito sérios e custarão muitas vidas inocentes. Ou talvez não, talvez essas vidas não sejam inocentes porque pertencem àqueles que cometem os maiores pecados *contra natura*; em outras palavras, eles não têm habilidade para se adaptar. Todos eles, todos os que não conseguirem se adaptar – você ou eu, por exemplo – morrerão amaldiçoando o poder que ajudaram a fazer surgir com sacrifícios muitas vezes enormes. A revolução é impessoal, vai levar suas vidas e até mesmo utilizará suas memórias como um exemplo ou como instrumento para controlar os jovens que surgirem depois deles.[19]

Em 7 de julho de 1953, no trem que o levaria a sua segunda viagem pela América Latina, ele já sabia para onde iria: ao encontro de si mesmo. Mesmo sem saber exatamente o que estava procurando, ele sabia que havia mudado profundamente. Ele buscava o homem dentro de si mesmo, ele buscava tornar-se o que já era. E quando sua mãe, em lágrimas, gritara da plataforma um último adeus, pedindo que o filho tomasse cuidado, ele gritara: "Aqui vai um soldado da América!".[20]

A MUDA DA SERPENTE EMPLUMADA

Nascido em 4 de julho

> O sol tocava-nos timidamente as costas enquanto percorríamos as encostas peladas de La Quiaça. Eu repassava mentalmente os últimos acontecimentos. A partida com tanta gente, algumas lágrimas, o olhar surpreso dos passageiros da segunda classe que viam uma profusão de roupas bonitas, casacos de pele etc., para dizer adeus a dois esnobes de aparência estranha e cheios de pacotes. O nome de meu companheiro mudou, Alberto agora se chama Calica; mas a viagem é a mesma: duas vontades dispersas se propagam pela América sem saber ao certo o que buscam ou sequer onde fica o norte.[1]

O "soldado da América" dirige-se à Bolívia, país de Simón Bolívar, *el libertador*, que lhe dera seu nome. A Bolívia também era o país de Sabina, a empregada índia dos Guevara, vinda da tribo aimará, que lhes contara mais de cem vezes as misérias sofridas por seu povo naquele país.

A Bolívia está em grande efervescência. O levante popular de abril de 1952, conduzido por Víctor Paz Estenssoro e pelo Movimento Nacional Revolucionário (MNR), acaba de levar a uma verdadeira revolução. Paz Estenssoro, o novo presidente, logo dá início a uma reforma agrária, redistribuindo terras aos camponeses, desmantelando o exército, nacionalizando as minas de estanho e criando um sufrágio universal realmente aberto a todos (índios e analfabetos). Nada mais atraente para um aventureiro.

Estranha coincidência: nosso "soldado da América" pega a estrada no dia 7 de julho de 1953, no exato momento em que Fidel prepara em Cuba o assalto ao quartel Moncada.

Em 16 de julho, ele assiste em La Paz a uma manifestação pacífica à glória da revolução que faz "cantar", como ele diz, as pistolas Mauser. "Manifestação pitoresca, mas não viril", ele escreve em seu diário, "faltava o rosto enérgico dos mineradores, segundo os conhecedores".[2]

Em 2 de agosto, festeja-se o Dia do Índio na Bolívia. Levando uma lanterna de acetileno e calçando botas de borracha, ele desce ao fundo da mina Bolsa Negra, na companhia de engenheiros. Mas os mineradores estão em La Paz, apoiando o governo. Ele busca o homem no fundo da mina, mas o homem não está lá. Não mais que a "virilidade" esperada na manifestação de 16 de julho. Sente-se nele a frustração do encontro perdido. Em seu caderno de viagem, lê-se nas entrelinhas uma espécie de desencanto. Aquela revolução não o excita nem um pouco. Ele mais tarde compreenderá o motivo dessa sensação e chamará aquela de "revolução burguesa tímida". Os burgueses, a seu ver, ficam irritados com o fato de índios e mestiços serem privilegiados, mas não desgostam das conquistas nacionalistas do governo. Ernesto lança olhares amargos para o destino reservado ao índio, que "continua sendo um animal na mentalidade do branco, principalmente quando este é europeu, quaisquer que sejam as roupas que ele use".[3] Um índio que vá defender sua causa no ministério de Assuntos Camponeses é antes borrifado com DDT. "É a revolução do DDT"[4], ele exclama ironicamente: uma revolução que ataca os sintomas, mas não trata o mal. Uma revolução superficial. No entanto, as milícias operárias pagam um pesado tributo pela sublevação, 1.500 mortos, para restabelecer a legalidade republicana confiscada pelo exército depois da vitória do sufrágio universal de Víctor Paz Estenssoro nas eleições de 1951.

Mas os contrarrevolucionários não dão sua palavra final, e Ernesto espera que o "sangue corra" a qualquer momento. Ele prolonga sua estada, mas em vão:

> Querida mamãe,
> Esperávamos uma revolta a qualquer momento e tínhamos a firme intenção de ficar para vê-la de perto. Para nosso grande prejuízo, ela não aconteceu, e só vimos manifestações de força do governo, que, não importa o que se diga, parece-me sólido.[5]

Chegando a Lima, no Peru, alguns dias depois, sua análise evolui. Mais profunda, ela já indica a visão de uma América Latina pronta para uma mudança revolucionária e aponta as premissas de seu engajamento futuro. É o que ele confia à amiga Tita Infante, militante da juventude comunista argentina e estudante de medicina:

> A Bolívia é um país que deu um exemplo realmente importante à América. Vimos o próprio palco das lutas, furos de bala, até mesmo os restos do corpo de um homem morto na última revolução e encontrado há pouco numa cornija, pois seu corpo voara em pedaços depois que as bananas de dinamite que ele levava na cintura haviam explodido. Enfim, lutou-se sem hesitações. Aqui, as revoluções não são como em Buenos Aires, e dois ou três mil mortos ficaram no campo de batalha.
> A luta continua ainda hoje e quase todas as noites há feridos à bala em um dos lados, mas o governo é sustentado pelo povo armado, tanto que não é possível que um movimento armado externo o liquide, ele só pode sucumbir a lutas internas.[6]

O exemplo boliviano de um governo invencível, porque sustentado por um povo armado, será determinante para sua visão de futuro guerrilheiro, para quem uma revolução só pode triunfar e durar por meio da aliança de todo o povo, tornando-se, com a união, um exército revolucionário. Mas ele realmente duvida que a coalisão no poder dure muito, em vistas de sua composição e dos homens que a constituem. A História lhe dará razão:

> O MNR é um conglomerado em que se observam três tendências mais ou menos nítidas: a direita, representada por Siles Suazo, pelo vice-presidente e pelos heróis da revolução; o centro, com Paz Estenssoro, mais instável, apesar de provavelmente tão à direita quanto a primeira; e a esquerda, com Lechin, líder visível de um movimento de reivindicação com seriedade, mas que pessoalmente é um arrivista mulherengo e folião.[7]

Quando ele chega à Costa Rica, sua visão do acontecimento boliviano se decantara. Ele separa o joio do trigo, diferenciando o epifenômeno daquela "revolução burguesa" do potencial profundamente revolucionário do país, que ele considera em sua história e em seu dinamismo econômico.

Na entrevista que concede em 11 de dezembro de 1953 ao *Diario de Costa Rica*, que se interessa pelos "dois jovens estudantes que percorrem a América Latina e se interessam pelas artes autóctones e pelos métodos de profilaxia e tratamento da lepra", ele deixa escapar seu entusiasmo e seu otimismo:

> O país que mais nos impressionou, sem dúvida, foi a Bolívia... Com uma competência mínima, consegue-se realizar coisas extraordinárias, que estão produzindo uma profunda transformação em múltiplos aspectos da vida política, social e econômica da Bolívia. Tanto que todos os países do hemisfério têm os olhos voltados para essa República vigorosa e revolucionária.[8]

Ele manterá os olhos voltados para essa República, potencial foco de revolução para toda a América Latina. Começa a esboçar-se a curva de uma trajetória que o levará a seu último destino.

Por enquanto, com todos os sentidos atentos, ele abraça, apalpa e cheira a América, mergulha em seus subterrâneos, todos os seus subterrâneos, às vezes pouco amenos. No barco que o leva de Golfito a Quepos (Costa Rica, novembro de 1953):

> Fiquei ao relento com uma pequena mestiça que seduzi, Socorro, mais puta que as galinhas, do alto de seus dezesseis anos... O dia voou entre os saracoteios e as afetações da pequena mestiça.[9]

Mas a aventura chama o aventureiro e a lembrança de Alberto logo o afasta daquelas saias:

> Uma carta de Alberto com luxuriosas viagens em mente volta a me dar vontade de revê-lo. Ele tem planos de partir em março aos Estados Unidos.[10]

Ele sente falta de Alberto. Calica não tem a mesma qualidade de companheiro que o primeiro. Entre eles não há, como entre Quixote e Sancho Pança, a complementaridade aventureira que ele sempre buscará. Ele conta isso à mãe em agosto de 1953:

> Aproveitei muitíssimo, pela segunda vez, e agora quase como um dândi, mas o efeito foi diferente, Alberto imaginava casar com princesas incas, recuperar impérios. Calica maldiz a sujeita e toda vez que pisa numa das inúmeras bostas que enchem as ruas, em vez de olhar para cima ou para alguma catedral que se desenha contra o céu, ele olha para seus sapatos sujos. Ele não sente a impalpável matéria evocadora de Cuzco, mas o cheiro dos ensopados e dos excrementos; questão de temperamento.[11]

O Che conserva intacta sua capacidade de maravilhamento. Machu Picchu o impressiona, o Amazonas o arrebata. Ele fotografa tudo. A fotografia é uma paixão, ele fará dela um ganha-pão nos dias difíceis. Ele desenha, toma notas. Escreve para o jornal *Siete* uma crônica intitulada "Machu Picchu, enigma de pedra da América".

> Contentemo-nos, por enquanto, em dar à cidade dois significados possíveis: para o combatente que persegue aquilo que hoje se chama de quimera, aquela que tem um braço estendido para o futuro e cuja voz de pedra grita a todo o continente: "Cidadãos da Indo-América, parti à reconquista de vosso passado!"; para outros, os que simplesmente "fogem do tumulto do mundo", aplica-se uma frase escrita no registro de visitantes do hotel por um sujeito inglês que expressa com toda a amargura de sua nostalgia imperial: "*I am lucky to find a place without a Coca-Cola propaganda*".[12]

Ele vive intensamente sua América, entre a pedra e a água. A pedra da História sedimentada desde a magnificência do reino inca, a água do Amazonas que carrega a vida que une o continente em seu percurso e em sua geografia. Ele escreve para o suplemento dominical do *Panamá América* (datado de 22 de novembro de 1953) um artigo intitulado "Um olhar sobre as margens do imenso rio", em que narra sua aventura no coração da Amazônia. Ele vive a experiência kantiana do sentimento sublime, por meio do qual o homem consegue avaliar sua insignificância e sua fragilidade diante da força da natureza:

> Aqui, o rio alcança a categoria definitiva de colosso e seu enorme silêncio aumenta o mistério da noite na floresta... A floresta é imensa e surpreendente, seus ruídos e seus silêncios, seus sulcos de água escura ou a gota límpida que cai de uma folha, todas as suas contradições, tão bem orquestradas, reduzem o viajante a um ponto, a uma coisa sem grandeza ou pensamento próprio.[13]

Entre a pedra e a água, ele se banha e se perde literalmente em sua América e mergulha em seu seio, insaciável, até a embriaguez, penetra fundo em sua história, acaricia ávida e sensualmente sua geografia, tenta perder-se em seu ventre.

Mas ele ainda hesita. Sua fome não é apenas de América Latina, mas uma vontade devorante de descobrir o mundo. Ele sonha com a Europa e com Paris, tão cantada desde o berço por sua mãe. E por que não rumar para o norte? Ele se sente bastante tentado a encontrar-se com Alberto para uma travessia dos Estados Unidos, quando um amigo de passagem, Garcia, o convence a partir para a Guatemala. Por que não? "Minhas disposições psíquicas me levaram nesse momento a aceitar sua proposta"[14], ele escreve. Uma decisão que terá consequências determinantes sobre o resto de sua vida.

Nova e estranha coincidência: a caminho da Guatemala, ele encontra Juan Bosch na Costa Rica, com quem Fidel Castro havia tentado derrubar Rafael Trujillo, o ditador de Santo Domingo.

> O encontro com Juan Bosch foi muito interessante. Ele é um homem de letras com ideias claras e atração pela esquerda. Não falamos de literatura, apenas de política. Ele chamou Batista de bandido cercado de bandidos. É um amigo pessoal de

Rómulo Betancourt e defendeu-o calorosamente, bem como Prío Socarrás e Pepe Figueres. Ele disse que Perón não tem apoio popular nos países americanos e que em 1945 ele havia escrito um artigo em que o denunciava como o demagogo mais perigoso da América. A discussão ocorreu em termos muito agradáveis.[15]

Mas nenhuma palavra sobre Fidel Castro, que ele ainda parece ignorar ou fazer pouco caso de sua dimensão política.

Ele também conhece o líder comunista costa-riquenho Manuel Mora Valverde, que faz uma exposição muito clara e profunda sobre a história e a situação política de seu país. Ele denuncia o imperialismo norte-americano, cujo braço ativo é a multinacional United Fruit, verdadeira hidra e sanguessuga do continente, que faz e desfaz governos levando ao poder seus espantalhos. United Fruit, eis o inimigo nomeado, engodo comercial da democracia norte-americana que faz dos ditadores latino-americanos seus aliados. United Fruit, que, aliás, é a maior proprietária de terras e empregadora na Guatemala, com quem o novo governo, dirigido pelo presidente de esquerda Jacobo Arbenz Guzmán, está prestes a ter sérias altercações devido a seu plano de redistribuição que visa eliminar o sistema monopolístico dos latifúndios. Ele prevê a expropriação de 40% das terras pertencentes à companhia. Latifúndios, "terras sem homens, cultivadas por homens sem terra", como dizia Sartre, "que designavam as grandes propriedades antigas. Como no tempo dos romanos, eles se caracterizam pelo absenteísmo do proprietário, pela cultura extensiva, pela imensidão das terras em pousio".[16]

Os Estados Unidos já denunciam, sem provas, a mão comunista sobre a Guatemala, um pretexto para intervir e defender a democracia ameaçada. Razão a mais para que nosso aventureiro queira ir ver o mais rápido possível o que se passa naquele país e estar no centro dos acontecimentos.

Ele chega à Guatemala na véspera de Natal, com seus amigos, abatido por uma violenta crise de asma, após um longo périplo dentro de um carro caindo aos pedaços, pontuado por panes e pneus furados e mil dificuldades administrativas. Ele reclama e amaldiçoa: "esse cônsul é um corno", "esse funcionário da alfândega é um imbecil".[17] Eles várias vezes se veem obrigados a dormir ao relento (pouco dinheiro no bolso). A chegada não é muito entusiasmante. A pensão onde ele conta dormir está fechada, pois o amigo que devia recebê-lo brigara com a proprietária. Depois de uma longa litania de dias de tédio, tem início a verdadeira dificuldade, pois ele precisa buscar meios de subsistência. Qualquer coisa serve. A asma não o abandona. A noite de Ano-Novo o surpreende oprimido por outra crise. Todos os seus amigos estão bêbados, menos ele. Pois ele não pode beber.

Ele não tem nenhum encontro realmente interessante, a não ser com "um gringo estranho que fala idiotices sobre o marxismo e quer traduzi-las para o espanhol"[18], Harold White, o professor que encontraremos a seu lado cinco anos depois, após a vitória da revolução cubana. O inglês de Ernesto não é grande coisa; mas não faz mal, ele se candidata para traduzir aquelas "idiotices" para o espanhol. Ganhará 25 dólares, que dividirá com uma colaboradora. Uma certa Hilda Gadea possibilita aquele encontro. Ela é gentil, mas ele não presta muita atenção em sua pessoa. Ele escreve em seu caderno: "Não conhecemos ninguém interessante nos últimos dias".[19] O que diz muito. Hilda é uma economista peruana refugiada política, membro do partido peruano APRA (Aliança Popular Revolucionária Americana), declarado ilegal em seu país. Má referência para ele, que acabara de ter uma tediosa discussão com um certo Temoche, ex-deputado da APRA, que dizia coisas piores do que enforcar os comunistas, seus principais inimigos. Hilda não é muito bonita nem muito atraente. Peruana mestiça com índio, ela é pequena e atarracada, mas ele aos poucos descobre nela uma bela inteligência e uma grande cultura. Hilda, em contrapartida, o considera "bonito demais para ser inteligente".[20] No entanto, uma cumplicidade nasce entre os dois. Alguns meses depois, em abril de 1954, ele escreve à mãe:

> Tomo mate quando há erva e tenho conversas intermináveis com a camarada Hilda Gadea, uma jovem da APRA que tento convencer, com a doçura que me caracteriza, a abandonar esse partido de merda. Ela tem um coração de ouro, pelo menos. Sua ajuda se faz sentir em todos os atos de minha vida cotidiana (a começar pela pensão).[21]

Apesar de seu "coração de ouro", ele prefere conquistar o coração de outras mulheres, e muitas são interessantes a seus olhos. Isso o distrai dos dias tediosos em que vai de mal a pior. Ele encontra um emprego de pregador de cartazes e, para completar, esse refinado ateu vende nas ruas quadros do Cristo Negro de Esquipulas, venerado pelos locais. O tédio o invade com força:

> Sábado sem interesse... Domingo sem novidade... Mais um dia desinteressante. Um refrão que parece se repetir de modo alarmante... Mais dias a registrar no diário. Cheios de vida interior e nada mais. Coleção de fracassos de todo tipo... Dia de desespero consciente, ou melhor, não baseado em crises ciclotímicas mas na fria análise da realidade... Se as coisas continuarem assim, permanecerei por algum tempo no emprego de pregador de cartazes, para pagar meus gastos, e darei o fora. Veremos.[22]

Uma carta de Alberto, com quem Calica fora se encontrar, faz com que ele vislumbre possibilidades de ganhar muito dinheiro. Mas a promessa de um emprego bem remunerado em Petén o retém. É nesse momento que ele trava conhecimento com alguns cubanos refugiados depois do assalto ao quartel Moncada. Ele ouve aqueles homens, fica fascinado.

> Quando ouvia os cubanos fazerem afirmações grandiloquentes com absoluta serenidade, sentia-me bem pequeno. Posso fazer um discurso dez vezes mais objetivo e sem lugares--comuns, posso fazer melhor e posso convencer a audiência de que estou dizendo algo correto, mas não convenço. Os cubanos, sim. Ñico colocava a alma no microfone, por isso entusiasmava até um cético como eu.[23]

Mas ele tem muitas outras coisas em mente com que se preocupar. Cuba ainda é para ele uma ilha distante e, por mais simpáticos e cativantes que sejam aqueles cubanos, a luta deles ainda não o toca. Por enquanto, ele precisa comer, encontrar abrigo e, acima de tudo, trabalho. Ele se impacienta. Fazem-lhe promessas que não são cumpridas, marcam encontros que são adiados. Seus horizontes se obscurecem.

> Mais notícias ruins. É uma história sem fim. O filho da puta do Andrade nem mesmo me recebeu e mandou me perguntarem, à tarde, o que eu queria, duas vezes. Estou à espera e não sei o que fazer... A coisa está ficando uma merda. Não sei mais o que fazer. Tenho vontade de ir para bem longe: Venezuela, talvez... Sábado, dentro de dois dias, comprometi-me a pagar a pensão, ao menos um mês, mas não sei com que dinheiro... As coisas acabaram mal na pensão, pois no sábado não pude pagar nem cinco centavos. Deixei o relógio e uma corrente de ouro como garantia... Já me decidi, um dia desses vou escrever para a China para ver o que me dizem... Está chegando o dia em que devo botar o pé na estrada. Cheguei ao ponto de não poder voltar atrás, pois anunciei aos brados que ia embora.[24]

Ele de fato parte para El Salvador, onde enfrenta a chuva e os mosquitos ao relento, em seu saco de dormir, pois não encontra uma boa alma que lhe ofereça abrigo e, às vezes, comida. Caminha semanas a fio, percorre dezenas de quilômetros por dia, os pés em carne viva, pede carona, lava como pode as roupas sujas nos cursos de água, encontra um emprego como operário diarista numa construção da estrada Atlântica, um salário miserável por doze horas noturnas. Trabalho extenuante, das seis horas da tarde às seis horas da manhã. "Às cinco e meia, tínhamos nos tornado autômatos ou *bolos*, como são chamados aqui os bêbados."[25] Mas ele guarda consigo essa embriaguez de vagabundo celestial que o leva em frente e que o mantém em pé, como ele expressa em "Autorretrato oscuro":

> La ruta fue muy larga y muy grande la carga,
> Persiste en mí el aroma de los pasos vagabundos
> Y aún en el naufragio de mi ser subterráneo
> – a pesar de que se anuncian orillas salvadoras –
> Nado displicente contra la resaca,
> Conservando intacta la condición de náufrago.
>
> Estoy solo frente a la noche inexorable
> Y a cierto dejo dulzón de los billetes.
> Europa me llama con voz de vino añejo,
> Aliento de carne rubia, objetos de museo.
>
> Y en la clarinada alegre de países nuevos
> Yo recibo de frente el impacto difuso
> De la canción, de Marx y Engels,
> Que Lenin ejecuta y entonan los pueblos*.[26]

Tendo se tornado "um verdadeiro porco, cheio de pó e asfalto da cabeça aos pés"[27], ele abandona a estrada para o Norte e acaba voltando à Guatemala, pois não obtém o visto para entrar em Honduras. Mas ele não parte de El Salvador sem visitar as ruínas maias de Tazumal e de Quiriguá, das quais faz uma descrição arqueológica muito precisa, comparando-as às construções incas e à estatuária asiática, chegando a encontrar no rosto de uma estátua o retrato de Ho Chi Minh, sem tirar

---

* A estrada foi longa e a carga, muito pesada
Persiste em mim o aroma de passos vagabundos
E mesmo no naufrágio de meu ser subterrâneo
– apesar do anúncio de margens salvadoras –
Nado displicente contra a ressaca,
Conservando intacta a condição de náufrago.

Estou só diante da noite inexorável
E por certo abandono a doçura dos bilhetes.
A Europa me chama com voz de vinho envelhecido,
Alento de carne loira, objetos de museu.

E no clarão alegre dos países novos
Recebo de frente o impacto difuso
Da canção, de Marx e Engels,
Que Lênin executa e que os povos entoam.

nem pôr. O que o faz dizer à mãe: "Aqui, fiquei totalmente convencido de algo que meu americanismo não queria aceitar: nossos antepassados são asiáticos".[28]

De volta à Guatemala, ele encontra Ñico, o cubano, "que morre de rir o dia todo mas não faz nada"[29], e se torna seu companheiro de quarto. Mas Ñico logo parte para o México e o deixa com outro cubano, que por sua vez passa o tempo cantando. Ernesto não tem dúvidas de que um dia irá ao encontro de Ñico para embarcar com ele e outros guerrilheiros rumo a Cuba, a ilha que agora tanto o faz sonhar. Acontece então algo inesperado que precipita o argentino errante para o coração da História. Uma História que se tornará sua história. A semente viajante, que hibernava no fundo de seu húmus, recebe então a chuva que a fará germinar – a salva de metralhadoras dos bombardeiros norte-americanos que decolam de Honduras:

> Os últimos acontecimentos pertencem à História, uma qualidade que, a meu ver, aparece pela primeira vez em minhas anotações.[30]

Trata-se da operação PBSUCCES, organizada pela CIA no início de 1953 por intermédio de Allen Dulles, importante acionário da United Fruit e irmão de Foster Dulles, advogado da mesma empresa, que corria o risco de sofrer um sério golpe com a reforma agrária encaminhada pelo presidente Arbenz. Tentava-se, portanto, destituí-lo por meio da força.

Em 18 de junho de 1954, uma ofensiva é lançada pelo coronel guatemalteco Carlos Castillo Armas, exilado nos Estados Unidos, que forma para a ocasião um "Exército de Libertação" composto por mercenários treinados em Honduras e na Nicarágua, com o apoio logístico da CIA e de aviões de combate pilotados por norte-americanos. O golpe é duro. O zumbido das asas da morte invade o céu, que se torna escuro. Instalações militares são bombardeadas, bem como os bairros mal-afamados da capital. Uma menina de dois anos é morta. A população reage com violência, apoiando o presidente Arbenz. A desordem toma conta dos combates. Brigadas de jovens se formam. Ernesto ajuda no serviço médico de urgência, depois tenta receber uma instrução militar para ir ao front. Riem dele e ignoram-no. Mesmo assim, ele se entusiasma e exulta. Ele quer lutar. Carta à sua mãe, de 4 de julho de 1954:

> Tudo começou como um belo sonho no qual imediatamente nos comprometemos a ficar acordados... Com certa vergonha, confesso que me diverti como um louco durante aqueles dias. A mágica sensação de invulnerabilidade fazia eu lamber os beiços de prazer quando via as pessoas correndo em todas as direções assim que os aviões chegavam, ou, à noite, durante as faltas de luz, quando a cidade se enchia de tiros.[31]

Naquele dia, sob uma chuva de bombas norte-americanas, nasce Che Guevara. Dois anos depois, em 15 de julho de 1956, numa resposta a Célia, que vê o filho transformar-se perigosamente e faz críticas e recomendações típicas de mãe, ele pela primeira vez se assinará como Che, dizendo-lhe:

> Não sou nem Cristo nem filantropo, mamãe, sou o total oposto de um Cristo.[32]

Levar o essencial

Aos pés do Cristo de mármore branco de Havana, *El Comandante* esmaga negligentemente a bagana do charuto. A sirene de um cargueiro com uma tremulante bandeira norte-americana, entrando no porto, responde à do rebocador que se aproxima ofegante. Pastas executivas cruzam com mochilas e caixas de ferramentas, veículos a cavalo passam ao lado de limusines. Um engarrafamento, com concerto de buzinas, se forma no Malecón. A vida continua. Quanto tempo mais? Por quanto tempo os americanos ficariam de braços cruzados vendo a revolução acontecer sob seus olhos? A lei da reforma agrária, promulgada em 17 de maio do mesmo ano de 1959, a "noiva da revolução", como Fidel Castro a chamara, precisaria ser implementada o mais rápido possível, para se colocar um fim à infâmia que fazia com que, no sistema de latifúndios, 2,8% das plantações dispusessem de 58% das terras cultivadas. Era preciso "reconquistar os quatro quintos da terra cubana para o campesinato desapossado dela", como dizia, havia dois anos, o jornal clandestino *Vanguardia Obrera*. Mas os norte-americanos deixariam ocorrer, sem mexer um dedo, essa reforma que prometia, segundo Fidel e seu habitual otimismo, "um futuro esplêndido para nossa Pátria"? *El Comandante* tem certeza de que não. As mesmas causas produzem os mesmos efeitos, por isso ele espera que, a qualquer momento, os bombardeiros americanos sobrevoem Havana com sua chuva mortífera, como em 1954 na Cidade da Guatemala. Mas, ao contrário do presidente Arbenz, que não quis armar o povo contra a invasão americana e preferiu abandonar o cargo com os primeiros bombardeios, a revolução cubana formara um exército popular, "o povo de uniforme", como dizia Camilo Cienfuegos, e seria completamente diferente. Por isso também era urgente buscar apoio em todos os países não alinhados. Os *gringos* não tardariam a inventar um pretexto, sempre o mesmo, aliás: a defesa da liberdade do mundo e da democracia, com seu corolário, a luta contra os comunistas.

Arbenz instaurara um regime de tipo reformista, capitalista, um *new deal* latino-americano. Eles o haviam destruído dizendo que fora secretamente inspirado nos comunistas. Em seu lugar, haviam ajudado a instalar uma ditadura da pior espécie, um verdadeiro inferno sobre a terra, onde pululavam neonazistas, ex-nazistas e fascistas fugidos da Segunda Guerra Mundial. Pesquisas mais aprofundadas provavam que a presença dos comunistas ao lado de Arbenz era uma grande mentira. Não importava; o mal fora feito, para grande proveito da United Fruit e da CIA. "Caluniai, caluniai, sempre sobrará alguma coisa", dizia Beaumarchais.

Fidel Castro não era comunista, ainda não se declarara como tal. Mas Che Guevara, sim, fato bem conhecido, e Raúl Castro, também. "Se não você, então seu irmão." Os norte-americanos já tinham um pretexto. Era uma questão de tempo.

Aleida interrompe seu devaneio.
– Você vai levar o terno?
– Que terno? Não vou me casar pela segunda vez.
– Terceira, querido, terceira. Comigo foi a segunda, lembre-se. Além disso, comigo você não usou terno, só a farda.
– É verdade. Mas usei a mais bonita, por você, querida.

Sempre a ponta de ciúme de Aleida. Hilda continuava em seu espírito. Era verdade que ele havia alugado um belo terno para o primeiro casamento, em 18 de agosto de 1955. Hilda Gadea estava grávida. Eles precisavam ser rápidos. A pequena Hilda Beatriz Guevara nasceria seis meses depois, consequência imediata daquela "união de fato", como dissera Hilda na noite de 18 de maio de 1955. Ernesto escolhera aquele segundo nome, Beatriz, em homenagem à tia adorada. O casamento e a criança só haviam sido comunicados por Ernesto à mãe em 24 de setembro, bem no fim de uma longa carta, e de maneira lapidar: "Casei-me com Hilda Gadea e teremos um filho em breve".

A criança havia nascido no México, para onde eles tinham viajado e onde haviam encontrado a comunidade cubana depois da vitória da contrarrevolução guatemalteca.

Ernesto chegara muito antes dela. Ele fizera amizade, no trem em que fugira da Guatemala, com um jovem estudante de engenharia, o guatemalteco Julio Roberto Caceres Valle, que ele chamava de El Patojo (o menino) por causa de sua baixa estatura. Sem dinheiro, eles dividiam o mesmo quarto no México e, com máquinas fotográficas a tiracolo, percorriam a cidade, parques e jardins, para vender às mães fotos de seus filhos. "Precisávamos usar todos os nossos talentos de persuasão, bem como uma miríade de argumentos, para convencer uma clientela diversa e variada de que seus pequenos querubins eram muito fotogênicos e que valia a pena pagar-nos em pesos mexicanos por aquela maravilha".[1]

Hilda fora a seu encontro bem mais tarde, para sua grande surpresa, pois ele a imaginava perdida para sempre e de volta ao Peru, sua pátria. A caça aos comunistas organizada pelo novo governo guatemalteca estreitara os laços entre os dois. Hilda fora presa por alguns dias, enquanto Ernesto, denunciado como comunista, refugiara-se na embaixada, preocupado com o destino da camarada. Desde que ficara sabendo que ela saíra da prisão, tentava revê-la, mas ela adiava a visita, coisa que tinha o dom de exasperar e preocupar Ernesto, que matava seu tempo em conversas com frequência fúteis, partidas de xadrez e divertindo-se em fazer o retrato psicológico de seus camaradas refugiados:

> José Manuel Vega Suarez, vulgo Cheché: cubano, burro como uma porta e mentiroso como um andaluz.
> Santos Benateres, engenheiro nicaraguense. Um cético e um lutador. Sua atitude é hesitante, acredito que por excesso de análise.
> Mario de Armas: cubano, não anticomunista, participou do assalto fracassado ao quartel Moncada... Jovem cubano sem preocupações, mas bom camarada. Percebe-se que é nobre.
> Roberto Castañeda, dançarino, guatemalteca: ele me impressiona como um personagem magnífico por seus talentos nas relações sociais e não tem praticamente nenhuma das maneiras afeminadas de um dançarino.

> Florencio Méndez: rapaz simples, sem grande cultura e também sem grande inteligência. Provavelmente tem uma tara congênita, pois aqui mesmo tem um irmão que beira a oligofrenia.[2]

A mania de esboçar mentalmente as características dos outros, que ele tem desde a infância, será muito útil mais tarde, quando estiver à frente do comando de vários homens. Assim que deixou a embaixada, ele havia corrido em busca de "carícias sérias", como ele dizia, nos braços das mulheres. Tentará obtê-las com Hilda, com o êxito que sabemos. Ele fora seduzido por aquela mulher atenciosa e doce para além da simples camaradagem. A crer nas palavras dela, ele já a pedira várias vezes em casamento, sem dúvida para obter mais facilmente seus favores, que ela recusara com prudência e notável constância. Era verdade que ele corria atrás de várias outras saias. Alguns meses antes da famosa "união de fato", em fevereiro, ele mais uma vez brigara violentamente com ela:

> Acho que rompi definitivamente com Hilda, depois de uma cena melodramática. Uma garota que era química me agradou; não era muito inteligente, era até bastante ignorante, mas tinha um frescor muito agradável e olhos magníficos.[3]

Mas alguma coisa mais forte que o simples desejo ligava um ao outro, e, apesar das brigas constantes, com frequência causadas por desacordos intelectuais, eles decidiram se unir.

Depois disso, sem dúvida devido à nova responsabilidade que crescia no ventre de Hilda, Ernesto parecera comportar-se um pouco. Ele esperava um filho, claro, como bom "macho" que era, como ele mesmo dizia. "Espero para breve um pequeno Vladimir Ernesto", ele escrevera à tia Beatriz, assim como teria certeza absoluta de que, anos mais tarde, a criança que crescia no ventre de Aleida seria um menino. Mas as duas decepções sucessivas não maculariam sua afeição e seu orgulho paterno. Para anunciar o nascimento de Hilda Beatriz (Hildita), ele escrevera à mãe: "Minha alma de comunista incha desmesuradamente: nossa boneca bochechuda é o retrato fiel de Mao Tsé-Tung!".[4]

Ao lado do trabalho de fotógrafo de rua, abandonado aos poucos, ele trabalhara meio turno no hospital geral e no hospital infantil, e se especializara em alergias: "Meu trabalho no hospital vai bem, apesar de eu me dar conta o tempo todo de que, com exceção das alergias, não sei nada de medicina".[5] Ele publica um artigo na revista *Alergia*, "Investigaciones cutáneas con antígenos alimentarios semidigeridos", que ele considera "passável". Mas acrescenta: "Em fisiologia, tornei-me um cirurgião de gatos".[6]

Durante um curto período de tempo, ele também havia trabalhado na Feira do Livro do México, depois conseguira um cargo bastante bem remunerado de jornalista fotógrafo na Agência Latina, de 31 de janeiro a 31 de dezembro de 1955, tendo participado da cobertura dos Jogos Pan-Americanos. "Hilda e eu mudamos de casa e tudo parece orientar-se para meses de cômoda contemplação do futuro... Ainda não sei se trabalharei ou não nas Nações Unidas, a ideia me repugna, mas o salário me atrai."[7]

No entanto, um acontecimento de alguns meses antes, certa noite de julho de 1955, abrira uma nova fissura, dessa vez irreversível, entre seu "eu sedentário" e seu "eu aventureiro", que ele ainda não conhecia totalmente: ele conhecera Fidel Castro pessoalmente, apresentado por Raúl Castro, seu irmão, que era amigo de Hilda Gadea no México e que, alguns dias depois, seria sua testemunha de casamento. Ele limitara-se a registrar o seguinte:

> Um acontecimento político foi ter conhecido Fidel Castro, o revolucionário cubano, um rapaz jovem, inteligente, muito seguro de si e com uma audácia extraordinária; acho que simpatizamos um com o outro.[8]

Ele se dedicava à leitura, às viagens, aos passeios pela montanha e à arqueologia. Uma vida aparentemente tranquila. Ficara encantado com o sudeste mexicano e suas ruínas maias, que ele descrevia com um luxo de detalhes que revelava um conhecimento profundo da arte pré-colombiana. Depois ele escalara duas vezes o Iztaccíhuatl, o terceiro vulcão mais alto do México, caminhadas extenuantes e perigosas, onde colocara sua resistência à prova, lutando contra a asma. Seria uma preparação para o que esperaria em Cuba em poucos meses? Não há nada em suas anotações que permita supor algo do gênero. Mas descobriremos mais tarde que Fidel recomendara-lhe que fosse prudente e não deixasse nada transparecer por escrito. Seu segundo caderno de viagem terminava da seguinte maneira:

> Desde 15 de fevereiro de 1956 sou pai, Hilda Beatriz Guevara é a primogênita. Pertenço ao grupo de Roca do Comitê do México. Cinco empregos que me tinham sido oferecidos não deram em nada e me passei por cinegrafista numa pequena companhia, meus progressos na arte cinematográfica são rápidos. Meus projetos para o futuro são nebulosos, mas espero concluir um conjunto de trabalhos de pesquisa. Este ano pode ser importante para o meu futuro. Já deixei os hospitais. Escreverei com mais detalhes.[9]

As três últimas frases se destacam subitamente, secas, ásperas e pesadas, como numa troca de pele, em que a antiga cai e dá lugar à nova. Depois, o silêncio e a página em branco, o vazio. Ele havia encontrado o homem. Ele o encontrara dentro e diante de si, como num espelho: Fidel Castro Ruz. Ele o seguiria nesse silêncio que se estabelecera, nesse ato que tornara toda fala inútil, nesse momento decisivo, momento de virada em que Sancho Pança decidira seguir os passos de Dom Quixote, tornar-se sua sombra, fundir-se a ele para, no fim, ir ainda mais longe. A longa noite frente a frente no pequeno apartamento da cubana María-Antonia Sánchez González, no número 49 da rua José Amparán, no México, fora decisiva. "Em que momento abandonei a razão para ter alguma coisa parecida com a fé, não posso dizê-lo, nem mesmo de modo aproximado, pois o caminho foi longo e com recuos sucessivos"[10], ele escrevera à mãe. Mas fica claro que sua pele de intelectual boêmio caíra e se transformara numa armadura de cruzado. Ele sentira seu peso nos ombros e, no silêncio que se instalara, chegara até ele o grito do recém-nascido. Grito de uma razão e de uma sensatez que ele não queria mais ouvir. Ele já havia partido. Em vez de detê-lo, esse grito de criança lhe dizia que era chegado o tempo de avançar, que ele havia amadurecido. Aos 27 anos, se sentia velho. Escrevia em seu diário e em suas cartas que envelhecera, e que era "como um avô". "Eu tinha um projeto de vida que compreendia dez anos de errância, dez anos de estudo de medicina e, por fim, se sobrasse tempo, a grande aventura da física. Tudo isso é passado; a única coisa que é clara é que os dez anos de errância parecem querer se prolongar."[11] Os gritos de sua "pequena Mao" segredam-lhe que o ciclo sedentário se fechara. Sua descendência estava garantida, ele podia pegar a mochila e sair para uma nova aventura, que podia ser definitiva.

Tudo o levava a isso, afetiva e intelectualmente, duas dimensões que ele tinha dificuldade em dissociar. Com Hilda, e mais profundamente ainda com sua mãe, a relação se tornara tensa, surgiam diferenças que ele qualificava de espirituais. Ele se afastava, cortava o cordão umbilical. Podemos ter uma ideia disso quando da queda de Perón: ele não partilhara do antiperonismo burguês dos pais, pois suas ideias tinham evoluído no campo da luta de classes. Sua crítica se tornava amarga e implacável:

> Você pode falar em qualquer lugar e dizer o que quiser com a total impunidade que lhe é garantida pelo fato de ser membro da classe no poder, apesar de que espero que você seja a ovelha negra do rebanho. Confesso com toda a sinceridade que a queda de Perón me abalou, não por ele, mas pelo que isso significa para toda a América, pois, gostando ou não, e apesar do deslize fatal dos últimos tempos, a Argentina era o paladino de todos aqueles que, como nós, pensam que o inimigo está no Norte... Pessoas como você pensarão ver a aurora de um novo dia... Talvez num primeiro momento você não veja a violência, pois ela ocorrerá num círculo distante do seu...

> O Partido Comunista será tirado de circulação e talvez chegue o dia em que até mesmo Papai perceberá que se enganou. Quem sabe o que acontecerá até lá com seu filho errante... Talvez uma dessas balas tão abundantes no Caribe colocará um fim à sua existência...[12]

Ele prepara a mãe para a morte do filho, aumenta a distância entre os dois. Eles não pertencem mais ao mesmo mundo. Ela, burguesa, privilegiada, defendendo em sua carta de críticas e recomendações um "egoísmo moderado"; ele, abraçando a causa dos proletários, disposto a morrer por ela. A carta da mãe chegara até ele numa prisão mexicana, depois que ele fora preso com Fidel Castro (seu companheiro de cela) numa fazenda perto de Chalco, onde eles tinham organizado um campo de treinamento com cerca de cinquenta guerrilheiros cubanos. Batista, que havia levado a sério a promessa de Fidel de voltar para derrubá-lo, havia conseguido convencer o governo mexicano a prendê-lo e deportá-lo para Havana. Mas ele fora solto depois de duas greves de fome e uma batalha jurídica, enquanto o Che continuava mofando na prisão. A detenção de Guevara durara dois meses. Sua mãe, alarmada, fizera de tudo para tirá-lo de lá, e sua carta tentava fazê-lo voltar à razão.

A resposta de Ernesto fora categórica:

> O que me espanta é sua falta de compreensão de tudo isso e seus conselhos sobre a moderação, o egoísmo etc., ou seja, sobre as qualidades mais execráveis que um indivíduo possa ter. Durante os dias de prisão, e nos precedentes, durante o treinamento, identifiquei-me totalmente com os camaradas de causa. Recordo uma frase que um dia me pareceu ridícula, ou no mínimo estranha, e que aludia a uma identificação tão total entre todos os membros de um corpo combatente, em que o conceito de "eu" havia completamente desaparecido, dando lugar ao conceito de "nós". Era uma moral comunista e, por certo, pode parecer um exagero doutrinário, mas realmente foi (e é) bonito poder sentir essa transferência do "nós". (As manchas não são lágrimas de sangue, mas suco de tomate...) Outra coisa estranha que noto em você é a

menção repetida a Deus Pai; espero que não retorne a seu refúgio de juventude...[13]

Enfim libertado, Che Guevara é recrutado pelos rebeldes como médico e organizador do treinamento da tropa. Sua relação com Castro se torna cada vez mais estreita. Este o visita em casa com assiduidade e beija a pequena Hildita com palavras premonitórias: "Essa criança será criada em Cuba".[14] O Che é um dos raros não cubanos a entrar para a tropa. El Patojo, o guatemalteca que queria participar da aventura, recebe uma recusa categórica de Fidel. O Che sente por ele uma admiração profunda e uma confiança crescente:

> Dada a organização e o rumo disciplinado que as coisas tomam, pela primeira vez tenho a impressão de que temos uma chance de sucesso. Aquilo que eu até então havia considerado como bastante duvidoso quando fui recrutado pelo comandante dos rebeldes, com o qual continuo mantendo relações baseadas no sentimento de estar vivendo num romance de aventuras e em nossa comum convicção de que vale a pena morrer numa praia estrangeira por um ideal tão puro.[15]

O garoto romântico e grande leitor de Jack London, amante de aventuras, se transformara num homem de ação que decidia suas atividades com pragmatismo. A teoria, os sentimentos e as ideias deviam estar submetidos à mão implacável da realidade que ditava suas condições. "Sei que abandonarei os prazeres agnósticos de copular ideias sem funções práticas", dizia um poema seu. Ele estava disposto a embarcar para outros lugares, disposto a abandonar tudo. O camarada triunfara sobre a mulher, como Alberto à beira do mar. "Vou até a fêmea para mendigar um beijo; e sei então que nunca abraçarei a alma de quem não consegue me chamar de camarada".[16] E sem dúvida os seguintes versos eram à mulher que ele deixava para trás:

> Quise llevar en la maleta
> el sabor fugaz de tus entrañas

> y quedó en el aire, circular y cierto,
> el insulto a lo viril de mi esperanza.
> Ya me voy por caminos más largos que el recuerdo
> con la hermética soledad del peregrino,
> pero, circular y cierto, a mi costado
> algo marca el compás a mi destino.
> Cuando al final de todas las jornadas
> ya no tenga un futuro hecho camino,
> vendré a reverdecerme en tu mirada
> ese riente jirón de mi destino.
> Me iré por caminos más largos que el recuerdo
> eslabonando adioses en el fluir del tiempo*.[17]

A mulher é aquela que se deixa para trás, ela é a vida que estrutura e que, apesar de alimentar o desejo de retorno, torna a partida dolorosa, mas possível e necessária. O homem, o camarada, é aquele que se segue até o fim do caminho. Um mau poema, dedicado a Fidel Castro, representa, mais que um canto guerreiro, um canto de amor, em que a aventura encarnada na camaradagem é a verdadeira amante, o objeto de sua paixão:

Canto a Fidel

> Vámonos ardiente profeta de la aurora,
> por recónditos senderos inalámbricos
> a liberar el verde caimán que tanto amas.

---

* Eu quis levar na mala
O sabor fugaz de tuas entranhas
E ficou no ar, circular e certo,
O insulto ao viril de minha esperança.
Vou-me embora por caminhos mais longos que a lembrança
Com a hermética solidão do peregrino,
Mas, circular e certo, a meu lado
Algo marca o compasso de meu destino.
Quando no fim de todas as jornadas
Eu já não tenha um futuro feito caminho,
Virei me renovar em teu olhar
Esse risonho trecho de meu destino.
Irei por caminhos mais longos que a lembrança
Encadeando despedidas no fluir do tempo.

> Vámonos,
> derrotando afrentas con la frente
> plena de martianas estrellas insurrectas,
> juremos lograr el triunfo o encontrar la muerte.
>
> Cuando suene el primer disparo y se despierte
> en virginal asombro la manigua entera,
> allí, a tu lado, serenos combatientes,
> nos tendrás.
>
> Cuando tu voz derrame hacia los cuatro vientos
> reforma agraria, justicia, pan, libertad,
> allí, a tu lado, con idénticos acentos,
> nos tendrás.
>
> Y cuando llegue el final de la jornada
> la sanitaria operación contra el tirano,
> allí, a tu lado, aguardando la postrer batalla,
> nos tendrás.
>
> Y si en nuestro camino se interpone el hierro,
> pedimos un sudario de cubanas lágrimas
> para que se cubran los guerrilleros huesos
> en el tránsito a la historia americana.
> Nada más.[18]

O Che voltava aos braços de Hilda e da pequena Hildita dois dias por semana, enquanto alojado no campo de treinamento. Até que, certa noite, um camarada de olhar sombrio e vazio o acompanhou. Em silêncio, ele pegou suas coisas e beijou as duas pela última vez.

Partir. Partir em silêncio. Abandonar o que se tem de mais precioso, levar consigo apenas o essencial.

Morder e fugir

Hilda. Quando pronunciava esse nome, ele sentia um aperto no coração. A ferida ainda não cicatrizara. Restava o "gosto amargo da separação", como ele dissera à amiga Tita Infante, em novembro de 1956, logo antes de embarcar para Cuba.

> Ela foi uma companheira leal e sua conduta revolucionária foi irrepreensível durante minhas férias forçadas, mas nossa diferença espiritual era muito grande. Vivo com o espírito anárquico que me faz sonhar com novos horizontes, enquanto tenho "a cruz de teus braços e a terra de tua alma", como dizia Pablito [Pablo Neruda].[1]

Mas ele se desfizera da cruz de seus braços ao pisar em outras terras e ao se casar com Aleida. Vivia isso como uma traição. Com a anistia que fora concedida aos membros da APRA, Hilda voltara ao Peru com a filha, para junto de sua família. Foi ali que a carta do Che a encontrou, anunciando-lhe o desejo de se casar com Aleida e pedindo-lhe o divórcio.

Hilda viajou para Cuba com a filha. O reencontro foi emocionante, com lágrimas de felicidade e gritos de aflição. O pedido de divórcio era como se arrancassem seu coração. Transtornado, *El Comandante* lhe disse: "Melhor seria se eu tivesse morrido em combate".[2] O divórcio foi oficializado em 22 de maio de 1959, pouco antes do casamento celebrado em 2 de junho. Depois disso, Hilda decidiu ficar na ilha, como o olho de Caim, observando-o de longe, com sua filha Hildita, que, como Fidel havia predito, seria criada em Cuba. Este último fez de Hilda, em virtude de suas competências econômicas, uma alta funcionária a serviço da revolução cubana.

Mas nada mais seria como antes. Apesar de os sentimentos profundos do Che por ela não terem mudado muito, ele não era mais o mesmo homem. Os combates da Sierra Maestra haviam provocado uma nova mutação. Ele não era mais o jovem sonhador e impetuoso em busca de aventuras. Tornara-se o comandante Che Guevara. Um ciclo se fechara, mas outro se iniciava, em espiral, movendo-se em torno da dupla hélice de seu ser dual. Ele tinha, como Quetzalcóatl, a serpente emplumada das ruínas maias, a dupla identidade de estar ligado à terra pelas escamas da serpente e ao céu por suas plumas. Entre os dois, surgia o movimento. Assim como a divindade maia, ele era um ser de crescimento. Ele sabia que, dentro dele, nada jamais parava e que a morte seria apenas o fim brutal de um movimento contínuo e sua incompletude. Ele conhecia a realidade de seu "eu histórico", que continuaria a existir para além dele mesmo, tinha fé nesse movimento. A dura escama imóvel e motora que se revelava sob a plumagem já fora evocada por ele num poema:

> Sé que el día del combate a muerte
> hombros del pueblo apoyarán mis hombros,
> que si no veo la total victoria
> de la causa por que lucha el pueblo,
> será porque caí en la brega
> por llevar la idea hasta un fin supremo,
> lo sé con la certeza de la fe que nace
> quitando del plumaje el cascarón antiguo*.[3]

Era exatamente por isso que ele não podia ser infiel a seu passado. O passado é que tinha dificuldade de reconhecer o mesmo homem, pois queria sempre fixar o indivíduo e a lembrança, sem levar em conta o movimento. Cóatl é a serpente e Quetzal é o pássaro, "que morre quando engaiolado"[4], dizia ele.

---

* Sei que no dia do combate até a morte
Ombros do povo apoiarão meus ombros,
Pois se não vejo a vitória total
da causa pela qual luta o povo,
Será porque caí lutando
Por levar a ideia até um fim supremo,
Sei disso com a certeza da fé que nasce
Ao tirar da plumagem a casca antiga.

Alberto fora a Cuba logo depois da revolução e, num momento de emoção compartilhada, atirara-se em seus braços. Mas o homem que ele abraçara não era mais totalmente o mesmo, nem totalmente diferente.

E quando El Patojo chegara à ilha, por sua vez, propusera-lhe que dividissem um apartamento, como no México. Mas aquilo durara pouco. A correnteza de afeto sempre presente se chocava com a superfície dura, enigmática, de um rochedo desconhecido: a carapaça de um homem que agora se movia segundo o fluxo da História.

O grande acontecimento foi a chegada de seus pais. Eles não se viam havia cinco anos. Seu maravilhoso amigo, o comandante Camilo Cienfuegos, o homem de barba farta e riso de Baco, surpreendeu-o com eles em 9 de janeiro daquele ano, uma semana depois da vitória.

Imediatamente, e sem conseguir avaliar o alcance do que havia acontecido, sem entender a mutação definitiva que se operara no filho, seu pai lhe fez uma pergunta que o deixou sem voz: "O que pensa fazer agora com seu diploma de médico?". Um pai que mais tarde escreveria: "Antes, ele falava rápido, as ideias se atravancavam, ele engolia as palavras. Agora, ele falava lentamente, com segurança. Pensava antes de responder, coisa que nunca fazia... Tive dificuldade para reconhecer o Ernesto de casa. Ele estava diferente. Uma enorme responsabilidade parecia pesar-lhe sobre os ombros".[5]

Enquanto o pai, inchado de orgulho, derrama-se pelo filho numa obra hagiográfica justamente intitulada *Meu filho "Che"*, em que seu primeiro objetivo é a autocelebração e o segundo, ganhar dinheiro, sua mãe encerra-se num silêncio cheio de amor e medo. Ela pode tocar o filho, tê-lo entre os braços, mas uma curva do tempo parece mergulhá-lo num abismo.

Ele está diferente, sim, de certo modo. Mas o apelo exterior é o mesmo dentro dele. A seus olhos, a vitória cubana não é um fim. Ele precisa ficar ali para sedimentar, consolidar a revolução. Fidel precisa dele. Mas o Quetzalcóatl sente as plumas estremecerem. Logo viria a partida. Ele levaria El

Patojo para conhecer Nasser, todas as cabeças pensantes de um mundo em movimento. El Patojo, que não pudera combater em terras cubanas, sonhava em fazê-lo na Guatemala. El Patojo, ávido de detalhes, tinha ouvido do Che todas as minúcias de sua famosa epopeia. A começar pela incrível odisseia do *Granma*, o velho iate no qual os 82 guerrilheiros haviam embarcado na noite de 25 de novembro de 1956, às duas horas da manhã, no rio Tuxpan rumo ao alto-mar, deixando El Patojo no cais, magoado e sonhador. Uma loucura: eles haviam embarcado com um pesado equipamento e uma verdadeira artilharia naquele velho bote todo remendado, que não navegava havia anos e sofrera uma forte avaria durante a passagem de um ciclone.

Eles eram 82 e a capacidade máxima autorizada era de 25 passageiros. Foi no *Granma*, verdadeira avó dos mares, que os jovens guerrilheiros partiram para enfrentar, apesar do intenso vento norte, as fortes correntezas e as ondas mortais que os separavam das costas mexicanas e cubanas.

A tempestade sacode a embarcação em todos os sentidos. Os viajantes, que não têm familiaridade com o mar, entoam um concerto de vômitos ao ritmo do balanço das ondas. O barco se enche de água. Eles pensam que o fim havia chegado, depois percebem que tinham deixado a torneira de um dos banheiros aberta. E, naquele Rocinante dos mares, o trágico e o cômico executam juntos uma dança macabra.

Sete dias de travessia de um mar revolto em que cada um vê a própria morte anunciada pelas profundezas marinhas. Cem vezes eles teriam dado meia-volta se o capitão Fidel não tivesse mantido a direção a todo custo. Mas as águas levaram a melhor sobre eles.

Rangendo de alto a baixo, o *Granma* atracou nas praias de Niquero, na costa oriental cubana, onde uma egéria da revolução esperava por eles: Celia Sánchez. A frágil embarcação era muito lenta, estava abarrotada, e encontrava-se dois dias atrasada para o encontro de 30 de novembro. Faltar a ele seria desperdiçar tragicamente toda a logística preparada havia tanto tempo com Faustino Pérez, que se unira aos guerrilheiros no México e estava a bordo do iate.

Consciente do risco, Fidel havia forçado demais o motor, que arquejava, às vezes falhava e acabara ficando sem gasolina. Eles ficaram à deriva ao se aproximar da costa, muito longe do ponto de encontro, e bateram num banco de areia no dia 2 de dezembro de 1956, em Las Coloradas. A praia não estava muito longe. Eles precisavam ser rápidos e cair na água. Os pilotos de Batista estavam em alerta. Informados do desembarque, esquadrinhavam as costas constantemente. Trabalhavam sem parar desde que Fidel Castro, pondo as cartas na mesa, declarara no dia 26 de agosto, no México: "Reafirmo aqui, com serenidade, a quatro meses e seis dias do 31 de dezembro, que em 1956 seremos livres ou mártires".[6] Eles não tardariam a localizar o iate. Sacos de medicamentos haviam caído no mar. Uma parte da artilharia também, as armas mais pesadas precisaram ser abandonadas. Com o choque, alguns homens tinham sido lançados ao mar. Um imenso manguezal os separava da praia. Era preciso atravessá-lo. Eram cinco horas da manhã, o sol começava a nascer.

O inferno teve início. Aqueles homens já estavam exauridos, e suas reservas também. Não havia nada para comer. A fome e a sede os torturavam. Eles mergulharam no lodo até a cintura. As armas que conseguiam carregar pesavam nos ombros junto com as mochilas e todo o material necessário para a sobrevivência. As árvores do mangue eram gigantescas e suas raízes aéreas se entrelaçavam umas às outras como as malhas de uma rede. Foi uma sorte para eles, pois podiam esconder-se dos aviões que sobrevoavam a região. Mas não tinham machados para abrir caminho. Celia os entregaria no ponto de encontro junto com todo o restante dos equipamentos de guerrilha e de alimentação. Os aviões que tinham avistado o iate atiravam às cegas. Ninguém fora atingido até o momento. Mas os mosquitos e os pequenos insetos de todos os tipos que picavam, pinçavam e mordiam entravam nas camisas e nas botas novas que dilaceravam a pele dos pés, escorregavam até as calças. E depois da barreira do manguezal tiveram que passar por um imenso matagal, que se estendia por várias centenas de metros. Tiveram, então, um sol de chumbo sobre a cabeça e, sobre as feridas, o sal do mar. Cinco horas de inferno para atravessar uma zona que, limpa, levaria no máximo meia hora de caminhada em passo constante.

Finalmente chegaram à praia de Las Coloradas. Nenhum avião à vista. Uma velha cabana, alimento. Devoraram tudo o que puderam. Mas precisavam avançar. Entraram na mata. Caminhavam à noite, evitando os aviões de reconhecimento. Marcharam assim por três dias.

Para enganar a fome e a sede que os assediavam, bebiam a água da chuva, que recolhiam de cavidades nas rochas coralinas, e mascavam cana-de-açúcar. Descansaram, por fim, ao lado de um canavial, num lugar calmo e tranquilo chamado Alegría de Pío. O Che, depois de tratar das feridas e dos pés purulentos, pegou seu caderno. Queria fazer um relato preciso e objetivo de toda aquela aventura.

> *Dezembro de 1956*
> *Dia 2*
> Roque [Roberto Nuñez, piloto do *Granma*] caiu na água. Desembarcamos num manguezal, todo o equipamento pesado foi perdido. Oito homens conduzidos por Juan Manuel Márquez se perderam. Caminhamos sem direção pelo bosque.
> *Dia 3*
> Avançamos lentamente, os aviões de reconhecimento se sucedem sem parar. Fazemos uma única refeição...[7]

De repente, ao nascer do sol do dia 5 de dezembro, foram surpreendidos pelo zunido de um avião que atirava sobre eles. De joelhos, metralhadora em mãos, Faustino Pérez respondeu ao ataque. Em meio ao pânico, o estado-maior abandonou equipamentos e uma caixa de balas. O Che carregava um pesado saco de medicamentos, mas queria a todo preço salvar as munições. Confrontado ao dilema, precisou escolher. Os dois seriam pesados demais para ele. Pegou a caixa e deixou os remédios. Com esse gesto, o guerreiro Guevara nasceu. Mas ele teria morrido logo a seguir se o projétil que o atingiu não tivesse, por milagre, atingido a caixa metálica de munição, que ele levava contra o peito, e ricocheteado em sua garganta. Ele gritou: "Eles me acertaram!". Sentiu o fim chegando e viu-o no olhar de Faustino Pérez, que lhe disse num tom tranquilizador: "Não foi nada".

Estendido no chão, o Che arrastou-se desesperado para a montanha e imaginou a melhor maneira de acabar com aquilo. Pensou, naquele momento, segundo escreveu mais tarde: "Um velho conto de Jack London em que o protagonista está estendido perto de um tronco de árvore numa região gelada do Alasca, sabendo-se condenado a morrer de frio, preparou-se para acabar aquilo com dignidade".[8] Essa foi a última imagem da qual se lembrou.

Bem perto dele, um homem apavorado chorava, dizendo que eles deviam se render, enquanto a voz potente e seca de Camilo Cienfuegos dizendo que "Aqui ninguém se entrega, filho da puta!" o trouxe à vida. Eles tinham perdido Fidel Castro e uma parte do grupo, separados pelos tiros de metralhadora. Os dias passaram e eles ficaram sabendo do assassinato de uma parte dos prisioneiros pelos capangas de Batista. Outros tiveram mais sorte. Ou melhor, tiveram a vida poupada, mas foram torturados. As notícias que chegavam até eles não eram boas. Cada dia começava com uma lista de novos assassinatos e prisões. Che Guevara recebeu com pesar a notícia da morte de Ñico Lopez, o cubano risonho que ele havia conhecido na Guatemala e que fora o primeiro a despertar seu interesse pela questão cubana. Eles percorriam as florestas, confiando no Che, que seguia a estrela Polar de suas velhas lembranças cosmológicas. Mas ele estava enganado. Aquela não era a estrela do viajante. Ele admitirá isso mais tarde. Por sorte, eles tinham tomado a direção certa.

Buenos Aires, 12 de dezembro de 1956. Uma colega de escritório, o rosto sombrio, estendeu um jornal a Hilda. Ela leu: DESEMBARQUE EM CUBA... FIDEL CASTRO, ERNESTO GUEVARA, RAÚL CASTRO E TODOS OS MEMBROS DA EXPEDIÇÃO ESTÃO MORTOS...

Algumas horas depois, o pai de Ernesto telefonou para ela. Seu primo, embaixador em Cuba, acabara de desmentir essa falsa informação. Ele não fazia parte dos mortos nem dos feridos ou prisioneiros.

Ele não estava morto, recuperava-se lentamente do ferimento, mas estava num estado lastimável. A asma quase não lhe dava descanso. Ele sofria, além disso, de crises de malária. Os outros não estavam muito melhor. O contingente de guerrilheiros diminuía como pele de onagro. Pior que isso, corria o rumor, catastrófico, da morte de Fidel Castro. Somente em 16 de dezembro eles foram informados de que ele estava vivo com certeza e tentaram ir a seu encontro. Alguns não conseguiam sequer caminhar. A desnutrição causava estragos. Camilo Cienfuegos e Ramiro Valdés sofriam de uma diarreia devastadora que os impedia de avançar.

No dia 20, finalmente encontraram Fidel Castro e seu pequeno grupo, graças às informações dos camponeses.

Dos 82 guerrilheiros haviam sobrado quinze, e em estado lamentável. Quinze, como num time de rúgbi, como o número de peças de xadrez, se tirarmos o rei. Eles formavam o núcleo duro da revolução em andamento. Cada um era diferente dos outros, cada um trazia qualidades complementares ao grupo. O número, longe de desencorajar Che Guevara, parecia, ao contrário, galvanizá-lo, como se ele fosse o primeiro da lista. Ele voltaria a esse número em grande parte de suas lutas posteriores, ao precisar escolher seus próprios guerrilheiros. Ele chegou inclusive a teorizar sobre ele na obra *A guerra de guerrilhas*:

> Os efetivos de uma guerrilha desse tipo não devem ser superiores a dez ou quinze homens... dez, doze ou quinze homens podem se esconder em qualquer lugar e, ao mesmo tempo, opor ao inimigo uma resistência sólida, ajudando-se uns aos outros.[9]

Um bando errante e faminto se uniu ao chefe, que cobriu-o de impropérios quando soube que as armas tinham sido abandonadas, puniu os culpados e mandou que fossem buscá-las, apesar dos perigos. Eles finalmente tinham ordens a seguir, duras mas tranquilizadoras.

O caráter de todos havia sido bem afirmado, livre de seu resíduo civil, talhado pelo aço e pelo ferro, endurecido pelo fogo. As nuanças do julgamento moral não tinham mais vez. O Che encontrou na ação a versão incisiva do jovem Ernesto Guevara de la Serna. Os Camilo Cienfuegos que haviam gritado "Aqui ninguém se entrega, filho da puta!" e os Faustino Pérez que, metralhadora em mãos e fazendo fogo contra o inimigo, sabiam aliar paixão e compaixão, debruçando-se sobre o ferido para dizer-lhe "não foi nada", mesmo pensando o contrário, aguentaram firme. Um grupo humano se consolidava, um "nós" se constituía, os "eu" começavam a se fundir uns aos outros diante da obrigação de formar um conjunto sólido. Todos encontravam seu lugar junto ao chefe, mas o Che ainda não encontrara o seu de fato, sentindo-se ainda vacilante. Ele se restabelecia, mas sob a pele do doutor crescia a pele do guerreiro. Coexistiam dentro dele o gosto pelo sangue, a raiva de vencer, o ódio ao inimigo, o amor pelo camarada e o Hipócrates que ainda velava, ainda protegia e ainda curava. E acima de tudo, apesar de ele começar a praguejar como um cubano, o Che levava dentro de si, como confessaria mais tarde, o complexo do estrangeiro. Ele sempre se sentia de fora e queria se fundir à horda, mudar sua condição de apoiador, de observador externo ativo, para a de guerrilheiro. Largar a toalha e subir no ringue. A ocasião logo se apresentaria.

Uma solidariedade começava a se manifestar em torno deles. Eles foram acolhidos e alimentados por um grupo de camponeses adventistas, sensibilizados pela causa. A ligação com a cidade de onde lhe traziam armas e medicamentos fortaleceu-se pouco a pouco. A pedido de Fidel, Faustino Pérez foi reatar os laços com Havana, reestruturar a rede do M-26 e buscar um jornalista de renome capaz de chamar atenção para a guerrilha. Enquanto isso, o nome de Che Guevara fazia sua aparição na ilha.

Em 24 de dezembro, um jornal mencionou a presença de um comunista argentino que respondia pelo nome de Guevara na expedição.

Lima, Peru, 6 de janeiro de 1957. Hilda recebeu uma chamada de Buenos Aires. O pai de Ernesto informou-lhe que eles tinham acabado de receber uma carta de Cuba, da parte de seu filho "gato", que mencionava suas sete vidas:

> Gastei duas e ainda tenho cinco... Vocês podem acreditar que Deus é argentino.
> Tété.[10]

Grande alívio. No palco das operações, as coisas iam melhor para o gato argentino e seu bando. As armas chegavam e, com elas, novos recrutas. Belos presentes de Natal e Ano-Novo. Mas não houve celebrações. Aqueles foram, para os novatos, intensos dias de formação. A depuração aconteceu muito rápido, já no início do ano que teve seu quinhão de deserções entre os recém-chegados, que podiam avaliar a dificuldade da aventura. E a esses desertores somaram-se espiões que traziam militares até suas posições. O Che percebeu que eles deveriam dar um castigo exemplar para intimidar aqueles camponeses inclinados demais à delação. Eles também deveriam ganhar a confiança deles, sobretudo levando à morte os contramestres que os aterrorizavam. Mas também produzir uma ação estrondosa que aumentasse o prestígio deles e desmoralizasse o exército, seguro demais de si em sua perseguição aos rebeldes. Um quartel isolado na foz do rio La Plata serviria. Seria a primeira vitória do grupo.

Eles se posicionaram, observaram as idas e vindas dos soldados, até que algo inesperado aconteceu. Um dos contramestres que eles haviam jurado de morte apareceu na estrada, montado numa mula, arrastando um jovem negro de catorze anos carregado como um burro. Ocasião para matar dois coelhos com uma cajadada, e também para uma lição de astúcia por parte do chefe Fidel Castro, que começa a deixar transparecer seu lado raposa. Eles pararam o sujeito.

– Alto lá! Guarda rural.

– *Mosquito*! – respondeu o homem na hora, contrassenha que denunciava sua cumplicidade com os militares.

Ele estava visivelmente bêbado e fedia a rum.

– Sou coronel do exército – disse Fidel. – Estou fazendo uma pesquisa para saber por que esses malditos rebeldes ainda não foram liquidados. Santo Deus! Esse exército não serve para nada. Percorro as florestas e as montanhas para tentar encontrá-los, mas os malditos soldados passam o tempo todo roncando no quartel. Olhe para mim! Veja minha roupa. Não tenho nem tempo de me mudar, de fazer a barba. Bando de preguiçosos, e incompetentes, ainda por cima.

– Verdade, meu coronel. Eles passam o tempo todo comendo e bebendo.

– Se dependesse de mim, passaria todos esses inúteis no fio da espada, junto com esses vândalos rebeldes. Diga uma coisa, meu caro, haverá nos arredores pessoas ainda dignas de confiança?

– Ah, sim! Com certeza, meu coronel.

– Pode nos dizer seus nomes? – Fidel anotou os nomes das pessoas de quem devia desconfiar. – E haverá outros de quem devemos desconfiar? – e anotou seus nomes junto aos que podia confiar. – E o senhor? Faz alguma coisa contra essa gentalha?

– Pode ter certeza, meu coronel, que aqueles que tomam o partido dos rebeldes recebem de mim uma boa correção. Os soldados não são duros o suficiente com eles.

– E esse Fidel Castro? Se o encontrasse, o que faria?

– Ah, garanto que cortaria seu *cojones*. Veja estas botas. Elas pertenciam a um desses *hijos de puta* que conseguimos liquidar.

As botas eram, de fato, da mesma fabricação mexicana das botas que pertenciam aos membros da guerrilha. Com essas palavras, Chico Osorio acabava de assinar sua sentença de morte. Mas não imediata. Ele ainda seria útil.

– Diga uma coisa, meu caro – perguntou-lhe Fidel com um sorriso que escondia sua raiva –, poderia nos guiar até o quartel, para uma inspeção surpresa?

– Ah! Com prazer! A cara que eles vão fazer!

— Certo. Então, para estar acima de qualquer suspeita, deve ser feito meu prisioneiro. Preciso amarrá-lo. É o regulamento.

— Ah! Sim, o regulamento, meu coronel, ele deve ser seguido, sem dúvida, meu coronel, rá, rá![11]

Sem perceber, Osorio guiava o grupo e fornecia-lhe informações preciosas sobre a disposição e o uso dos edifícios, o número de guardas em cada posto e as falhas da defesa.

Antes de lançar o ataque, eles deixaram Osorio sob a guarda de dois homens com ordens de matá-lo assim que o tiroteio começasse.

Ordem executada, mas em meio a uma grande desordem: ainda pouco aguerridos e com equipamentos às vezes defeituosos, eles começaram errando o alvo. As granadas lançadas por Che Guevara e seu companheiro Luis Crespo não explodiram. As bananas de dinamite de Fidel tampouco. Eles queriam incendiar as construções. Camilo precipitou-se heroicamente, a descoberto. Falhou. O Che precipitou-se por sua vez. Um prédio pegou fogo. Mas era apenas um depósito de coco. Por sorte, as chamas deixaram os soldados em pânico e eles acabaram fugindo sob os tiros dos rebeldes, que finalmente começaram a acertar o alvo.

O ataque foi pouco glorioso quando visto no detalhe, medíocre e bastante rocambolesco, mas ainda assim vitorioso, em grande parte devido ao desmazelo de um exército adversário mal treinado e pouco motivado.

Esta foi a primeira lição da guerrilha: poucos homens determinados podem vencer um exército mal preparado. A segunda foi de ordem tática: quando em falta de armas, é junto ao inimigo que se deve buscá-las. Foi isso que eles fizeram, com uma boa colheita de fuzis de qualidade e munições. A terceira: na vitória, mostrar ao inimigo e à população que se tem uma dimensão moral superior à do exército. Fidel ordenou, nesse sentido, que os soldados prisioneiros fossem soltos e recebessem medicamentos. A quarta lição viria logo a seguir: a publicidade na mídia desse feito de arma deu uma existência consequente à guerrilha aos olhos de todos. Um ensaio daquilo que Fidel planejava ao convidar o jornalista.

Mas logo depois dessa vitória pouco gloriosa outra lhes elevaria o moral: a vitória do combate de Arroio do Inferno. Dela foram tirados mais dois ensinamentos fundamentais. Sabendo que, depois do ataque ao quartel, o exército os perseguiria, Fidel levou suas tropas para uma colina na nascente desse rio, para preparar uma emboscada. Um tiro avisou-os da aproximação das tropas inimigas. O plano era atacar a vanguarda. Dessa vez, atiraram com grande precisão, matando cinco soldados numa escaramuça de impressionante rapidez. Eles recolheram as armas, as munições e as provisões, fugindo a seguir o mais rápido possível. Ao ver sua vanguarda dizimada, Batista bateu em retirada. Os guerrilheiros descobriram mais tarde que a coluna era dirigida por um tenente de sinistra reputação: Ángel Sánchez Mosquera. O tiro que os avisara da presença do exército era dele: ele havia atirado num "pombo haitiano", segundo as palavras do escandalizado Che, um jovem haitiano que se recusara a revelar o posicionamento dos rebeldes.

Os dois ensinamentos retirados desse combate foram: "morder e fugir" e "sem vanguarda, é impossível para um exército se movimentar", que constarão entre os que Che Guevara registrará em *A guerra de guerrilhas*.

A revolução no cinema

A euforia pelas duas vitórias foi, no entanto, logo esfriada pelo vento de derrotismo que começava a soprar nas fileiras da guerrilha. Um certo Morán, espanhol da Galícia como o pai de Fidel, insinuava que uma vitória final seria impossível contra o exército de Batista. O Che, alarmado, informou Fidel do que se passava. Mas Morán havia sido mais rápido, explicando que se tratava de um teste para eles terem uma ideia do nível moral das tropas. Fidel, furioso e repreendendo o culpado daquela má ideia, reuniu os guerrilheiros e, com muita firmeza, anunciou os três delitos que seriam passíveis de pena de morte: insubordinação, deserção e derrotismo.

Mais tarde, veremos que Morán era de fato movido por intenções muito mais deletérias, como as do guia Eutimio Guerra.

Este parecia muito confiável e combativo. No entanto, depois de ter sido feito prisioneiro e, curiosamente, solto, seu comportamento tornou-se cada vez mais suspeito. Ele tinha liberdade de movimentos, não despertava qualquer suspeita, até que suas idas e vindas começaram a coincidir com ataques inimigos cada vez mais precisos. Como o exército conhecia as posições da guerrilha? Compreendeu-se um pouco tarde demais que Eutimio era um informante. Ao surpreendê-lo dentro de uma casa onde não deveria estar, os guerrilheiros perceberam que ele mentia sobre seus deslocamentos.

Mais tarde, encontraram em suas coisas salvo-condutos do exército, que decretaram sua condenação à morte. O exército lhe propusera o seguinte: sua vida ou a de Fidel Castro, com uma grande quantia em dinheiro e um posto no exército. Ele dormia ao lado de Castro, mas não tinha coragem de matá-lo. Ele compensava essa inação passando informações capazes de ajudar o exército a neutralizar os rebeldes.

Sua morte era uma questão de tempo. Por enquanto, sem desconfiar de nada, ele cumpria suas funções de traidor em algum lugar da Sierra. Morán, dizendo partir em seu encalço, desapareceu curiosamente. Ele também foi considerado suspeito e desertor. Foi surpreendido na floresta e disse estar perdido. Daquela vez, foi perdoado. Havia outras coisas a fazer, pois uma delegação da coordenação urbana do Movimento 26 de Julho e seu jovem líder, Frank País, chegariam a qualquer momento, acompanhados do jornalista do *The New York Times*, Herbert L. Matthews, "o homem que inventou Fidel Castro", segundo o título do livro de Anthony DePalma. Há certa verdade nesse título, apesar de ele parecer um tanto excessivo.

Foram momentos de exceção. O encontro com Frank País marcou profundamente Che Guevara, que o via pela primeira vez.

> Frank País era um desses homens que se impõem desde o primeiro encontro... tinha olhos de uma extraordinária profundidade... líamos imediatamente em seu olhar que aquele homem era possuído por uma causa, que tinha fé nela. Emanava de sua pessoa uma força incontestável, era um homem acima dos outros... Apenas pelo exemplo, sem dizer nada, ele nos deu uma lição de ordem e disciplina, limpando nossos fuzis imundos, contando as balas e ordenando-as para que não se perdessem. Depois daquele dia, prometi a mim mesmo que cuidaria mais de minha arma (e cumpri bem minha promessa, embora não possa afirmar ser um modelo de meticulosidade).[1]

Depois do encontro entre o líder histórico do M-26 e o líder da coordenação da qual também participavam Celia Sánchez e Vilma Espín (a futura esposa de Raúl Castro), Fidel lançou a seguinte palavra de ordem, que teve consequências para a história da revolução: "Tudo pela montanha!". Ele com isso queria dizer, opondo a Sierra Maestra, onde ele combatia, à planície e às cidades, onde o M-26 continuava o trabalho clandestino, que o centro nevrálgico era a guerrilha e que todos os esforços do M-26 deviam se concentrar na ajuda aos rebeldes da montanha, vanguarda da revolução.

A seguir, eles montaram a encenação que deveria acolher e iludir o jornalista do *The New York Times*, que chegou no dia seguinte, 17 de fevereiro. Momento crucial para o futuro da revolução.

Naquele exato momento, "o exército revolucionário reunificado", como disse o Che com humor, contava com apenas dezoito combatentes.

Eles precisavam parecer numerosos, fazer crer que tinham diversos batalhões espalhados pela montanha, parecer em boa saúde, bem alimentados e em atividade constante. Uma encenação previa vários personagens encenados pelo mesmo ator, que mudava de roupa, escondia-se sob a aba do chapéu e passava rapidamente diante do jornalista estupefato. Mensageiros chegavam de longe, correndo e sem fôlego, trazendo mensagens de vitória, e partiam imediatamente com uma palavra de felicitação aos supostos vencedores dos confrontos. Che Guevara não aparecia. Sua reputação de comunista não seria boa para um jornal ianque. Pratos pequenos haviam sido colocados dentro de grandes e Matthews ficou surpreso de ver que a comida era tão abundante e deliciosa. A entrevista foi publicada em 24 de fevereiro de 1957, em três colunas na capa e com uma fotografia de Fidel Castro, arma em mãos (retrato datado e assinado, atestando que ele estava vivo), e em cinco colunas na página 34. O título da matéria: REBELDE CUBANO VISITADO NA CLANDESTINIDADE. Seu subtítulo: *Castro ainda está vivo e continua combatendo nas montanhas*. O artigo repercutiu tanto nos Estados Unidos quanto em Cuba. Objetivos alcançados: alertar o mundo inteiro, afirmando a realidade do combate que a censura de Batista tentava ocultar; conquistar uma parte da população estadunidense à causa e tranquilizar o Tio Sam, afirmando que eles não eram antiamericanos, apesar de serem anti-imperialistas; impressionar o exército de Batista, dando confiança aos militantes da planície; despertar o sentimento de emulação; reafirmar de maneira inconteste a posição de Fidel enquanto líder do M-26; e, por fim, explicar várias coisas, especialmente sobre a causa da rebelião.

A esse artigo sucederam-se dois outros. Seu enorme impacto inscrevia-se num contexto histórico em que a imagem do rebelde estava no auge. O filme cult de Nicholas Ray, *Juventude transviada*, lançado dois anos antes, ainda deixava marcas. Seu título original: *Rebel Without a Cause* [Rebelde sem causa]. Matthews, por sua vez, havia encontrado um jovem rebelde que defendia uma causa. Trechos da matéria:

> Fidel Castro, o líder rebelde da juventude cubana, está vivo e lutando com força e sucesso na rude e quase impenetrável Sierra Maestra [...] Esta é a primeira matéria que prova de maneira incontestável que Fidel Castro ainda está vivo e continua em Cuba. [...] Este artigo, entre outras coisas, rompe a censura imposta pelo governo cubano. [...] Havana não sabe e não pode saber que milhares de mulheres e homens estão de corpo e alma com Fidel Castro e a causa que ele defende [...] Seu programa é vago e baseado em generalidades, mas ele propõe um *new deal* em Cuba, radical, democrático e, portanto, anticomunista [...][2]

Anticomunista, não exatamente. Melhor dizer não comunista. Era fato que Fidel Castro estava cercado por um grande número de adeptos fundamentalmente anticomunistas, como observou Che Guevara por ocasião do encontro, na véspera da entrevista, com os líderes da planície: "Prestando atenção a certos conciliábulos, compreendi a evidente filiação anticomunista da maioria".[3]

Fidel não era comunista? Por que não? Talvez não verdadeiramente, talvez ainda não. Era preciso acreditar nele, visto que o Che e ele próprio o afirmavam em alto e bom som. No entanto, como interpretar o pensamento político de alguém que, preso em 1953, escrevia o seguinte: "Estudo a fundo *O capital*, de Karl Marx [cinco volumes de economia, escritos com grande rigor científico de pesquisa e exposição]"?[4]

É verdade que muitos homens de direita e muitos pensadores liberais, como o grande algoz do marxismo que foi Raymond Aron, também "estudaram a fundo" *O capital*, o que não fez deles comunistas. Mais tarde, Fidel diria:

> *Os miseráveis*, de Victor Hugo, me entusiasmou mais do que eu seria capaz de dizer, mas quanto mais o tempo passa, menos suporto seu romantismo excessivo, seu estilo empolado, sua erudição exagerada e muitas vezes tediosa. Sobre o mesmo assunto (Napoleão III), Karl Marx escreveu um texto fantástico intitulado *O 18 de brumário de Luís Bonaparte*. A comparação dessas duas obras evidencia o enorme fosso que separa uma concepção científica e realista da História de uma interpretação puramente romântica. Ali onde Hugo vê apenas um aventureiro favorecido pela sorte, Marx vê o resultado inevitável das contradições sociais e dos conflitos de interesse da época.[5]

Não comunista, que seja. Mas no mínimo marxista. De todo modo, se afirmasse ou insinuasse seu comunismo, ele daria ao Tio Sam as armas para atacá-lo. Então ele podia dizer, como Descartes, *larvatus prodeo* ("avanço mascarado")? É possível, muito possível.

Depois que a revolução tivesse sido instaurada de maneira durável, ele sempre poderia dizer: "Sempre fui marxista", com a mesma veemência com que havia respondido, alguns anos antes, ao jornalista do *Chicago Tribune*, Jules Dubois: "Nunca fui e não sou comunista. Se fosse, seria suficientemente corajoso para proclamá-lo [...] A única pessoa que tem interesse de acusar nosso Movimento de ser comunista é o ditador Batista".[6]

Mas estamos falando de um homem que, acima de tudo, é um tático que pratica a *realpolitik*. Ele quer a liberdade de seu povo, por todos os meios, e uma sociedade mais justa, sem dúvida, quaisquer que sejam os caminhos para se chegar a isso. Não é certo que já tenha, dada a incerteza da posição americana, optado definitivamente pelos meios necessários. Nesse aspecto, não está mentindo ao se dizer, naquele momento, não comunista. O artigo do *The New York Times* continua da seguinte maneira:

> Para arranjar minha ida à Sierra Maestra para conhecer Fidel Castro, dezenas de homens e mulheres em Havana e na província de Oriente correram riscos terríveis. Eles precisam, é

claro, ser protegidos com o maior cuidado nesses artigos, pois podem ser assassinados – depois da habitual tortura – se forem descobertos. Nenhum nome será revelado, portanto. [...]
Pelo andamento das coisas, Batista não pode esperar suprimir a revolta castrista. Sua única esperança é que uma coluna do exército encontre o jovem líder dos rebeldes e seu bando e os neutralize. [...]
Fidel Castro é filho de um espanhol da Galícia, como o general Franco. Seu pai era um trabalhador da United Fruit. [...] Uma constituição forte, uma grande capacidade de trabalho e uma inteligência fina permitiram que seu pai se emancipasse e se tornasse um rico plantador de cana. Quando de sua morte, no ano passado, todos os seus filhos herdaram uma importante fortuna. [...] O capitão de suas tropas é um homem negro com barba e bigode, muito sorridente, com certo gosto pela publicidade. De todos que conheci, foi o único a querer o nome citado – Juan Almeida, "um dos 82".

Ele se referia aos 82 guerrilheiros que haviam embarcado no *Granma*. Juan Almeida Bosque era um deles. Fidel o nomeara capitão de suas tropas e, mais tarde, comandante da revolução, fundador do comitê central do Partido e, depois, vice-presidente do Conselho de Estado. Por muito tempo fora considerado o terceiro homem do Estado cubano. Além do fato de ser um militar renomado, ficara conhecido como poeta e músico. Almeida havia levado Matthews até Fidel, que estava, em virtude do estardalhaço da encenação, "afastado de suas numerosas tropas" para responder tranquilamente à entrevista. O jornalista ficou impressionado com Castro, apesar de manter a lucidez sobre o personagem:

Castro fala inglês, mas preferiu falar em espanhol, língua na qual se expressa com extraordinária eloquência. Está mais para pensador político do que militar. Ele tem ideias claras sobre a liberdade, a democracia, a justiça social, afirma a necessidade de restaurar a Constituição e fazer eleições. Ele também tem ideias bem claras sobre a economia, mas um economista as acharia fracas. [...] "Acima de tudo", ele disse, "lutamos por uma Cuba democrática e pelo fim da ditadura. Mas não somos antimilitaristas. Não temos ódio pelos militares, pois sabemos que muitos são bons, sobretudo entre os oficiais. [...] Por que um soldado de Batista deve morrer por 72 dólares por mês? Quando estivermos no poder, eles ganharão cem.[7]

É certo que, depois de ler essa entrevista, um soldado cubano correria fortes riscos de se desestabilizar e começar a questionar as coisas. Castro fez uso de sua palavra e da mídia como uma arma de guerra. O artigo estendeu suas garras até o exército, pois muitos desertores se aliaram à guerrilha, fazendo crescer consideravelmente os dezoito membros originais do "exército revolucionário reunificado".

Batista desmentiu formalmente a existência da guerrilha e a presença de Fidel Castro na Sierra Maestra, e manteve esse mesmo discurso no dia 1º de abril de 1957, logo depois de escapar, em 13 de março, a uma tentativa de assassinato planejada por estudantes e militantes da planície. Mentira ainda mais grosseira porque, enquanto isso, o coronel Pedro Barrera, chefe das operações do exército na Sierra Maestra, havia partido, a pedido da embaixada americana, em busca de três jovens norte-americanos que, depois de lerem o artigo na imprensa, haviam fugido da base da Marinha americana em Guantánamo, onde seus pais trabalhavam. Eles tinham se juntado à guerrilha. Foi também graças ao artigo que três homens, Gil, Sotolongo e Raúl Díaz, que participaram da odisseia do *Granma*, mas tinham se dispersado durante o primeiro ataque e permaneciam escondidos em Manzanillo, puderam unir-se aos rebeldes e engrossar as fileiras da guerrilha. Mesmo assim, a rádio cubana continuava afirmando que Fidel Castro não passava de "um novo Spiderman e que a Sierra Maestra está vazia".

O dia com Herbert Matthews foi, portanto, um momento-chave para a revolução, e de grande intensidade até o fim da noite, pois assim que o jornalista do *The New York Times* virou as costas foi preciso lidar com o caso do desertor e do traidor.

Na mesma noite, eles capturaram Eutimio, que rondava a região.

Nova encenação, dessa vez de cunho trágico.

Vendo-se desmascarado, ele se pôs de joelhos e implorou que o matassem na hora. Momento dramático, que Che Guevara relata com certo talento:

> Fidel tentou enrolá-lo, fazendo-o crer que o pouparíamos. Mas Eutimio, que se lembrava da cena com Chico Osorio, não se deixou enganar. Então Fidel anunciou-lhe que seria executado. Nesse momento, ele subitamente me pareceu mais velho; fios acinzentados cobriam suas têmporas, coisa em que eu não havia reparado antes. Foi um momento de tensão impressionante... Sua condenação, que Eutimio ouviu em silêncio, foi longa e patética. Perguntaram-lhe se tinha um último desejo; ele respondeu que sim: queria que a revolução, ou melhor, nós, os combatentes da revolução, cuidássemos de seus filhos... Naquele instante, uma violenta tempestade começou, escurecendo o céu: trombas-d'água caíam, raios rasgavam os céus e o ribombar dos trovões ecoava por toda parte. Foi sob o brilho de um raio e o estrondo de um trovão que chegou ao fim a vida de Eutimio Guerra, sem que os camaradas presentes tivessem ouvido o estampido que lhe foi fatal.[8]

Em seu diário, o Che acrescenta: "Dormimos mal, encharcados, e eu tive um pouco de asma".

Grande senso de elipse, literária e cinematográfica. Plano-sequência que acaba num *cut* provocado pelo raio e pelo trovão. Depois, outro plano, em outro lugar, um pouco mais tarde. Não vemos a morte do traidor, não vemos a mão que o abate, muito menos seu nome encoberto pelo barulho do trovão. Em seus escritos, mesmo nos mais íntimos, Che Guevara domina a arte do silêncio eloquente. É preciso saber ler nas entrelinhas. Alguns afirmam que foi sua a mão que abateu o traidor. Por isso a crise de asma, que o denuncia. Nada mais incerto. Algum dia conheceremos a verdade?

No dia seguinte, na hora de deixar o local, ouviu-se outro estampido. Morán foi encontrado no chão, a perna ferida por uma bala de sua própria arma. Segundo ele, o tiro teria sido dado acidentalmente, enquanto ele tentava deter um suspeito.

Fidel e Raúl o acusaram de atirar contra si mesmo. O Che ficou em dúvida. Não havia provas, e uma testemunha confirmou sua versão. Eles foram obrigados a deixá-lo ali e enviá-lo, por meio de Celia Sánchez, a uma clínica do Movimento em Manzanillo. O futuro confirmou que Fidel e Raúl tinham razão. Morán seria condenado por traição, mais tarde, por uma tropa revolucionária em Guantánamo.

No dia 17 de março, chegam trinta reforços enviados por Frank País com auxílio logístico de um professor, Huber Matos, que emprestara os caminhões da empresa de sua família. Assustado com o rumo dos acontecimentos, segundo o Che, Matos foge para a Costa Rica, onde solicita asilo político. O comentário do Che sobre esse personagem, de quem ele não gosta, é pouquíssimo afável. Mais tarde, ele terá várias razões para odiá-lo. Mesmo assim, Huber Matos voltará da Costa Rica em 1958 como um herói da revolução, trazendo cinco toneladas de armas que serão decisivas para o M-26.

De momento, é preciso formar aqueles trinta recrutas. Não se trata de pouca coisa, sem contar a falta de armas e munições. Nada pode ser mais irritante para o Che do que aquela leva de recrutas indisciplinados, que se cansam logo e são incapazes de ficar um dia sem comer. E, quando a comida não está a gosto, eles não comem, o que o deixa furioso. A isso se soma, "crime de lesa-guerrilha" como ele dizia, o fato de que, penando com pesadas mochilas abarrotadas de objetos inúteis, os novatos, em vez de deixar para trás uma toalha de banho, preferem se livrar de uma lata de leite condensado, conserva preciosa sobre a qual se precipitam os "velhos". Nesse estágio da luta, e com aqueles "turistas" ali, a vitória não era óbvia.

A publicidade do *The New York Times* trouxe-lhes alguns sonhadores da cidade ávidos por aventuras a baixo custo, como os três jovens norte-americanos que vinham chorar em seus ombros a cada arranhão. Diagnóstico do Che: "Esses arranhões estão mais para manifestações de medo e *homesick* do que qualquer outra coisa".[9]

É a guerrilha que faz o guerrilheiro. A depuração deve ser efetuada pela aspereza do caminho. Para tornar as coisas ainda mais difíceis, ele permite que um certo Jorge Sotus, indivíduo autoritário e associal, assuma o comando das operações que Fidel lhe confiara durante sua ausência. Devido a seu famoso "complexo de estrangeiro", ele havia deixado esse homem se impor, personagem que tratava mal seus camaradas e criava um ambiente nocivo na tropa. Ao voltar, Fidel havia constatado esse estado de coisas e dera uma boa bronca no Che, criticando-o pela falta de autoridade e, atribuindo-lhe o simples posto de médico, "que ele deveria ter mantido", passando a Camilo Cienfuegos a direção da vanguarda. Amarga lição, da qual o Che se lembrará. Tempos difíceis. Ele fica com o moral em baixa depois de perder-se na Sierra e vagar sozinho por dois dias. Apesar das caminhadas incessantes, perigosas e difíceis na dura Maestra, apesar das repetidas traições que os obrigam a executar dois novos traidores, apesar dos dias vazios, das barrigas vazias e dos encontros perdidos e das andanças em círculo, que constituem a triste sina dos combatentes, vista de fora, porém, sua imagem adquire outras cores, principalmente a do mistério e do desejo.

Fisgados pelo artigo do *The New York Times*, tanto quanto pelo desaparecimento dos três rapazes da base de Guantánamo e pelas denegações de Batista, outras mídias, como *CBS* e *Life*, câmeras em mãos, partem ao assalto da Sierra Maestra em busca de ícones românticos que façam sonhar com juventude. A esse respeito, Jules Dubois, jornalista do *Chicago Tribune*, escreve o seguinte:

> A notícia de que três jovens de Guantánamo uniram-se a Castro despertou a imaginação e o desejo de aventuras de muitos outros jovens americanos Estados Unidos afora. Voluntários e mais voluntários tentaram estabelecer contato com os rebeldes. Muitos me escreveram.[10]

Os jornalistas procuram Fidel Castro em Cuba como o "ancestral" Henry Morton Stanley havia procurado, no século XIX, o doutor Livingstone na selva africana.

Em 23 de abril de 1957, desembarca na ilha Bob Taber, jornalista da *CBS* que precedia um outro, o freelancer Andrew Saint George. O primeiro, exigindo exclusividade, obtém que o segundo seja detido na encosta da Sierra durante sua reportagem, que dura quase três semanas. Uma certa amizade nasce entre Taber e Fidel, que lhe diz: "A verdade será sempre conhecida, porque sempre haverá repórteres corajosos como você e Herbert Matthews, que arriscarão suas vidas para conhecê-la".[11]

Dessa vez, para o filme *Rebels of the Sierra Maestra: The Story of Cuba's Jungle Fighters*, Fidel e seu bando se prestam à direção do jornalista, pois se trata mesmo de cinema, um filme do qual eles são os heróis.

Apesar de aceitar a necessidade política daquilo, o Che, que fica atrás das câmeras, acompanha as cenas com certo desdém, enquanto Fidel, como pinto no lixo, diverte-se com vontade. Um jornalista, Dan Rather, não escreveria mais tarde que "Castro facilmente poderia ter sido o Elvis de Cuba"? O Che, por sua vez, manda longe um jornalista, dizendo: "Não sou ator de cinema". Ele detesta o jogo das aparências, a superficialidade da mídia. Sua breve experiência de cineasta lhe mostrara a que ponto podia-se fazer as imagens dizerem qualquer coisa. Sem dúvida há motivo de riso na maneira como a câmera avança até os três jovens norte-americanos que fingem limpar suas armas e que, como que perturbados durante o trabalho, respondem ao jornalista:

> Bom, viemos trazer nossa contribuição à liberdade do mundo inteiro. Ouvimos tanto a respeito de, ham, a respeito da crueldade de Batista e que ele era ditadura [sic] e, como com a guerra contra a Hungria e o povo lutando pela liberdade sentimos a necessidade de vir para cá, então entramos em contato com amigos cubanos e perguntamos se havia alguma coisa que podíamos fazer para ajudar a revolução, para ajudá--los a recuperar a liberdade, então estamos aqui... É uma vida dura, mas estamos aqui por uma boa causa... Nossos pais podem ficar orgulhosos de nós. Espero apenas que eles tentem entender o que seus filhos estão fazendo. Seus filhos

estão lutando por um ideal, por seu país e pelo mundo. Pela paz do mundo.[12]

Fidel Castro entra em cena um pouco sem jeito e senta perto dos três recrutas. Num inglês aproximativo, ele diz ao jornalista o que pensa, com uma "voz de criança imatura, mas doce, potente e segura de si", como um dia caracterizou-a o Che: "Estou satisfeito com eles e sou-lhes grato. Eles aprenderam muito aqui. São corajosos e tenho certeza de que serão bons soldados". Depois, *travelling* sobre a montanha. À frente de uma colina, Fidel Castro sobe ao topo do Pico Turquino, montanha mais alta de Cuba, que culmina a 1.994 metros e onde, partindo da Sierra Maestra, abre-se uma magnífica perspectiva que abarca a ilha inteira. O grupo reza diante de uma estátua de José Martí, e Fidel, de olhar dominador, mirando o horizonte e abarcando toda a ilha, senta-se aos pés da estátua para dizer o seguinte:

> Todo o povo da Sierra Maestra está conosco. Centenas de homens e mulheres observam dia e noite as movimentações do exército. Suportamos com alegria o frio, a chuva e as dificuldades da vida na montanha, coisa que os soldados de Batista não conseguem fazer quando sobem até aqui.[13]

Um típico "enunciado performativo", pois não era verdade que eles tinham o apoio de toda a população da Sierra. Na verdade, naquele exato momento, um camponês havia acabado de denunciá-los ao exército, que subia a montanha para um assalto. Informados, os rebeldes enviam um grupo para descer a montanha e preparar uma emboscada. Che Guevara, nesse momento, é tomado por uma crise de asma e não pode acompanhá-los. Sua metralhadora Thompson é levada emprestada. "Aqueles três dias foram os piores que passei na Sierra Maestra; a qualquer momento os soldados de Batista podiam cair sobre nós e eu estava totalmente desarmado".[14]

Ele continuava oscilando entre a condição de médico e a de combatente. Mas é em parte graças a essa condição de médico que o enunciado performativo de Fidel Castro se realiza. A cada aldeia que eles precisam atravessar, sua missão é tratar a população. Ele descobre o estado de degradação sanitária em que ela vive. Ao mesmo tempo, os camponeses percebem a dimensão humana dos guerrilheiros, que contrasta com a rigidez e a crueldade dos soldados de Batista. Encontros que, além de provocar uma melhor compreensão de ambas as partes, operam uma verdadeira modificação de pontos de vista, a começar pelo do Che, que o expressa da seguinte maneira:

> Foi graças ao contato com aquelas pessoas que começamos a tomar consciência da necessidade de uma mudança radical na vida do povo. A ideia de uma reforma agrária tomava corpo em nossas mentes, e a comunhão com o povo cessou de ser uma teoria para se tornar parte integrante de nossas pessoas. A guerrilha e o campesinato se tornavam uma mesma coisa, sem que ninguém pudesse dizer ao certo quando essa fusão havia ocorrido, nem a que momento tínhamos nos tornado intimamente convencidos de que fazíamos parte da massa camponesa. Sei apenas, no que me diz respeito, que aquelas consultas na Sierra transformaram esse desejo espontâneo, quase lírico, numa força de valor definido e mais sereno. Jamais o pobre e leal povo da Sierra Maestra desconfiou ter participado a tal ponto para forjar nossa ideologia revolucionária... O novo espírito se difundia pela Maestra. Os camponeses vinham a nosso encontro e nós não temíamos a presença deles.[15]

É sem dúvida nesse momento que o Che reencontra uma parte de seu sonho mais ou menos consciente, aquele que se expressava no desejo ainda vago de fusão entre um "eu" e um "nós" maior que ele. Uma conexão sensível, física e intelectual como um poema que emana da terra, uma *poiesis*, uma criação ligada ao ato de fazer, de fabricar. O viajante finalmente encontra o laço fusional com a terra por meio daqueles que a cultivam. É Cuba que, no entanto, está ligada a todas as terras e a todos os camponeses do mundo. Sua visão de uma revolução global movida pela ação de uma guerrilha inscrita no espaço campesino começa a germinar dentro dele.

E é justamente um camponês, um jovem de vinte anos, mesma idade dos dois americanos com os quais Bob Taber descia até Santiago, para devolvê-los aos pais (o terceiro havia decidido ficar), que se une à rebelião. Originário da região de Camaguey, ele havia chegado de pés descalços. Como era muito pequeno, Celia Sánchez lhe oferecera um de seus pares de botas mexicanas e um *sombrero*, o que o fazia parecer um caubói mexicano, ou melhor, o Ligeirinho, o ratinho mexicano do famoso desenho animado, de quem aliás tinha a velocidade, o ânimo e a vivacidade, além da fala rápida, do espírito matreiro e da ousadia. Ele se torna a mascote do grupo. É apelidado de El Vaquerito. Ele é para o campesinato e as montanhas o mesmo que os elfos são para a floresta: uma emanação vibrante, que desperta no Che um amor quase paterno.

Inculto e ignorante em matéria de política, como a maioria dos camponeses à época, ele não deixa de ter uma inteligência e qualidades humanas pouco comuns. Ele vive num mundo em que o imaginário e o real não têm fronteiras muito nítidas. Grande mistificador, conta histórias fantásticas que maravilham o grupo tamanha sua convicção, pois ele mesmo acaba acreditando nelas. O Che calcula, depois de analisar todas as histórias e façanhas que o garoto de vinte anos dizia ter vivido, que este precisaria ter nascido no mínimo cinco anos antes de sua real data de nascimento. Mas nada parece impossível àquele rapaz que vive num mundo surreal. Ele parte para o combate com um grande sorriso no rosto, seguro da própria imunidade, demonstrando uma audácia surpreendente que toda vez dá frutos, pois o traz de volta vitorioso. Ele se voluntaria para missões suicidas e retorna ileso. Até o dia em que...

O Che havia encontrado seu Puck de uma trágica noite de verão. Tal personagem shakespeariano só poderia nascer num mundo barroco como a Cuba tão bem cantada por Alejo Carpentier.

Ele nunca se recuperaria de seu desaparecimento. O espírito da floresta e do campesinato que havia dado seu sangue para ajudá-lo a desabrochar não poderia ver a flor da vitória. Mas permaneceria no espírito de Che Guevara como uma segunda consciência, um Grilo Falante velando constantemente para que ele não traísse seu profundo engajamento. Um modelo de conduta oferecido por aquele pequenino rapaz, quase um anão, que tão bem soubera se entregar a uma causa maior. Um espírito de sacrifício que permaneceria preso ao corpo e à alma do Che. Ele falaria com frequência sobre ele, com lágrimas nos olhos. El Vaquerito estaria ali, sobre seus ombros, durante sua última viagem pelas florestas bolivianas, chegando ao fim de sua *poiesis* e de seu canto inacabado.

O touro, o comandante e o cachorrinho

A recentíssima celebridade da guerrilha não a faz receber apenas a visita de personagens simpáticos como El Vaquerito. Ela também atrai homens como o freelance Andrew Saint George, furioso por ter sido mantido por tanto tempo na encosta da Sierra enquanto a *CBS* roubava-lhe a exclusividade. A corrente de simpatia não se transmitira como com o primeiro jornalista. Fidel se mostra reticente em responder a suas perguntas, regularmente adiando seus pedidos de entrevista, além de cada vez mais tomar atitudes que, mesmo aos olhos do Che, parecem desdenhosas e condenáveis:

> Esta manhã [13 de maio de 1957], o jornalista americano me perguntou se sim ou não Fidel concederia a entrevista. Inventei qualquer coisa para desculpar Fidel, mas é preciso reconhecer que sua maneira de agir foi realmente chocante: no momento de ser fotografado, não saiu da rede e ostentou um ar de majestade ofendida lendo *Bohemia*, para enfim dispensar todos os membros do estado-maior.[1]

Fidel Castro seria dotado de um sexto sentido? É possível, pois Andrew Saint George era na verdade um agente da CIA. Ele foi o primeiro, naquela guerrilha e em todas as outras de que o Che participaria mais tarde, a tentar se infiltrar.

Também havia oportunistas, como a família Babún, que via nos rebeldes um investimento rentável em caso de vitória. Era necessário separar o joio do trigo, saber reconhecer os verdadeiros amigos, os verdadeiros aliados, os verdadeiros guerreiros, os verdadeiros fiéis. A vigília era constante, tanto em relação aos homens quanto em relação à natureza, que estava sempre preparando armadilhas, desviando, atacando, enviando enxames de moscas e demais insetos nocivos que causavam chagas purulentas, deixavam os homens deitados em redes por dias inteiros, e também em relação à asma, sempre ela, oportunista, que atacava seu peito ao menor sinal de fraqueza, a qualquer excesso de comida ou bebida. E em relação à falta de sono e ao exército que subia, que cercava, sempre em emboscadas, aos falsos alertas e rumores alarmantes, quase sempre desmentidos, que corriam a Sierra como fogo de palha. E depois em relação à espera, sempre a espera, pesada, estafante para os nervos, que deixava o moral em baixa. Semanas a esperar por carregamentos de armas que não chegavam. Não havia meios suficientes para um ataque massivo.

Elas finalmente chegam. Aquele 19 de maio de 1957 foi um dia de festa. Eles devoraram uma vaca na ocasião, deixando apenas os ossos, como tinham feito havia alguns dias com o cavalo de um cabo do exército capturado. Na véspera, Andrew havia voltado para Santiago. Tanto melhor. Para coroar o feito, o rádio destacara um acontecimento: a difusão americana do filme de Bob Taber batia recordes de audiência. Dia de graça para todos, principalmente para o Che, que o considerou um marco: Fidel lhe dera uma arma de longo alcance. "Eu me tornava um combatente direto, ainda que ocasional, pois minha tarefa permanente continuava sendo a de médico. Uma nova fase tinha início para mim na Sierra. Lembrarei para sempre do instante em que me entregaram aquela metralhadora".[2]

Em 23 de maio, eles são 127 guerrilheiros determinados, depois da depuração dos nove indecisos ou aterrorizados, que recebem a autorização de voltar para casa, depois de ficar confirmado que eles não eram espiões e não revelariam sua posição ao inimigo. Os que ficavam estavam prontos para lutar.

No dia 25, eles descobrem pelo rádio que o desembarque do *Corinthia*, preparado pela OA (Organização Autêntica), uma das facções rivais e anti-Batista dirigida por Carlos Prío Socarrás, o ex-presidente cubano destituído por Batista, havia sido um fracasso retumbante. Prío, vendo Fidel roubar-lhe as luzes da ribalta, havia tentado um golpe de Estado.

Os membros expedicionários haviam sido assassinados, mas Prío continuava são e salvo, pois, ao contrário de Fidel Castro, deixara seus companheiros correr ao massacre enquanto esperava confortavelmente em seu seguro apartamento.

Para Fidel, era chegada a hora de passar ao ataque, de parar de percorrer montes e vales como animais acuados e ir às vias de fato. Longa e animada discussão entre o Che e Fidel. O primeiro defende a ideia de que é preciso capturar os cinquenta ou sessenta militares que os seguem e percorrem o vale em caminhões, que podem ser úteis com todas as armas e provisões que contêm, enquanto o segundo prefere atacar um quartel, para causar um impacto moral e midiático mais forte. Fidel toma uma decisão e resolve atacar o quartel de El Uvero. O Che mais tarde admitirá que sua própria impaciência de lutar o impedia de ter uma visão mais ampla, mais estratégica. De novo a famosa impaciência.

O confronto será decisivo. Ele dará início a uma nova fase: a do domínio da guerrilha sobre a Sierra Maestra, tal como antecipado por Castro às câmeras de Bob Taber. Depois disso, todos os quartéis isolados serão considerados pelo estado-maior como inapropriados para uma presença permanente do exército, que, depois da tomada de outros quartéis pelos rebeldes, simplesmente retirou-se da Sierra Maestra, que se torna então uma espécie de Estado dentro do Estado, às vezes atacada pelas tropas do furioso Ángel Sánchez Mosquera – o tenente que, ao perseguir os rebeldes depois do ataque do Arroio do Inferno, havia atirado no "pombo haitiano".

A batalha de El Uvero será igualmente determinante para o futuro de Che, que teve a primeira verdadeira oportunidade de provar suas qualidades guerreiras. Ele nos faz participar de seu batismo de fogo:

> Ao chegar perto do quartel, os grupos de combatentes foram formados e receberam as últimas instruções para desencadear o assalto ao alvorecer. As ordens eram neutralizar os postos de guarda e entrar no quartel para crivá-lo de balas... Com o primeiro tiro, Fidel desencadeou o ataque, as metralhadoras começaram a crepitar. O quartel respondeu com bastante

eficácia. Os homens de Almeida avançavam a descoberto, motivados pela exemplar lição de audácia que seu chefe lhes dava. Eu via Camilo ganhar terreno, usando a boina e a braçadeira com as cores do Movimento 26 de Julho. Eu avançava pela esquerda, ao lado de dois assistentes que levavam os carregadores e com Beatón e sua metralhadora portátil... Nos arrastamos mais um pouco e dois soldados evitaram o tiro de minha Madsen ao sair correndo. Continuei o ataque, mas o círculo se fechava cada vez mais.[3]

O combate, de grande intensidade, dura mais de duas horas. Os atos de bravura são notáveis. Imediatamente após a vitória, o soldado Guevara volta ao uniforme de médico para tratar os feridos dos dois lados. Uma mulher, especialmente corajosa, participa pela primeira vez de uma batalha: Celia Sánchez. Castro fica admirado com o argentino: "Che foi o soldado que mais se distinguiu, realizando pela primeira vez uma daquelas proezas que o caracterizariam".[4] Eleva-o, então, ao posto de capitão. Mas confia-lhe na mesma hora a responsabilidade, enquanto médico, de velar e cuidar dos feridos do campo, enquanto ele mesmo se afasta com os homens válidos, precavendo-se de represálias.

Durante todo esse período, sozinho com os inválidos, Che Guevara se transforma em cirurgião, psicólogo, enfermeiro e arrancador de dentes sem anestesia. Ele aproveita para aprofundar seus conhecimentos sobre os camponeses que vivem nos arredores, tentando, por meio de conversas sobre a propriedade das terras, trazer-lhes algumas luzes sobre as questões políticas. É ali que ele compreende o espírito "pequeno-burguês" do camponês, e também o sentido irredutível de sua necessidade de propriedade da terra, ao qual seria preciso submeter-se caso se quisesse mudar alguma coisa de sua condição por meio da reforma agrária. É ali que ele também compreende a inteligência do camponês, diferente da sua, por certo, mas igual à alma do próprio país.

Essa alma e seu futuro estão, naquele 12 de julho, nas mãos de Fidel e de mais duas pessoas, duvidosas e ambiciosas:

Raúl Chibás e Felipe Pazos, dois representantes da oligarquia cubana, líderes de duas outras facções de luta contra Batista, mas de visões muito mais conservadoras. O primeiro, aureolado pelo prestígio de seu irmão Eduardo (fundador do Partido Ortodoxo, que se suicidara ao vivo na rádio para protestar contra a tirania de Batista), havia assumido a direção do partido. O segundo, grande economista, havia sido diretor do Banco Central e se distanciara do poder depois do golpe de Estado de Batista. Naquele dia, eles assinam o Manifesto de Sierra Maestra, que leva a uma aliança entre os diferentes partidos numa frente de libertação. Na verdade, esta é para Fidel Castro, hábil político, a ocasião de matar dois coelhos com uma cajadada. Por um lado, garantindo o apoio, mesmo que provisório, daqueles dois pró-americanos representantes de uma direita muito liberal que contava tirar proveito da situação, ele quer tranquilizar a burguesia cubana e o irmão norte-americano. Por outro lado, a partir da Sierra Maestra, ele quer soldar a planície à montanha, sobrepondo-se a Frank País, que, desejoso de abrir uma nova frente na cidade, coloca em perigo a liderança de Castro, que corre o risco de perder seus meios logísticos.

Castro, diante desses dois personagens, reprime um pouco suas ambições, simulando polir seu projeto político baseado principalmente na reforma agrária. Reforma da qual ele mantém, nesse pacto, apenas a porção menos subversiva aos olhos dos liberais. Ele os deixa acreditar num governo provisório que poderia ser dirigido por eles logo após a vitória, o que conviria a Prío Socarrás, o ex-presidente sempre à espreita e na "reserva da República", pronto para se apresentar em futuras eleições livres. Castro espera o primeiro passo em falso dos dois para romper publicamente o pacto. Coisa que não demora a acontecer. Na Flórida, em novembro de 1957, os dois cossignatários liberais proclamam o "Pacto de Miami", documento inspirado no da Sierra Maestra, porém amputado das vontades mais significativas de Fidel Castro.

Quando, quatro meses antes, em 17 de julho, Che Guevara fora ao encontro de Fidel no Pico Turquino, com sua pequena tropa enfim recuperada, ele cruzara com aqueles dois homens, que pouco apreciara, e havia tomado conhecimento do pacto inicial, que apreciara menos ainda.

Ao ver uma possibilidade de traição da revolução, ele sentiu nascer dentro de si a dúvida e a aflição. Mas como Fidel logo rompeu publicamente o pacto de Miami, que traía suas propostas, o Che mais tarde confessou ter sentido vergonha de duvidar da convicção revolucionária do líder.

Contrariando os ambiciosos desígnios do ex-presidente Prío Socarrás, ele anunciou que em caso de vitória seu apoio iria para a candidatura de Manuel Urrutia, o íntegro presidente do tribunal de Havana que acabara de defender, contra a opinião de seus colegas procuradores, a causa dos rebeldes do *Granma* que estavam presos, afirmando que, dada a situação anormal em que se encontrava o país, os rebeldes estavam no direito de tomar as armas, e que nada na Constituição os impedia de fazê-lo, tanto mais porque esta não era respeitada pelo poder em vigor. Essa postura, corajosa, havia despertado a admiração de Fidel, que a comunicara à imprensa. Urrutia não era um revolucionário, apenas um magistrado que militava por uma "justa causa" e tinha ideias liberais.

Isso não importava, pelo contrário. Dava garantias extras àqueles que temiam que ele fosse um *caudillo*. De todo modo, ao menor deslize, Fidel não teria a menor dificuldade em destituí-lo, pois o verdadeiro poder ficaria em suas mãos.

Depois da ida de Che ao Pico Turquino, Fidel confiou-lhe a direção de uma tropa encarregada de perseguir Sánchez Mosquera, enquanto o capitão Almeida era elevado ao posto de segundo comandante.

Em 21 de julho, o Che encontrou Fidel Castro na companhia de Celia Sánchez, redigindo uma carta de condolências a Frank País, cujo irmão havia acabado de ser assassinado. Estendendo-lhe a caneta, Castro disse ao Che: "Assine aqui. Assine apenas 'comandante'." Foi assim que Che Guevara chegou ao posto de comandante da revolução.

> A dose de vaidade que cada um tem dentro de si fez com que eu, naquele dia, me sentisse o homem mais feliz do mundo.

> Uma pequena estrela, símbolo de minha nomeação, foi-me entregue por Celia, junto com um dos relógios de pulso comprados em Manzanillo.[5]

A guerrilha havia alcançado um tamanho crítico, sendo urgente, seguindo uma lei natural de cissiparidade, operar a divisão do grupo em duas colunas principais. Castro confiou a segunda coluna àquele que já via como seu braço direito, em vez de a seu segundo-comandante Almeida. Almeida, apesar de suas grandes qualidades de combate e comando, não tinha a seu ver o estofo intelectual de um interlocutor em estratégia militar e política, nem a dimensão carismática junto às tropas adquirida pelo doutor Guevara. Longe de ser apenas honorífica, essa investidura tem um objetivo muito prático. O Che, em *A guerra de guerrilhas*, utiliza a imagem da colmeia "que vê o nascimento de uma nova rainha antes de esta voar para outro local com uma parte do enxame... a colmeia-mãe, acompanhada de seu melhor líder, permanece na zona menos perigosa".

Era chegado o momento de dividir-se para ampliar o espaço de apropriação da Sierra Maestra e repelir o inimigo para além de suas encostas. Isso foi realizado num instante, após alguns ataques vitoriosos a quartéis ainda não evacuados.

As duas colunas dividem entre si os territórios ocupados. Fidel na encosta leste e o Che na encosta oeste. Este último tem toda a autonomia para conduzir suas operações e instalar um campo onde lhe parecer adequado. A limpeza da região é feita de maneira arrasadora, a começar pelo ataque à cidade de Estrada Palma, conduzido por Fidel, e a tomada dos pequenos quartéis circundantes, que não opõem nenhuma resistência. A seguir, Che Guevara ataca o quartel de Bueycito, nem tão fácil de ser tomado. Ele quase perde a vida quando sua metralhadora trava subitamente diante de uma sentinela que o puxa como a um coelho.

> Recordo apenas, sob a chuva de tiros do Garand do soldado, de sair correndo a uma velocidade que nunca mais consegui

reproduzir, meio voando, meio correndo, até cair no chão e conseguir destravar minha metralhadora.[6]

De volta ao acampamento, uma triste notícia o aguarda: a morte de Frank País, assassinado nas ruas de Santiago de Cuba. Esse assassinato desencadeia uma onda de fúria popular tão grande que ao longo de todo aquele mês de agosto Cuba é paralisada por greves espontâneas. A rua, de repente, se inflama. Observação de Guevara:

> A morte de Frank País significou a perda de um dos maiores revolucionários de seu tempo, mas a reação provocada por seu assassinato provou que forças novas se uniam à nossa luta e que o espírito de revolta estava em marcha.[7]

Uma nova fase tem início. A planície em fúria se oferece por inteiro à montanha fortificada, de onde jorrará a revolução, cuja torrente inundará Cuba como um todo. Antes disso, porém, é preciso consolidar os laços, abrir canais de irrigação, criar na planície forças alimentadas pela fonte revolucionária da Sierra Maestra. Um novo afluxo de recrutas desemboca no exército de Fidel. É preciso formá-los. Celia Sánchez é encarregada de grande parte do trabalho de ligação que cabia a Frank. Carta de Fidel a Celia (Aly), datada de 14 de agosto:

> Aly,
> Insisto nesta carta, como insisti na última, naquilo que deve servir de diretriz ao Movimento no que concerne à guerra: "Todas as armas, todas as balas, todos os recursos são para a Sierra...".
> Enfim, você sabe que agora não temos mais Frank, precisaremos nos ocupar mais diretamente das tarefas que ele preenchia tão brilhantemente... Por isso repito que estou disposto a escrever todas as cartas, anotações ou recomendações de que você possa vir a precisar. Antes, eu me ocupava mais dos assuntos da Sierra, que bastam para esgotar qualquer um e são cada vez mais pesados; agora me dou conta de que preciso ajudá-los, na medida em que vocês precisam de mim para tornar o trabalho mais fácil.

Alejandro.
P.S. Cuide-se bem! Não sei por que tenho a impressão de que nada pode acontecer a você, pois tivemos uma perda tão grande na pessoa de Frank que isso não pode recomeçar.[8]

Celia, faz-tudo e bode expiatório de Fidel, também precisa suportar seu mau humor. Ele lhe escreve, em 16 de agosto, a respeito de seus dentes, que estão em mau estado e o fazem sofrer:

Aly,
Quando vão me mandar um dentista? Se não recebo armas nem de Santiago, nem de Havana, nem de Miami, nem do México, ao menos me envie um dentista, pois meus dentes não me deixam pensar em paz. É o cúmulo eu não poder engolir nada justo agora que teremos algo para comer! Depois que acabar essa dor de dente, não haverá mais nada para comer. Não estou dizendo que é culpa sua, você faz tudo que pode, mas me sinto realmente infeliz diante da ideia de que tantas pessoas vieram para cá e não há um único dentista entre elas.
Alejandro.[9]

O Che instala seu acampamento em El Hombrito, local de um último combate, onde, graças ao socorro de Castro, eles põem o exército em debandada.

Esse acampamento logo se torna uma verdadeira aldeia, com um hospital de campanha, um forno de pão, todo o aparato necessário para a fabricação de utensílios de todos os tipos, a começar por sapatos, apetrecho básico do guerrilheiro, além de uma escola. Eles não querem apenas medicar e formar para a ação militar, mas também instruir. O Che dispõe, para isso, de uma biblioteca bem fornida.

Aulas de alfabetização são dispensadas à grande maioria daqueles camponeses, se não analfabetos, ao menos iletrados. Aulas de matemática e língua estrangeira também, principalmente francês, língua que ele já havia começado a ensinar durante as longas marchas pela Sierra Maestra, com o auxílio de Raúl Castro e o apoio dos manuais escolares que eles tinham conseguido encontrar. Eles conseguem um mimeógrafo, que imprime o primeiro jornal da revolução: *El Cubano libre*.

Acima do acampamento tremula uma imensa bandeira vermelha e preta, cores do M-26, sobre a qual o Che inscreve, como uma provocação ao inimigo: "Feliz Año 1958".

Visível de longe, ela desafia e enfurece o tenente Sánchez Mosquera, agora capitão (e logo coronel, numa fulgurante ascensão), verdadeiro buldogue que não quer soltar sua presa. Exatamente o objetivo buscado pelo novo *comandante* Guevara, que imagina uma armadilha com isca.

O campo de El Hombrito é a isca, e a bandeira vermelha e preta faz as vezes de muleta do toureiro, agitando-se sob os olhos do touro enfurecido.

Atrás dessa muleta, Camilo Cienfuegos o esperaria, enquanto o Che atacaria do outro lado, a partir da costa.

Um cachorrinho os segue até a beira-mar durante a tentativa de cerco. É a mascote do acampamento, pela qual o Che se afeiçoara. O animal devia despertar dentro dele a lembrança de Come-back, deixado na Argentina. Infelizmente, o cachorro não compreende que deve se calar, que seus latidos podem alertar as linhas inimigas.

Mortificado, o Che se dirige a um certo Félix: "Félix, não quero mais ouvir esse cachorro. Estrangule-o". Félix, a contragosto, passa uma corda no pescoço do animal quando este vai a seu encontro abanando o rabo na esperança de uma carícia. Ele nunca se esquecerá dos olhos do cachorrinho estrangulado.

Ao cair da noite, eles se refugiam numa casa abandonada, onde encontram um velho violão.

> Ignoro se era por causa da melodia melancólica que o violão tocava, ou da noite, ou então do cansaço... Mas Félix, que comia sentado no chão, depositou um osso a seu lado. Um cachorro veio pegá-lo tranquilamente. Félix passou-lhe uma mão afetuosa na cabeça e o cachorro fixou-o com olhos doces. Félix pousou seus olhos nele; e nossos olhares, cheios de culpa, se cruzaram. O silêncio se impôs. Uma emoção quase palpável

pairava no ar. Ainda que ele nos observasse pelos olhos de outro cachorro, observando-nos com olhos ternos e espertos, apesar de assombreado por um leve véu de censura, ao lado de todos nós estava o cachorrinho assassinado.[10]

O Che certamente não sentiu esse peso na consciência ao devorar com avidez, junto com seus guerrilheiros famintos, o cavalo confiscado a um camponês que acompanhava com horror aqueles "canibais" comerem o "melhor amigo do homem". Tampouco o sentiu quando eles fizeram, sem ele saber, uma grande sopa com o cavalo do cabo prisioneiro que havia prometido devolvê-lo ao amigo que o emprestara. Mas ele tinha um fraco por cachorros. Por ocasião de uma homenagem póstuma a Lidia, uma das combatentes que servia de agente de ligação entre a Sierra e o resto de Cuba, ele não deixa de lembrar:

> Lidia sabia a que ponto eu amava os cachorrinhos e sempre me prometia trazer um de Havana... Quando cheguei ao campo, encontrei uma carta em que ela anunciava que havia encontrado um filhote para me dar e que o traria na próxima viagem... Viagem que ela nunca fez.[11]

A história do cachorrinho assassinado no centro do relato de um combate de extrema violência que eclodiria no dia seguinte, ainda que verídica e sincera, não seria também uma maneira de lembrar sua humanidade aos que começam a duvidar dela? Pode ser. Mas não devemos esquecer que, sob a couraça do guerreiro, há sempre dois homens dentro dele. Félix mata o cachorro, mesmo a contragosto, porque obedece às ordens do superior. O Che, por sua vez, só obedece à razão fria do combatente que deve preservar seus homens, sua própria vida e a causa pela qual está lutando. Diante disso, o cachorrinho, como os traidores e os desertores, não é importante.

Nossos guerrilheiros espantam os fantasmas de uma noite melancólica e, cheios de ódio, dão sequência ao cerco nas encostas da Sierra. No entanto, reforços inesperados do exército permitem que Mosquera evite a emboscada. O Che e seus companheiros se veem obrigados a recuar para o vale de El Hombrito, acuados pelo tenente. Eles batem em retirada para o monte chamado Altos de Conrado, em homenagem a um camponês comunista membro do PSP (Partido Socialista Popular, que ainda se mantinha distante do movimento revolucionário, mas não por muito mais tempo). As coisas vão mal. Auxiliado pela aviação, Sánchez Mosquera sobe por um dos caminhos menos protegidos, uma falha no dispositivo. Fiel à sua reputação de crueldade, ele avança protegido por um escudo humano constituído por quarenta camponeses. Sob a troca de tiros que se segue, o Che, mal protegido atrás de uma árvore, é ferido na perna.

Eles conseguem, não sem algumas perdas humanas, sair desse mau passo, descendo até um riacho, e se posicionam de modo a barrar o exército.

Os minutos, as horas e a noite passam, mas nada acontece. Os soldados simplesmente se volatilizam. No dia seguinte, voltando ao campo, a consternação é geral: tudo estava queimado. O touro, precipitando-se até a muleta, rasgara-a, e o toureiro ficara nu. Não por muito tempo, pois um pequeno centro industrial continuava funcionando um pouco mais longe, na região de La Mesa, e eles trabalham firme para consertar política e psicologicamente todo o prejuízo que aquele Átila dos trópicos havia causado aos camponeses, queimando suas casas, suas lavouras e suas colheitas.

Qual fênix renascendo das cinzas, o novo campo é mais bem equipado. Comporta uma forja, uma fábrica de munições, bombas e minas artesanais, e, peça-chave da artilharia, a arma surpreendente e barroca nascida da imaginação e da engenhosidade do Che e de um de seus camaradas, orgulhosamente batizada de M-26. Ela catapulta cargas explosivas contidas em caixas de leite condensado. De eficácia duvidosa, ela é mais barulhenta do que perigosa, mas suficiente para assustar o inimigo.

Por fim, a arma suprema: a mídia. *El Cubano libre* assume novo tom sob a direção do escritor e jornalista Carlos Franqui, que se une a eles e colabora na criação da *Radio Re-*

belde, que, dotada de um potente transmissor, pode abastecer Cuba de informações e propaganda revolucionária.

Para se alimentar, eles se associam aos camponeses, comprando seus produtos a preços vantajosos, o que os transforma em parceiros interessados, apaziguados e, pouco a pouco, em cúmplices e aliados. Fidel, seguindo o exemplo do Che, também fortifica seu campo, mandando construir um verdadeiro torreão inexpugnável numa falésia vertiginosa, posto de comando equipado com um gabinete e um quarto compartilhado com Celia, encarregada do secretariado e da comunicação. Ele abre trincheiras ao redor do campo, constrói abrigos antiaéreos, instala minas telecomandadas, chegando a declarar: "Na Sierra, cada entrada é como o desfiladeiro das Termópilas".[12] É verdade, e a paz finalmente volta a reinar na Sierra, ao menos numa área de sessenta por quarenta quilômetros, onde os exércitos de Batista não ousam mais entrar. Como se o tirano, tendo formado um "cordão de isolamento" ao redor da Maestra, quisesse conter os rebeldes em sua reserva indígena no extremo oriental da ilha.

Ele não conta com as novas capacidades de comunicação destes últimos e não compreende que a semente fidelista já havia brotado em solo cubano, que de Havana a Santiago, passando por Camaguey, a população se sublevava, principalmente sob o impulso do M-26 da planície, então dirigido por Faustino Pérez, que substituía Frank País. Ela também se sublevava sob o comando de outras facções anti-Batista, e até sob uma pequena porção do exército que, dirigida secretamente pela CIA, tinha intenções putschistas, no entanto logo sufocadas por Batista.

Uma conjuração de movimentos às vezes opostos tem início e o M-26 recebe até de grandes burgueses como José Bosch, CEO da marca de rum Bacardi, ou de Julio Lobo, chamado de "rei do açúcar", apoios financeiros interesseiros, como o da família Babún. Alguns proprietários chegam a descontar um imposto revolucionário dos salários de seus empregados. Tudo isso em meio a uma verdadeira anarquia. É preciso voltar à ordem e designar um líder incontestável. O que não é fácil.

É preciso ampliar as bases das tropas da Sierra, desfazer o nó que as cerca e dar um grande golpe midiático tirando proveito da suspensão da censura que o poder, por pressão política, havia aceitado. Para isso, Fidel nomeia, em 27 de janeiro de 1958, seu irmão Raúl para comandar uma coluna de sessenta homens encarregados de criar uma segunda frente de combate a nordeste, na Sierra del Cristal, acima de Birán, onde fica a fazenda onde os dois nasceram. Depois ele prepara o segundo ataque a Pino del Agua, a serraria no topo da Sierra Maestra, ponto estratégico que os soldados voltam a ocupar e limita as possibilidades de deslocamento.

O capitão Cienfuegos e sua tropa se lançam ao assalto, matam as sentinelas, mas o contra-ataque é fulminante. Ferido na perna, Cienfuegos se retira, perdendo a arma e o quepe. Ao voltar para buscar sua metralhadora, ele leva um tiro na barriga que, felizmente, sai do outro lado sem tocar órgãos vitais. Che Guevara se impacienta. Ele havia ficado para trás, obedecendo a ordens de Fidel, que lhe escrevera:

> 16 de fevereiro de 1958. Che: apesar de tudo depender desse ataque, sem o apoio de Camilo e Guillermo não devemos avançar rumo ao suicídio. Corremos o risco de sobrecarregar nossas perdas e não alcançar o objetivo.
> Aconselho-o muitíssimo a ser prudente. Enfim, proíbo-o formalmente de lançar-se pessoalmente ao ataque. Encarregue-se de comandar os homens, isso é indispensável nesse momento.[13]

Ele ouve com horror os soldados adversários gritando e zombando de seu capitão: "Ei! Camilo! Obrigado pela metralhadora!".

Os rebeldes sofrem grandes perdas. Aviões B-56 surgem. Tomado de uma loucura guerreira, ao ver suas tropas em dificuldade, Fidel desobedece às ordens que dera ao Che e entra no conflito. Os soldados finalmente abandonam Pino del Agua. Uma vitória de Pirro.

Naquele 19 de fevereiro, Fidel recebe uma carta assinada pelo comandante Che Guevara, pelo comandante adjunto Almeida, por Celia Sánchez, por Raúl Castro e por mais 36 rebeldes:

> Senhor Comandante, dr. Fidel Castro, Camarada.
> Dada a urgência da situação, e pressionados pelas circunstâncias, os oficiais, assim como todo o pessoal responsável que milita a nosso lado, gostariam de comunicar-lhe a admiração de nossa tropa no que diz respeito a seu comportamento no campo de batalha.
> Rogamos-lhe, porém, que modere a bravura que sempre demonstrou, pois ela coloca inconscientemente em perigo o sucesso de nosso exército, e que pense acima de tudo em conduzir a revolução à vitória... O senhor deve compreender, sem egotismo de espécie alguma, as responsabilidades que repousam em seus ombros, e as esperanças e ilusões que o senhor representa para as gerações de ontem, de hoje e de amanhã. Consciente de tudo isso, o senhor não tem outra escolha e deve atender a nosso pedido, por mais surpreendente e exigente que ele seja, sem dúvida. Mas rogamos-lhe, por Cuba, que faça mais esse sacrifício.
> Seus irmãos de ideias e de luta.[14]

Com o caminho livre, Raúl Castro e Juan Almeida partem para a Sierra del Cristal, em 1º de março, para abrir uma segunda e um terceira linha de frente. Enquanto isso, Faustino Pérez e a seção de Havana do M-26, galvanizados pela nova vitória e pela perspectiva de ampliação do front, montam uma manobra midiática: em 23 de fevereiro, eles sequestram o argentino Manuel Fangio, o famoso automobilista que estava na ilha para participar do Grande Prêmio de Havana. Ele só seria solto no dia seguinte à corrida. Consegue-se um verdadeiro impulso publicitário, pois toda a imprensa internacional comenta o ocorrido e a Europa finalmente descobre a realidade da revolução cubana. Fortalecido por essa façanha, Faustino Pérez sobe à Sierra para encontrar-se com Fidel Castro e convencê-lo de que é chegada a hora de organizar uma greve geral para dar a estocada final em Batista. Fidel não é muito favorável à proposta. Ele tem consciência do despreparo ideológico, político e organizacional do M-26 da planície. Mas acaba cedendo e, em 12 de março, comunica publicamente que "A luta contra Batista deve ser estrategicamente baseada na greve geral revolucionária, amparada pela ação armada".[15]

Infelizmente, lançada em 9 de abril de 1958, com o apoio de David Salvador, líder sindical muito popular, de origem haitiana, a greve é um fracasso retumbante. Mal organizada, com pouca união entre as diferentes forças sociais, políticas e os sindicatos, anunciada no rádio num momento em que, já no trabalho, poucos ouvem o apelo, ela é severamente reprimida pelo poder. Cerca de duzentos mortos jazem nas ruas das grandes cidades de Cuba.

Batista exulta, fica em posição de destaque e Fidel é desacreditado. Este último fica furioso, impotente diante da catástrofe, e escreve a Celia:

> Sou considerado o líder da revolução. Preciso assumir perante a história a responsabilidade pelas tolices dos outros, e sou um merda que não pode tomar decisões. Evocando o caudilhismo, cada um age cada vez mais segundo a própria vontade... Não quero criar cismas no Movimento, não seria bom para a revolução; mas de agora em diante nós mesmos resolveremos nossos problemas.[16]

A fera política volta a se erguer. O De Gaulle dentro dele desperta. "Perdemos uma batalha, mas não a guerra", ele diz quatro dias depois.

Ele não está sozinho, mas a planície e seus aliados potenciais se enfraqueceram: eles tinham sido os artesãos daquela greve fracassada. Ele os convoca, pois está na hora de afirmar-se como comandante em chefe inconteste da revolução.

Naquele 3 de maio de 1958, Pérez e os outros responsáveis da planície enfrentam quinze minutos bastante difíceis. A pedido expresso de Pérez, Che Guevara participa da reunião, apesar de não fazer parte da direção do M-26.

Diante dos erros metodicamente destacados por Fidel e pelo Che, eles são obrigados a baixar a cabeça e aceitar que Castro assuma a liderança de todo o Movimento. Pérez é destituído de suas funções e une-se às tropas da Sierra, onde é nomeado comandante, assim como o chefe das milícias da planície, René Ramos Latour, cujas tropas são colocadas diretamente sob o comando de Fidel.

David Salvador, por sua vez, também une-se à Sierra enquanto delegado operário, mas antes disso é convocado a abrir um campo de real colaboração com os comunistas do PSP, que ele até então havia desprezado e deixado à margem do Movimento. A força organizacional do PSP precisa reforçar a frente anti-Batista de maneira construtiva.

Fidel começa, passo a passo, a ligar-se aos comunistas. Ele traz para perto de si dois representantes do PSP: seu amigo de universidade, Luis Mas Martín, e Carlos Rafael Rodríguez, brilhante político que havia sido ministro de Batista por dois anos, em sua fase de abertura democrática.

Este último, que colabora na escrita da primeira reforma agrária, será de uma ajuda valiosa diante da perspectiva de tomada do poder, no sentido do nivelamento da gestão dos negócios.

Em Havana, Batista é encorajado pelo fracasso da greve geral. Ele conta com a fraqueza de Fidel, aliada a seu suposto descrédito junto à opinião pública. Além disso, tenta melhorar sua imagem degradada junto à opinião internacional. Ele decide, então, acabar de uma vez por todas com Fidel por meio de um ataque massivo que ele chamará de operação "FF" (Fim de Fidel). É sua grande aposta. Ele quer dar garantias ao aliado norte-americano, que, depois do massacre de 9 de abril, começa a receber de sua parte novos pedidos de armas, principalmente os dois mil fuzis Garand que devem chegar em março.

Ele mobiliza dez mil homens, armamento pesado e aviões bombardeiros, com apoio da Marinha, e prepara um ataque anunciado para 1º de junho, mas lançado em 25 de maio na cidade de Mercedes, posto avançado da guerrilha.

Para enfrentar esse exército, Fidel dispõe de apenas 354 homens. Mas, no exato momento em que o governador norte-americano recusa seus fuzis a Batista, ouve-se no céu da Sierra Maestra o ruído de um pequeno avião bimotor, vindo da Costa Rica, que pousa com dificuldade nas pedras de uma improvável pista, carregado com cinco toneladas de armas e munições, pilotado por um homem temerário e briguento chamado Pedro Díaz Lanz, que mais tarde dará o que falar. Fidel nomeará esse anticomunista visceral para chefe da força aérea cubana e piloto de seu helicóptero pessoal. Do bimotor sai Huber Matos, que traz esse presente da parte de José Figueres Ferrer, presidente costa-riquenho e simpatizante da luta. Houve uma verdadeira reviravolta operada por aquele professor que havia fugido "covardemente" diante do perigo, segundo Guevara, depois de emprestar seus caminhões aos rebeldes. Ele será nomeado comandante alguns meses depois, à frente da 9ª coluna que cercará Santiago de Cuba.

Para defender suas posições, Fidel chama para junto de si Camilo Cienfuegos, que patrulhava a planície aos pés da Sierra, bem como Almeida. Mas ele não chama Raúl, longe demais, encarregado de conter uma parte do exército inimigo em Santiago. É um tudo ou nada. Batista aposta todas as suas fichas nessa queda de braço. Se Castro resistir, ele acabará extenuado e, até que consiga se reerguer, Fidel terá passado ao contra-ataque. É exatamente o que acontece. O combate é encarniçado. Do alto de suas fortificações, enfrentando os bombardeios inimigos, Castro defende-se metralhando. Ao cabo de setenta dias, as tropas de Batista ficam esgotadas. Longe de casa, desmoralizados, famintos, os soldados abdicam, contando suas pesadas perdas: mais de mil homens. Em meio à debandada, eles deixam para trás seiscentas armas, entre as quais um tanque, doze morteiros, doze metralhadoras com tripé, uma enorme quantidade de munições e equipamentos de todo tipo. Uma bênção. Ficam também muitos prisioneiros e feridos, com os quais Castro não sabe o que fazer. Ele chama a Cruz Vermelha. Entre aqueles homens, o touro furioso que finalmente se curva: Ángel Sánchez Mosquera.

A resposta, preparada de longa data, não tarda. Três são os pontos nevrálgicos do ataque: Santiago de Cuba, da qual se encarrega Fidel Castro; Santa Clara, no centro, sobre a qual o Che marchará; e, a noroeste, no outro extremo da ilha, Pinar del Río, da qual se encarrega Camilo Cienfuegos, que logo será promovido a comandante. Mas a estrada é longa.

A conquista do Oeste

A caminho do Oeste, Camilo Cienfuegos precede por alguns dias Che Guevara, que desce a Sierra Maestra na noite de 21 de agosto, sob uma chuva de bombas. Um segue na direção de Santa Clara e da província de Las Villas, passando pelas montanhas de Escambray, o outro segue a costa norte para chegar a Pinar del Río.

Fidel, preocupado e de mau humor naquele dia, sem notícias de Camilo, envia-lhe a seguinte carta nada amena:

> Como todos os outros, você tem o mau costume de fazer a maior bagunça possível e depois deixar que nos viremos. Você nem se deu ao trabalho de me enviar a lista de homens, armas e balas que tem consigo. Tampouco sei se você está com alguma mina... Gostaria ao menos de receber alguma notícia a respeito de tudo isso... Tenha um pouco de bom senso e não perca de vista que o renome, as posições hierárquicas e os sucessos estragam um pouco as pessoas. E, se chegar a Pinar del Río, você será considerado como um primo do glorioso Maceo, mas não se esqueça de que vão tentar pegá-lo ao longo de todo o caminho.[1]

O Che, por sua vez, recebe a missão de cortar as comunicações entre o leste e o oeste da ilha e, coisa mais delicada para ele, estabelecer contatos com os grupos políticos de Escambray a fim de ganhá-los para a ação unitária. Fidel também confia-lhe o governo militar da região conquistada.

Influenciado pela história da guerra de libertação nacional contra a colonização espanhola, liderada por José Martí em 1895, Fidel Castro tenta criar uma réplica da grande marcha do exército de libertação, partindo de Santiago de Cuba até Havana e Pinar del Río. O Che segue o antigo caminho do general em chefe Máximo Gómez; Camilo, a do ilustre tenente-general Antonio Maceo.

Aos olhos de Fidel Castro, o Che e Camilo são seus dois melhores combatentes, muito diferentes, mas complementares. Ele faz uma análise do caráter de cada um:

> Che era muito audacioso. Ele às vezes valorizava demais a força em detrimento da velocidade. Preferia uma tropa cheia de minas e armas, enquanto Camilo se virava melhor com uma tropa mais leve. O Che tinha uma tendência a sobrecarregar-se. Por vezes lançava-se a um confronto que teria podido evitar. Ao contrário de Camilo. Ele era intrépido demais, e tomava riscos demais, por isso tantas vezes precisei lembrar-lhe: "Os homens que comandas estão sob tua responsabilidade". O Che não teria saído com vida dessa guerra se não tivéssemos refreado sua audácia e sua atitude temerária.[2]

O Che dispõe de cinco jipes e de uma camionete. Está à espera de outras duas. Prometeram-lhe um transmissor de alta potência. Vai buscá-lo, mas seu jipe atola. É obrigado a deixá-lo para trás e camuflá-lo. Adeus transmissor. Sob os bombardeios à localidade de Jíbaro, onde ele e seus homens estão, eles precisam esperar a chegada de um avião encarregado de levar-lhes um carregamento de armas e 230 mil munições. O pequeno bimotor só chega na noite do dia 29. Assim que carregam os equipamentos nos jipes, a aviação inimiga começa a atirar sobre eles.

Faustino Pérez, que faz parte da equipe, sob fogo adversário incendeia o avião para não entregá-lo ao inimigo. Finalmente pegam a estrada ao amanhecer do dia 30 de agosto.

Mas a sorte não sorri para eles. Os militares interceptam as camionetes que deviam levar-lhes mercadorias e, acima de tudo, o combustível para os jipes. A única alternativa é continuar a pé. Tinham se preparado para quatro dias de estrada, mas terão sete semanas de pesadelo à frente, carregados como mulas, alguns de pés descalços, a barriga vazia. Deus talvez fosse argentino, como dizia Ernesto, mas com certeza não era cubano e ainda não apoiava a revolução, pois os céus enviam, no dia 2 de setembro, uma de suas maiores calamidades: o furacão Ella, um monstro de categoria 3, correndo e uivando a 185 km/h, que devasta tudo ao passar. Rios e cursos de água extravasam, interrompendo estradas, inundando campos e matas. De todo modo, não há como se aventurar pela estrada central, onde o exército de Batista os espera. A única solução é cortar caminho por matas e pântanos. Mas os aviões patrulham, soltam bombas e metralham com precisão, como se estivessem informados do percurso dos guerrilheiros. Os informantes estão por toda parte e, mais uma vez, é preciso desconfiar dos guias, que, assim que conseguem, fogem. É preciso atravessar rios em cheia, atravessar os cavalos dados por Camilo, com quem cruzaram nesse meio-tempo, e que ajudam a carregar os equipamentos pesados como a bazuca, mas também os homens sem sapatos, alguns incapazes de caminhar devido aos pés devorados pela *mazamorra*, terrível doença dos pântanos que faz de cada passo uma tortura chinesa, outros feridos pelo matagal. Mas o pior ainda está por vir. O calvário do manguezal, quando do desembarque em Las Coloradas, não passara de um tira-gosto do que os esperava, uma espécie de aperitivo. Eles precisam atravessar a Grande Laguna. Os cavalos não conseguem avançar.

> Essa laguna ainda é, em minhas recordações, sinônimo de um verdadeiro inferno; as nuvens de insetos voadores que a povoavam tornavam qualquer descanso impossível sem mosquiteiros, e nem todos tinham a sorte de ter um.
> Atravessando paisagens desoladas onde a água e a lama se estendiam a perder de vista, aqueles dias de marcha foram um pesadelo. Morríamos de sede e mal conseguíamos avançar, pois nossas pernas pesavam como chumbo e nossos corpos se curvavam sob o peso das armas.[3]

Não precisamos nos deter em detalhes escabrosos que revelam a condição de verdadeiros danados daquele "exército de sombras", segundo as palavras do Che, como o fato de eles serem obrigados, corpo mergulhado na lama até a cintura por horas a fio e braços acima da água para segurar as armas, a aliviar as necessidades naturais defecando dentro das próprias calças.

Somente os berros e insultos do Che, as ameaças sob o cano do fuzil, conseguem fazer aquela tropa moribunda avançar. Enquanto isso, a de Camilo também enfrenta grandes dificuldades:

> Relatório de Camilo Cienfuegos a Fidel Castro, 9 de outubro de 1958:
> [...] Ao longo dos 31 dias que durou a viagem pela província de Camaguey, comemos apenas onze vezes, apesar de tratar-se da região mais rica em rebanhos de Cuba; depois de quatro dias sem nada para mastigar, precisamos comer um jumento cru e sem sal, o melhor elemento de nossa cavalaria já muito desfalcada. Quase todos os animais haviam ficado nos pântanos e lamaçais da costa sul.
> Não temos notícias do Che há 22 dias, as últimas datam do dia 16 do mês passado, quando nove camaradas de sua tropa se juntaram a nós após um combate numa localidade chamada Cuatro Compañeros.
> Chegamos ontem ao acampamento rebelde de onde escrevo; fomos recebidos de braços abertos.
> [...] Tenho certeza absoluta de que chegaremos a Pinar del Río, os homens estão decididos. Quanto maior a necessidade de sono, a fome e o perigo, mais eles se decidiam.
> É uma tropa de primeira linha. Ela alcançará seu objetivo.[4]

A pedido de Fidel, porém, Camilo precisa abandonar a marcha a Pinar del Río para prestar auxílio ao Che. Fidel explica sua decisão: "A situação em Las Villas necessitava que Camilo reforçasse a gestão unitária que o Che devia implantar nesse território. Percebemos que vivíamos em outra época, que as circunstâncias haviam mudado e que levar a invasão até Pinar del Río e o extremo Oeste não fazia sentido algum".[5]

Três dias depois, em 14 de outubro, Fidel Castro envia uma carta a Camilo Cienfuegos:

> É com indescritível emoção que acabo de ler seu relatório do dia 9.
> Não tenho palavras para expressar a alegria, o orgulho e a admiração que sinto por vocês. O que vocês fizeram já é

> suficiente para garantir-lhes um lugar na história de Cuba e
> das grandes façanhas militares.
> Não continue o avanço até nova ordem. Espere o Che na
> província de Las Villas e una-se a ele. A situação político-
> -revolucionária é complicada e torna-se indispensável que
> você fique na província o tempo necessário para ajudá-lo a
> instalar-se solidamente... [...] o lógico é que o comando caiba
> ao comandante mais antigo, ao que demonstrou as maiores
> capacidades militares e de organização, ao que desperta
> mais entusiasmo e confiança no povo; essas qualidades que
> vocês reúnem, o Che e você, não podem ser contestadas por
> ninguém, principalmente depois da proeza única de terem
> avançado da Sierra Maestra até Las Villas às barbas de milhares
> de soldados inimigos. De minha parte, não aceito nenhum
> outro chefe além do Che, se as forças chegarem a um acordo.[6]

Na tropa do Che, o moral está em baixa quando de repente, em 16 de outubro, surgem no horizonte as colinas azuladas de Las Villas, como uma promessa de redenção. Dois dias de descanso reparador. Mas eles são obrigados a partir sem demora, pois é preciso seguir com rapidez para impedir uma eleição, verdadeira farsa organizada por Batista e prevista para o dia 3 de novembro, visando colocar em seu lugar um laranja. Isso é tão mais necessário porque Fidel, para impor as visões de longo prazo do exército rebelde, havia, no dia 17 de outubro, declarado que promulgaria no dia 20 uma lei agrária que "terá um caráter nacional e será aplicada a todos os territórios dominados por nossas forças e a todos que aos poucos serão libertados pelo avanço vitorioso de nossas colunas de invasão".[7]

Numa carta com data de 8 de outubro, Fidel Castro explica sua estratégia ao comandante Juan Almeida. Carta ultrassecreta que mostra, tanto pela forma quanto pelo conteúdo, toda a proximidade entre ele e seu segundo, amigo de longa data, e toda a confiança que ele deposita nesse cubano de origem haitiana.

> Lutei para adiantar o máximo possível os preparativos da
> operação Santiago, para fazê-la coincidir com a farsa elei-

toral e obrigar as forças inimigas a uma batalha de grande envergadura nesses dias; esta, assim como outras medidas que tomaremos, tornará impossível a realização de eleições. Também pensei em comparecer pessoalmente à região nesse mês, com o máximo possível de efetivos, mas pesando todos os fatores percebi que era impossível... Tenaz como você me conhece quando se trata de meus projetos, você pode imaginar como foi difícil renunciar à ideia de partir. Ao mesmo tempo, para empregar rapidamente todas as forças, tendo em vista a eleição de 3 de novembro, lancei toda uma série de movimentos a diversas regiões da província, esforçando-me para que esses movimentos sirvam de base para a estratégia a ser desenvolvida nas semanas que se seguirão ao 3 de novembro, ao mesmo tempo em que eles preencherão objetivos específicos em relação às eleições...[8]

Uma corrida contra o relógio tem início. A coluna de Che ataca cidades, vilarejos e quartéis, contendo o fluxo de votantes, enquanto ao norte Camilo Cienfuegos faz o mesmo. Depois, de novembro a dezembro, formando uma pinça, as duas frentes bloqueiam toda a circulação entre o Oeste e o Leste, isolando os militares de Oriente, que precisam enfrentá-los sem poder receber ajuda externa, salvo por via aérea.

O próximo passo é unir todas as forças anti-Batista de Escambray em torno de um comando único: o de Che Guevara. Missão bastante espinhosa, dada sua fraquíssima propensão ao acordo e à diplomacia. Ele precisa conter-se. Quatro facções de ideologia, organização e motivação distintas, guiadas por mentes obstinadas que se odeiam cordialmente, mas se unem na desconfiança em relação a Fidel Castro, em quem veem surgir um futuro *caudillo*. Estão ali a Segunda Frente Nacional de Escambray, dirigida pelo comandante Eloy Gutiérrez Menoyo, o Diretório Revolucionário, braço armado da Federação dos estudantes universitários em luta contra Batista, dirigida pelos comandantes Faure Chomón e Rolando Cubela, a Organização Autêntica e o PSP (Partido Socialista Popular), comandado pelo comunista Félix Torres.

Che Guevara não é Fidel Castro, esse é um de seus trunfos aos olhos daquele grupo heteróclito. Seu marxismo declarado seduz, por outro lado, o PSP. Depois de difíceis tratativas e disputas acirradas, o Che acaba criando uma espécie de exército mexicano em torno de sua liderança, exército cuja formação e unidade ele acelera nomeando instrutores e abrindo uma pequena escola militar. Ele também cria um pelotão suicida tendo à frente El Vaquerito, que, obviamente, voluntaria-se a integrá-lo.

A ofensiva tem início em 16 de dezembro de 1958 com o ataque à cidade de Fomento, aos quartéis e às cidades vizinhas à praça-forte de Santa Clara, isolando-a completamente. Missão cumprida em 18 de dezembro.

É em Fomento que Aleida está, contrariada por ter sido recusada pelo Che, a quem pedira, depois de arrancar o pacote de dinheiro preso a seu corpo, para participar da tropa como combatente. O pedido lhe parecera inoportuno porque ele suspeitava que ela fosse uma enviada da direção do M-26 de Las Villas, claramente posicionado à direita, para vigiar o comunista. Naquele dia, sentada numa calçada de Fomento e segurando a mochila entre os joelhos, tem lugar um acontecimento fundamental para ela: o início da história dos dois. Ela vê o Che passar ao volante de um jipe. Contra todas as expectativas, ele freia para convidá-la para um passeio. "Sem segundas intenções", ela dirá, "aceitei subir no jipe e então... De certo modo, nunca mais desci daquele carro."[9]

Na noite de 20 para 21 de dezembro, que precede o ataque a Cabaiguán e seus dois quartéis, os dois se veem numa fábrica de charutos no alto da cidade. O Che recita um poema que a faz ver, segundo ela, "estrelas entre eles". No dia seguinte, ela está no meio da multidão em júbilo que recebe o Che triunfante e saudando os admiradores de pé em seu jipe. Uma foto conhecida eternizou esse momento de vitória.

Em 23 de dezembro são tomadas as localidades de Sancti Spíritus (115 mil habitantes) e Placetas (trinta mil habitantes), que caem enquanto Camilo sobe ao assalto da praça-forte de Yaguajay, onde há um grande quartel, a cem quilômetros dali, que se defende com todas as forças. Che Guevara se junta a ele e os dois acabam tomando o quartel.

Santa Clara, com seus 150 mil habitantes e seus doze quartéis, consegue ser isolada. Ela é a porta de entrada para Havana. Tomá-la significa abrir caminho para a vitória. Mas como derrubar aquele colosso? Um trem blindado está a caminho, em reforço às forças oficiais. Ele precisa ser detido a todo custo. O Che chama Aleida, entrega-lhe um fuzil M-1 e a veste como um combatente, depois lhe dita o equipamento que ela precisa conseguir sem falta, como um Caterpillar para detonar os trilhos.

Caterpillar? Ela não sabe o que é, não ousa perguntar e escreve em espanhol aquilo que entende foneticamente: *catres, palas y pilas* (camas, toalhas e pilhas). O Che espia por cima de seu ombro e olha para ela zombeteiro: "Professora, acertei?".[10] Ela morre de vergonha. Tinindo de novo, o belo brinquedo mecânico amarelo se tornará célebre, pois será o instrumento da vitória.

O trem descarrila numa verdadeira cena de faroeste. Os militares, armados mas presos dentro dos vagões, resistem. Bombas, bazucas e coquetéis molotov entram em ação. O trem blindado torna-se uma verdadeira panela de pressão. Os militares assam lá dentro, até que saem brandindo uma bandeira branca.

Depois da tomada da central elétrica e de toda a região nordeste da cidade, os quartéis desmoralizados depõem as armas e fogem em debandada. *El Comandante* Che Guevara torna-se um herói da revolução, mas acima de tudo um herói de Santa Clara, que lhe dedicará um memorial. Diante do entusiasmo da multidão, Camilo, sempre com algo a dizer, murmura-lhe: "Já sei o que vou fazer depois da vitória. Vou colocar você numa gaiola e percorrer o país cobrando uma entrada de cinco pesos. Vou ficar rico".[11] *El Comandante* ri pouco, apesar de sempre gargalhar às zombarias do alegre companheiro barbudo. Algumas lágrimas furtivas escorrem de seus olhos. Não são lágrimas de alegria. Ele acaba de ser informado da morte de El Vaquerito, seu pequeno Puck.

Fidel Castro, na *Radio Rebelde*, naquele 1º de janeiro de 1959:

> Acabam de anunciar, do acampamento de Columbia, que o tirano Batista fugiu. O general Cantillo anuncia, em nome do exército, ter tomado o comando da junta militar. Sua declaração tem o cinismo de falar no patriotismo do tirano que aceitou se resignar e menciona a partida dos principais agentes da tirania e das forças repressivas. Ordeno aos rebeldes que avancem sobre Santiago e Havana e proclamo a greve geral... O povo e os trabalhadores de Cuba devem se preparar imediatamente para começar amanhã, 2 de janeiro, a greve geral em todo o país, para ajudar os exércitos revolucionários e assim garantir a vitória total da revolução... O comandante Camilo Cienfuegos deve avançar com sua gloriosa coluna de invasão número 2 sobre Havana, para render o campo militar de Columbia e tomar o comando. O comandante Ernesto Guevara recebeu o cargo de chefe do campo militar de La Cabaña. Ele deve, consequentemente, avançar com suas forças sobre a cidade da Havana, rendendo ao passar as fortalezas de Matanzas...[12]

A estrada para Havana está aberta. O exército desiste do combate. Camilo Cienfuegos à frente e Che Guevara atrás entram numa capital em júbilo, enquanto Fidel Castro toma Santiago e a declara capital provisória, logo fazendo com que Manuel Urrutia seja eleito para a presidência de Cuba e tornando-se primeiro-ministro do governo revolucionário.

O SABOR DA VITÓRIA

A morte, sempre a morte

El Vaquerito... O rosto de *El Comandante* torna-se sombrio diante da lembrança do pequeno Puck e de todos os companheiros mortos que haviam dado a vida por uma ideia. Não se matam ideias, dizia o tenente Pedro Sarría. O Che está convencido disso. Mas os homens precisam morrer para que suas ideias sobrevivam. Ele ainda se lembra da dor que sentiu ao anunciar ao povo cubano a morte gloriosa do capitão Roberto Rodríguez, chamado El Vaquerito, que tinha "o espírito de um adolescente e o tamanho de uma criança".

Ele às vezes sente falta de acreditar num céu. Ele gostaria de imaginar o pequeno Puck e todos os seus companheiros mortos em combate sentados nos ombros do Cristo de Havana, contemplando junto com ele aquela cidade-arlequim de cores que despertam ao nascer do sol, ouvindo o riso das crianças a caminho da escola, confiantes no futuro. Gostaria que eles soubessem que não morreram em vão.

Sente um peso terrível sobre os ombros, uma grande responsabilidade, não apenas em relação aos que vivem, mas também em relação aos que morreram pela liberdade dos demais. Ele bem que gostaria, depois de cumprir sua tarefa e depois da libertação de Cuba, de percorrer novos horizontes. Mas é preciso construir. Fidel ainda precisa do Che. Sem dúvida sentiu dentro dele aquela necessidade visceral, irresistível de mudança. Talvez aquele seja um dos motivos que o levaram a confiar ao Che uma pequena volta ao mundo pelos países não alinhados. Fidel, como bom cavaleiro e condutor de homens que era, compreendeu a natureza daquele cavalo indômito. Precisava soltar as rédeas, deixá-lo galopar para melhor retomá-las quando necessário. *El Comandante* finalmente poderia realizar um dos sonhos mais antigos de Ernesto: viajar mundo afora, e conhecer Paris.

É Ernesto, mais que o comandante Che Guevara, quem desce a colina de La Cabaña ao volante do Studebaker na companhia de El Patojo para pegar o avião rumo ao Cairo via Madri. Ele escreve à mãe:

> Minha velha querida,
> Meu antigo sonho de visitar essas paragens se realiza de uma maneira que supera todas as minhas expectativas. Falando sobre problemas políticos e econômicos, participando de festas em que a única coisa que me incomoda é ter que usar um smoking e não poder desfrutar de meu grande prazer que seria ir sonhar à sombra de uma pirâmide ou sobre o sarcófago de Tutancâmon...[1]

Se não fosse El Patojo, poderia ter sido Alberto ou Calica. Aleida não, com certeza. É enquanto celibatário, como um solitário acompanhado, que ele concebe viajar. Partir, partir, abandonar o que se tem de mais precioso, levar apenas o essencial.

> Alguma coisa de fato se desenvolveu dentro de mim no sentido do coletivo em oposição ao individual; continuo sendo o mesmo solitário de antes, buscando meu caminho sem auxílio algum, mas agora tenho consciência de meu dever histórico. Não tenho casa, mulher, filho, nem pais, irmãos ou irmãs, meus amigos são meus amigos enquanto eu os sentir próximos de mim politicamente, e estou feliz, sinto alguma coisa em minha vida, não apenas essa força interior que sempre senti, mas também o poder de influenciar os outros, e um extraordinário senso de minha missão, que me tira qualquer medo.[2]

Os dois vultos à contraluz se delineiam sobre o pastel brilhante da cidade policromática. Seu 1 metro e 73 de altura o faz parecer um gigante ao lado de El Patojo, pouco maior que o duende El Vaquerito. Mesmo admirando os gigantes (Fidel, ex-jogador de basquete na universidade, tem 1 metro e 92), ele sente uma afeição especial pelas pessoas pequenas, pelas coisas pequenas, pelos cachorros pequenos. Dom Quixote, embaixador muito especial de Cuba, parte em viagem com seu Sancho Pança.

Ele parte rumo ao Terceiro Mundo, o Terceiro Estado do mundo, o tudo que não é nada, "homem forte e robusto que tem um braço acorrentado... esse nada que gostaria de ser alguma coisa", como dizia o abade Sieyès. Como um tribuno da Revolução Francesa, ele acredita que é chegado o momento da nobreza do mundo dividir seu quinhão com todos os que não são nada. Mas isso não aconteceria sem lutas. "O Terceiro Estado", dizia Sieyès, "voltará a ser nobre ao se tornar conquistador por sua vez". E para isso era preciso se unir, e para se unir era preciso se conhecer, ser conhecido. Mais do que nunca, o Che se sente, à frente de seu tempo, um cidadão do mundo. Informação, essa era a chave. "Um homem informado é um cidadão; mal informado, ele é um sujeito", dizia Alfred Sauvy, que havia acabado de inventar, em 1952, o conceito de Terceiro Mundo.

Essa primeira volta ao mundo é exatamente como Ernesto sonhava (e que o Che realiza): um ato de conhecimento e aprofundamento de si. Mas de conhecimento compartilhado: tornar-se conhecido para conhecer, conhecer para reconhecer. Tornar a revolução cubana conhecida para fazê-la ser reconhecida aos olhos do mundo e, assim, entrar para a família que deve se reconhecer como um gigante único.

Para representar Cuba e sua revolução, escolher um argentino, ainda que um *Cubano más* ("um cubano a mais"), como se dizia, pode parecer estranho à primeira vista: na verdade, trata-se de uma formidável sacada de publicidade. Com essa dupla nacionalidade, continental e caribenha, o Che representa a América Latina em sua diversidade. A aparência marcial do jovem sedutor de olhar profundo, fardado, atesta um "aqui tem", como se diz na linguagem dos machos. Ele é a força de uma jovem nação de sorriso zombeteiro erguendo olhos desafiadores aos líderes do mundo. Além disso, ele sabe falar, não se deixa impressionar, é moderno e poliglota. Decididamente, não haveria melhor embaixador da revolução.

Ironia do destino, Ernesto, médico argentino, e El Patojo, engenheiro guatemalteco, que no embarque do *Granma* haviam sido rejeitados pelos cubanos como estrangeiros (sem a intervenção de Fidel, Ernesto teria, como El Patojo, ficado para trás), são escolhidos representantes de Cuba libertada. O engenheiro ajudará o Che a compreender com precisão as tecnologias utilizadas nas indústrias dos países visitados. Ele também é acompanhado por toda uma comitiva de especialistas, pois é preciso voltar com informações e análises para reerguer e reorganizar a indústria e a agricultura de Cuba. E também, nervo da guerra, abrir mercados, vender açúcar, comprar armas, obter apoios diplomáticos em caso de conflito com os ianques...

No Cairo, o Che é recebido de braços abertos por Nasser, seu herói, que havia enfrentado o imperialismo franco-inglês ao nacionalizar o canal de Suez, em 1956. A admiração, ao que parece, é recíproca.

Na Índia, sentado entre Nehru e sua filha Indira Gandhi, ele fará uma pergunta direta ao primeiro-ministro:

– Sr. primeiro-ministro, qual sua opinião sobre a China comunista?
– Sr. comandante, o senhor experimentou essas deliciosas maçãs?
– Sr. primeiro-ministro, já leu Mao Tsé-Tung?
– Ah, sr. comandante, como estou feliz que tenha gostado das maçãs.[3]

Além de o "senhor comandante" não se sentir muito à vontade com o conceito de não violência pregado por Gandhi e Nehru, é preciso reconhecer mais uma vez que ele tampouco se sente à vontade com o conceito de diplomacia.

Em Jacarta, ele é informado por seu compatriota, o embaixador da Argentina, a respeito dos escândalos da vida sexual bastante desenfreada do presidente indonésio Sukarno, que tem um verdadeiro harém composto por mulheres de todas as nacionalidades, entre as quais uma russa magnífica, que é seu grande trunfo. Quando este o faz visitar seu palácio, mostrando-lhe orgulhosamente sua coleção particular de obras de arte, o Che lhe diz: "Bem, senhor Sukarno, em toda essa visita ainda não vimos a bela russa que, ao que parece, é a joia de sua coleção".[4] O intérprete engasga. Felizmente, Sukarno não conhecia nenhuma palavra de espanhol.

No Japão, onde ele se maravilha com as tecnologias utilizadas em indústrias como Mitsubishi e Toshiba, perguntam-lhe se quer visitar o túmulo do soldado desconhecido da Segunda Guerra Mundial. Proposta que o ofende e à qual ele responde enfaticamente: "Nem pensar em prestar homenagem a um exército imperialista que matou milhões de asiáticos. Prefiro visitar Hiroshima, onde os americanos mataram cem mil japoneses".[5] Hiroshima não estava no roteiro de sua visita. Pouco importa: ele foge do hotel e vai visitar a cidade mártir, de onde envia o seguinte cartão-postal a Aleida:

> Minha querida,
> Hoje escrevo de Hiroshima, onde a bomba foi lançada. No estrado que você pode ver estão os nomes de mais de 78 mil pessoas mortas, o número total é estimado em 180 mil. É bom visitar esse lugar, que nos dá ainda mais energia para lutar pela paz.
> Um beijo,
> Che.[6]

Ele encerra sua volta ao mundo na Palestina, onde é recebido por uma verdadeira ovação. Volta ao Marrocos para reafirmar seu apoio à guerra de descolonização da Argélia e, depois de encontrar-se com Tito na Iugoslávia, "essa coisa cercada por sete países, com seis repúblicas, cinco nacionalidades, quatro línguas, três religiões, dois tipos de escrita, e que constitui uma nação"[7], expressa toda a sua admiração por aquele que ousou enfrentar Stálin. Ele volta no dia 8 de setembro de 1959 para Havana, onde nesse ínterim muita coisa havia acontecido.

Mas o Che felizmente reencontra o amigo René Depestre, a quem Fidel pedira *in extremis* que anulasse a missão a Porto Príncipe, pois depois da derrota dos dominicanos seria suicídio.

Nesse momento, Trujillo aproveitou para preparar um contra-ataque ao velho inimigo Castro. Ele organizou um exército de mercenários formado por 150 espanhóis, cem cubanos, alemães, croatas e gregos. À frente dos cubanos anticastristas estava o grande inimigo do Che: Ángel Sánchez Mosquera. Aquela legião primeiro persegue os sobreviventes da invasão fracassada a Santo Domingo, depois se prepara para atacar Cuba com a ajuda dos norte-americanos, informados por Pedro Luis Días Lanz a respeito da infiltração dos comunistas no exército cubano. Pedro Luis Días Lanz, piloto emérito que Castro havia nomeado chefe da aviação cubana, após múltiplas declarações anticomunistas que colocavam este último em maus lençóis com seu aliado PSP, havia sido licenciado e substituído por Almeida.

O presidente Urrutia fizera então um pronunciamento na televisão, no qual opunha-se às alegações de Pedro Luis Díaz Lanz e afirmava seu anticomunismo.

Fidel, que naquele momento não podia ficar sem o apoio do PSP e menos ainda da possível aliança com o bloco comunista contra a ameaça ianque, achou que seria a ocasião ideal para destituir aquele que ele mesmo havia empossado e que se tornava inútil, e inclusive incômodo, para sua estratégia política. Sobretudo porque Urrutia começava a irritá-lo seriamente e a prejudicá-lo com sua rigidez e sua intransigência moral. Fidel estava cansado de ter milhares de prostitutas cubanas batendo à sua porta para se queixar que Urrutia queria proibir a prostituição e fechar os bordéis. Cansado de receber hordas de funcionários de cassinos porque as casas de jogos tinham sido fechadas. Ele não queria ter nas mãos todos aqueles desempregados que inchariam ainda mais o número dos sem trabalho. Fidel criaria a loteria nacional e os utilizaria como empregados do Estado. Quanto às mulheres da zona, melhor que elas voltassem para a rua ou para os seus bordéis. Ele fecharia os olhos.

Ele pegou então Urrutia de surpresa denunciando sua atitude, que romperia com "a unidade revolucionária", e acusando-o de estar de conluio com o traidor Días Lanz. Este fora embora de maneira teatral. Haviam-no chamado de volta, é claro, e ele havia "consentido" em voltar, enquanto Urrutia estava prestes a sair. Sentindo-se em perigo, este pediu asilo à embaixada da Venezuela, disfarçado de leiteiro.

Em Santo Domingo, preparava-se ativamente o ataque da "legião anticomunista", nome dado ao batalhão de mercenários. Mas eles cairiam na armadilha preparada por Fidel: um norte-americano fidelista, William Morgan, e o antigo comandante do Segundo Front, Eloy Gutiérrez Menoyo, se apresentaram a Trujillo como traidores potenciais, dispostos a ajudá-lo a derrubar Castro. Depois o chamaram para dizer-lhe que estavam prontos para receber a legião anticomunista em Cuba na base de Trinidad. Depois do pouso, os homens de Trujillo se depararam com um comitê de recepção potente e zombeteiro, com Fidel à frente, divertindo-se com essa devolução ao remetente. Trujillo, que havia emboscado os guerrilheiros enviados a Santo Domingo, traidor traído, havia sido emboscado por sua vez.

É portanto numa atmosfera de contrarrevolução que o Che volta a Cuba, e Fidel não fica descontente em reencontrá-lo, tanto mais que ele instauraria a reforma prometida aos camponeses. Para fazer isso, ele o nomeia diretor do INRA, Instituto Nacional da Reforma Agrária, em 7 de outubro de 1959. Reforma contra a qual Huber Matos, que se tornara comandante de Camaguey, se insurge.

Aquele professor, que vinha de uma grande família de proprietários de terra, não admitia o viés anticapitalista que a revolução adquirira, principalmente porque se via espoliado pela reforma que redistribuiria a terra cedendo-a gratuitamente aos que a trabalhavam. Em 17 de outubro, quando Fidel nomeia Raúl, de 28 anos, ministro das Forças Armadas, Matos decide denunciar a influência dos comunistas junto a Fidel Castro e pede demissão em 20 de outubro, ao lado de vinte oficiais, escrevendo a Fidel:

> Não quero me tornar um obstáculo para a revolução. Tendo que escolher entre adaptar-me e pedir demissão para evitar o mal, creio que o honesto, e mesmo revolucionário, é partir... Só posso conceber o triunfo da revolução numa nação unida.

> Desejando-lhe sucesso em seus esforços... Continuo sendo seu camarada.[8]

Uma catástrofe para Fidel. Pois, além do fato de um comandante e vinte oficiais se exonerarem em grupo e causarem desordem no exército, os norte-americanos tiram proveito da ocasião para agir, ainda que secretamente. A reforma agrária pensada por Fidel Castro em colaboração com Guevara, lei central e fundamental que ele chama de "noiva da revolução", é mais radical do que o Che poderia imaginar, deixando-o surpreso. O Che, por sua vez, havia sido mais prudente, tendo vivido a própria experiência guatemalteca quando os norte-americanos tinham defendido as propriedades da United Fruit. Como dissera Castro, "certas propriedades cubanas nas mãos dos estrangeiros estendiam-se por não menos de duzentos mil hectares. Sociedades americanas possuíam grandes centrais açucareiras e gigantescas extensões de terra... A própria ideia de reforma agrária, radical ou não, era inaceitável para um país, os Estados Unidos, cujas empresas detinham as melhores terras açucareiras de Cuba".[9]

Furioso, Fidel, que havia chamado Pedro Luis Díaz Lanz de "filho da puta" quando de sua demissão, vai em pessoa até Huber Matos, seguido de Camilo Cienfuegos, e manda detê-lo. Matos recebe vinte anos de prisão. Voltando a Havana, Fidel encarrega Camilo de cuidar, por certo tempo, da guarnição de Matos.

Em 26 de outubro, Camilo quer voltar para Havana. Ele está com pressa. O tempo está horrível, mas ele pede ao piloto que decole mesmo assim. O avião desaparece no meio da tempestade. Perde-se o sinal do Cessna, do piloto e de Camilo. Depois de vinte dias de buscas intensivas feitas pelo exército, que esquadrinha mar e terra, conclui-se pela morte de Camilo Cienfuegos. O Che fica arrasado. Ele perde um amigo muito querido.

Rumores se espalham. Buscam-se culpados: reação habitual diante do inaceitável. Mas reação também da oposição, que afirma que Castro é o responsável e que, "se não foi ele, foi seu irmão", Raúl. Evoca-se o motivo de uma suposta aliança entre Camilo e Matos, que o teria tornado perigoso, evoca-se o ciúme dos dois irmãos diante da imensa popularidade do jovial Cienfuegos. Bem analisadas, nenhuma dessas hipóteses se sustenta por muito tempo. Não há razão alguma para que aquele filho do povo de Cuba, que pensava à esquerda, que se aproximara dos comunistas do PSP, que lutava com garra contra os opositores da revolução, amigo íntimo do Che, cujo comunismo era publicamente notório, tenha subitamente se aliado a um anticomunista visceral, filho de grandes proprietários, por quem não nutria amizade alguma. Por outro lado, Raúl havia acabado de ser nomeado ministro dos Exércitos, cargo que Camilo poderia ter legitimamente almejado. Teria ele então, por despeito, tomado o partido dos contrarrevolucionários? É pouco verossímil. A fidelidade de Camilo aos Castro e à revolução era impecável, e apesar de grande guerreiro, dotado de uma inteligência acima da média, lúcida e modesta, ele sabia que não tinha a educação ou a cultura política necessárias a um cargo como aquele. Por fim, quanto aos riscos de sua imensa popularidade, se Camilo era de fato adulado em Cuba, o Che e Fidel não o eram menos, e nenhuma pessoa sensata acreditaria que ele tinha a capacidade política de tomar o lugar dos dois gigantes.

No entanto, diante do aumento dos rumores, Fidel e o Che precisaram se manifestar. Eis a homenagem do Che a Camilo em *A guerra de guerrilhas*, que este último deveria ler e corrigir, e a quem o livro é dedicado:

> Camilo foi o companheiro de cem batalhas, o homem de confiança de Fidel... Camilo praticava a lealdade como uma religião: lealdade para com Fidel, que encarna como ninguém mais a vontade do povo, e lealdade para com o próprio povo. A estima que esse guerrilheiro invencível sentia por um e outro era tão forte quanto o laço que unia Fidel a seu povo. Quem o matou? Seria melhor nos perguntarmos "quem liquidou seu ser físico", pois homens como Camilo sobrevivem, depois da morte, no povo. Sua vida não acaba enquanto o povo não autorizar.

O inimigo o matou, ele o matou porque queria sua morte. Não existem aviões totalmente seguros, porque os pilotos não são infalíveis, e aqui às vezes falta treinamento. Extenuado, ele queria passar algumas horas em Havana... Seu caráter o matou. Camilo não media o perigo: ele o utilizava como um brinquedo, brincava com ele, excitava-o, cortejava-o e toureava-o; para sua mente de guerreiro, uma simples nuvem não iria desviá-lo da linha que ele seguia... Em sua imutável e eterna renovação, Camilo é a imagem do povo.[10]

O artista e o camponês

Para preencher sua nova função de diretor do INRA, o Che volta a trabalhar com El Patojo, alojado na casa do casal Guevara-March. Trio de trabalho intensivo, dia e noite, pois Aleida tornara-se sua secretária. Sartre, depois de uma visita, escreve:

> Não sei quando descansa Guevara; quando descansam seus camaradas. Depende, suponho; o rendimento decide; se cai, eles param. De todo modo, se buscam em suas vidas horas vagas, é normal que as arranquem primeiro dos latifúndios do sono. Imaginem um trabalho contínuo, em três turnos de oito horas, mas realizado há catorze meses por uma única equipe; eis o ideal daqueles jovens, quase alcançado; em 1960, as noites são brancas em Cuba. Ainda se distinguem dos dias, mas por cortesia e consideração ao visitante estrangeiro.[1]

Sua missão é fundamental, ocupando o centro de suas preocupações e também o centro do novo dinamismo econômico. Ela abarca todas as dimensões econômicas, sociais, industriais e constitui a pedra angular da balança comercial. A reforma agrária multiplica a exploração agrícola e gera uma nova demanda por equipamentos. O aumento do poder de compra dos cubanos, graças à diminuição do preço dos aluguéis e do aumento dos salários, suscita a compra de produtos de todo tipo e desenvolve a importação, que deve ser sustentada por um crescimento da produção e da exportação, sobretudo de produtos agrícolas e de açúcar, a safra que, em Cuba, constitui "o nervo da guerra". A nomeação do Che para a direção do INRA é muito mais importante do que pode parecer à primeira vista, pois praticamente o transforma num ministro da Economia. Essa economia, reestruturada pela reforma agrária, leva-o a colocar em ação sua filosofia do desenvolvimento a partir dos campos.

O contato com os camponeses da Sierra o levara a pensar muito sobre os meios de prestar-lhes justiça, de colocar suas habilidades e sua energia a serviço da revolução e do desenvolvimento de Cuba, onde a agricultura é a principal riqueza. Esses meios devem se alinhar ao caráter, à cultura, ao desejo, às competências e à inteligência específica do camponês, que ele acaba por compreender e respeitar, e mesmo admirar:

> Os soldados que constituíram nosso primeiro exército de guerrilha de camponeses vinham da porção dessa classe social que demonstra quase agressivamente seu desejo de posse da terra, que melhor expressa o espírito chamado "pequeno-burguês"; o camponês luta porque quer a terra, para si mesmo, para seus filhos; ele quer geri-la, vendê-la e enriquecer com seu trabalho.
> Apesar de seu "espírito pequeno-burguês", o camponês rapidamente aprende que não pode saciar seu desejo de possuir a terra sem romper o sistema de propriedade dos latifúndios. Uma reforma agrária radical que dê a terra aos *campesinos* choca-se diretamente com os interesses dos imperialistas, os grandes proprietários de terras e os magnatas do açúcar e da pecuária...[2]

Uma reflexão central para suas ideias políticas, sociais, econômicas e militares. A mudança social pressupõe, mas não apenas isso, uma refundação dos elementos econômicos. Estes só podem se desenvolver por meio de uma política ambiciosa e radical levada às consequências mais radicais, ou seja, uma guerra possível com as grandes potências econômicas que não deixarão de reagir diante do ataque a seus bens, poderes e propriedades.

O Che afirma que na América Latina, tanto quanto nos ditos países de Terceiro Mundo, e globalmente nos países pouco industrializados, a ponta de lança de uma revolução não é o proletariado, como afirma o marxismo dogmático, mas o campesinato. Este detém a força de produção e deseja possuir os meios de produção. Ele também é o braço armado da guerrilha, que, sozinha, não poderia existir, pois ela necessariamente precisa se implantar num terreno do qual se conhecem os elementos por meio de um saber adquirido e transmitido de geração em geração, por meio do trabalho cotidiano desenvolvido junto a essa natureza, que possui os meios de subsistência necessários à sobrevivência do guerrilheiro. Assim, o guerrilheiro deve desenvolver uma relação de simpatia e apoio mútuo com o camponês, para aos poucos fundir-se a ele, o próprio camponês se tornando um possível guerrilheiro. Aquele faz isso porque compreende que este trabalha a seu favor. O camponês se mobiliza e se motiva tendo em vista o objetivo essencial da propriedade da terra. Por isso a primeira ação que o Che acredita necessária, para além da visão global de reestruturação da economia, é a satisfação de seu desejo: "As grandes reivindicações dos camponeses devem ser satisfeitas na medida do possível".[3] Depois de realizada a revolução, ele volta à sua terra para usufruir por si mesmo do produto que ele instituiu ao largar a enxada para pegar um fuzil. "O camponês que era o centro, a medula do exército rebelde, é o mesmo que volta para a Sierra Maestra, proprietário orgulhoso de seu pedaço de terra e intensamente individualista"[4], ele também afirma. Todos os camponeses de sua "América maiúscula" estão, fundamentalmente, apesar das diferenças culturais, ligados por um mesmo sentimento: "o desejo da terra". Assim, o guerrilheiro "se servirá da reforma da propriedade agrária como base das reivindicações sociais... o guerrilheiro é, acima de tudo, um revolucionário agrário".[5]

Além de satisfazer o camponês, a reforma agrária tem o objetivo de lutar contra o subdesenvolvimento, que, segundo ele, é "um anão com uma cabeça enorme e um peito potente (mas com membros curtos), produto monstruoso de uma malformação que alterou seu desenvolvimento".[6] Assim, não se deveria dizer subdesenvolvido, mas mal desenvolvido. Para alguns, devido à especialização das matérias-primas, que desequilibra a economia e leva os povos à fome; para outros, como em Cuba e sua monocultura, devido a todas as coisas que tornam esses Estados dependentes e à mercê dos mercados e dos grandes trustes internacionais. Pois eles também são países de monomercados divididos pelo único responsável a seus olhos: o imperialismo.

> Ele nos dividiu em produtores de café, de cobre, de petróleo, de estanho, de açúcar, e ele também nos dividiu em países que lutam por um mercado num único país, baixando constantemente os preços para poder com mais facilidade acabar com esses países um por um.[7]

Assim, o açúcar como monocultura quase exclusivamente ligada ao mercado norte-americano é tanto a força quanto o calcanhar de Aquiles de Cuba. Desenvolver a economia pressupõe desenvolver a indústria do açúcar e vendê-lo prioritariamente àqueles que, antes da reforma agrária, controlavam a produção e a venda e foram despossuídos.

Consciente do perigo que isso representa, o Che, durante a viagem para os países não alinhados, tenta abrir novos mercados. "O povo que quer morrer vende para um único povo, e aquele que quer se salvar vende para vários"[8], ele diz parafraseando Martí. Cuba também assina tratados comerciais com a URSS. Em 13 de fevereiro, os dois países tornam públicos os termos de seus contratos: quinhentas toneladas de açúcar em 1960, um milhão de toneladas nos quatro anos seguintes. Esse contrato é acompanhado por uma abertura turística de cubanos em terras soviéticas. Em três semanas, mais de cem mil cubanos poderão visitar a URSS e maravilhar-se com suas usinas, seus equipamentos industriais, esportivos, culturais e com uma réplica do Sputnik. Enquanto isso, aviões vindos dos Estados Unidos bombardeiam os campos de cana de açúcar e os incendeiam. Um desses aviões cai e descobre-se nos cadáveres documentos de cidadãos americanos. Não restam dúvidas. Dulles, o chefe da CIA, o mesmo que organizara o ataque à Cidade da Guatemala, está por trás dos ataques às plantações de cana, mas, segundo o Che, esse não passa de um objetivo terrorista que visa a desestabilizar o regime, circunscrito a pequenas zonas. Ele não acredita que eles queiram acabar com toda a produção açucareira, pois precisam dela. Está enganado. Os acontecimentos futuros o desmentirão.

Outra preocupação, mais pessoal, ameaça a tranquilidade do Che, já bastante solicitado porque acabam de confiar-lhe a presidência do Banco Nacional de Cuba: o conflito crescente entre Aleida e Hilda.

Hilda trabalha no INRA, um andar abaixo do dele, ocupando-se dos camponeses cujas terras e casas foram incendiadas durante a guerrilha. A pequena Hildita visita o lugar com frequência; portanto, passa de um andar a outro para ver os pais e cruza regularmente com Aleida. O Che, que tem a consciência pesada, faz o possível para dar-lhe atenção. Aleida, porém, dona de um célebre ciúme, desconfia que Hilda esteja tentando reatar com o marido por meio da filha. Hilda, por sua vez, sob os olhos de outra secretária, diz-lhe horrores daquela que lhe "roubou" o marido, e Aleida critica constantemente a mesma secretária por dar ouvidos às maledicências da peruana. A coitada, acuada entre duas megeras, pede demissão. O Che, exasperado, um dia sai de seu gabinete gritando: "Eu não deveria ter me divorciado!".[9] Uma verdadeira novela é encenada no INRA, do qual ele se distancia para trabalhar no Banco Nacional, na rua Obispo, a nove quilômetros de distância.

O Che, presidente do Banco Nacional; surpreendente da parte de um homem que condena o dinheiro e despreza as questões financeiras – uma característica familiar. Ele havia recusado, aliás, os mil dólares de salário mensal, oferecidos a ele enquanto presidente do banco, para ficar com os 250 dólares de seu soldo de comandante. Uma piada que se torna famosa explica como ele teria sido nomeado por engano ao cargo: durante uma reunião do comitê de direção da revolução, Fidel havia perguntado: "Temos algum economista na sala?". O Che levantara a mão porque havia entendido: "Temos algum comunista na sala?".

Ele não sabe nada do mundo das finanças. Não importa, ele aprenderá. Fidel precisa naquele cargo de um homem de confiança e de grande integridade, capaz tanto de aprender quanto de impor suas visões sociais e políticas sobre as questões financeiras.

O Che cerca-se de um pequeno grupo de economistas vindos do Chile e do Equador. Ele estuda economia sem parar, com um mexicano, Juan Noyola, e matemática com o dr. Vilaseca, a quem pede que seja o administrador do banco. Ele mergulha com assiduidade na leitura de Marx, especialmente *O capital*, que ele nunca havia terminado, pois "quem não conhece *O capital* não pode se dizer economista na plena e honorável acepção do termo".[10] Além das ideias, ele quer conhecer o homem Marx, sua vida, seu companheirismo com Friedrich Engels, dimensão à qual ele atribui grande importância, e sua relação com as mulheres. Talvez ele busque um pouco de si mesmo no pensador admirado. Ele se interessa particularmente por sua esposa, Jenny de Westphalie:

> Mesmo que ela não ocupe o lugar de Engels, é impossível ocultar, se quisermos relatar a vida de Marx, ainda que de modo sucinto, a mulher extraordinária que ela foi, a companheira de toda a sua vida adulta e à qual ele só sobreviveu um ano... Podemos dizer [dessa mulher vinda da pequena nobreza alemã] que ela perdeu tudo de uma só vez ao ligar-se de maneira indissolúvel ao revolucionário intransigente e sem concessões que era Marx.[11]

E ele literalmente se projeta no personagem do filósofo alemão:

> Marx sempre foi, não devemos esquecer, um indivíduo humano, até a sublimação. Ele amou a mulher e os filhos com uma ternura única, mas precisou colocar à frente deles a obra de sua vida. Esse pai e marido exemplar viveu dolorosamente o fato de que seus dois amores, a família e o engajamento a serviço do proletariado, fossem tão inconciliáveis... Esse homem tão humano, cuja capacidade de ternura se estendera a todos os que sofrem mundo afora, levando-lhes uma mensagem de combate e de otimismo inabalável, foi desfigurado pela História até se transformar num ídolo de pedra.[12]

É justamente essa dimensão vital e sensível que ele busca em Marx, por trás do ídolo de pedra, e que lhe permite reencontrar o sentido de um pensamento em movimento antes de ser fixado pelos intérpretes escultores de dogmas. Ele busca o pesquisador e o inventor, aquele que se arriscou para além dos domínios conhecidos, o conquistador que, avançando, desbravou a selva de uma velha filosofia que sufocava o próprio pensamento nas tranças dos laços de causalidade e nos volumes sedimentados das antigas certezas.

Recorrendo às análises do filósofo Louis Althusser, que ele lê muito, Che faz, por sua vez, uma releitura de Marx. Este lhe permite encontrar a luz que ilumina seu próprio caminho. Caminho indissociável, naquele momento, do caminho de Cuba, mas que, mais além, se projeta sobre a América Latina e desemboca numa utopia do mundo a ser transformado. Mas mudar o mundo também significa mudar o homem, coisa que não soubera fazer Stálin, que ele critica violentamente: "O terrível crime de Stálin: ter desprezado a educação e instaurado o culto ilimitado à autoridade".[13]

Ele mergulha nas obras dogmáticas que chegam da URSS, esquadrinha e critica o que dizem, ponto por ponto. Esse, aliás, é o objeto de suas "notas de economia política", que ele publica depois de trabalhá-las e ordená-las em Praga, no Congo e na Tanzânia, durante longos dias de espera e ociosidade.

A título de exemplo, numa reação ao capítulo XVI do manual de economia política da Academia de Ciências da União Soviética, onde ele lê que "Na luta de libertação dos povos do mundo colonial, o proletariado desempenha um papel cada vez maior enquanto dirigente reconhecido das grandes massas do campesinato e de todos os trabalhadores. Os interesses do movimento proletário nos países desenvolvidos do ponto de vista capitalista e do movimento de libertação nacional nas colônias impõem a união dessas duas formas de movimento revolucionário numa frente única de luta contra o inimigo comum, contra o imperialismo", o Che explode:

> Falso, ultrafalso! Não existe ponto de contato entre as massas proletárias dos países imperialistas e as dos países depen-

dentes; tudo contribui a separá-las e a criar antagonismos entre elas. [...]
A escala é a seguinte: os proletários dos países imperialistas recebem migalhas da exploração colonial e tornam-se cúmplices dos monopolistas; os operários dos países dependentes recebem um salário várias vezes inferior, mas ainda assim um salário, com certa segurança empregatícia, enquanto se exerce sobre o mercado de trabalho a pressão de numerosos camponeses sem terra e classe; os camponeses desses países são despossuídos de suas terras para a criação da propriedade latifundiária, que os coloca no mercado da mão de obra; a economia natural desaparece e nada a substitui, eles são os verdadeiros pobres na grande maioria dos países. A força revolucionária reside neles.[14]

Essas ideias, que ele mais tarde colocará em ordem no papel, já existem e são colocadas em prática em sua dupla função de presidente do Banco Nacional e de diretor do INRA, uma nova via de desenvolvimento econômico que se afasta da linhagem do marxismo ortodoxo. Mas, apesar de ainda ter certas ilusões a respeito da URSS, ele procura evitar para Cuba aquilo que vê como um fracasso do socialismo: a desqualificação do papel determinante do indivíduo, sua redução à obediência pelo poder do Estado, e do papel da educação e da cultura como meios de emancipação, ou seja, do que é extensivo à sua liberdade, o desenvolvimento da capacidade crítica do indivíduo. Toda mudança fundamental da estrutura social e econômica deve passar pela consideração do elemento individual.

É preciso, portanto, debruçar-se sobre o indivíduo, suas motivações, sua sensibilidade, sua imaginação, sua capacidade de "viver junto", de inscrever-se no todo de uma sociedade que avança. Para isso, é preciso criar as condições para a emergência de um novo homem que compreende e adere ao fato de que ele é parte de um todo, um homem que vive sua parte de maneira voluntária, criativa e singular nesse todo cujo avanço em parte depende dele. Um indivíduo que tenha o senso político de sua responsabilidade e de seu engajamento. Nesse ponto, ele diz o mesmo que Sartre.

"É preciso dedicar uma grande parte do rendimento nacional para os investimentos ditos improdutivos da instrução."[15] Desenvolver a arte, a cultura, a poesia e a educação, e jogar fora os velhos manuais do marxismo ortodoxo que começam a poluir as mentes. Para isso ele chama o amigo René Depestre, que justamente fora procurá-lo – porque, há dois meses nomeado para o ministério de Assuntos Estrangeiros, ele não aguentava mais. Ele era jogado para escanteio. Não lhe deviam a responsabilidade sobre nenhum dossiê, não o convocavam para as reuniões importantes, ignoravam-no. Quem o via no ministério, composto unicamente por brancos, achava que ele era o ascensorista. Ninguém entendia o que um negro estava fazendo ali. O racismo, quase congênito em Cuba devido à sua história, perdurava apesar da revolução. Fidel e Che têm total consciência dele. Durante seu discurso na Universidade Central de Las Villas, em 28 de dezembro de 1959, o Che afirma em alto e bom som a absoluta necessidade de se combater o racismo, em primeiro lugar através da educação:

> O que direi à Universidade a respeito de sua função essencial nesta nova Cuba? Direi que ela deve se tingir de negro, de mulato, não apenas no que concerne aos alunos, mas também aos professores, que ela deve se tingir de operários, de camponeses, de povo, porque a Universidade não é patrimônio de ninguém, ela pertence ao povo de Cuba.[16]

Mas essa luta será longa; Fidel Castro, porém, admite inúmeros avanços:

> A ciência demonstra sem sombra de dúvida a igualdade intelectual real entre todos os seres humanos, mas mesmo assim a discriminação perdura.
> Para nós, revolucionários, lutar contra a discriminação racial é um princípio sagrado... Éramos ingênuos demais para crer que bastaria decretar a igualdade total e absoluta perante a lei para pôr um fim à discriminação. Pois há dois tipos de discriminação: uma subjetiva e outra objetiva... Seríamos um exemplo de vaidade, de chauvinismo e de autossatisfação se

> disséssemos que estamos satisfeitos nesse aspecto. Mesmo numa sociedade como a sociedade cubana, resultante de uma revolução social radical em que o povo alcançou uma igualdade total, em que o nível de educação política venceu a componente subjetiva da discriminação, esta persiste sob uma forma diferente. É o que chamo de discriminação objetiva, ligada à pobreza e ao monopólio histórico dos saberes...[17]

A cultura e a educação são os dois instrumentos determinantes da luta contra as desigualdades sociais e o racismo. Não é por acaso, portanto, o fato de o Che entregar a um negro, um haitiano, homem letrado, um projeto para desenvolvê-las em vista da emancipação do indivíduo. Mas que cultura e que educação? "Vamos nacionalizar o principal jornal, *El Diario de la Marina*, para transformá-lo em editora. Você usará uma farda para tomar esse jornal em nome da revolução, e será o principal conselheiro dessa futura editora, junto ao diretor, que será cubano. O primeiro título que você editará será o *Dom Quixote*, e você escreverá o prefácio e imprimirá cem mil exemplares. Será um feito cultural importante para marcar nosso território".[18]

Esse *Dom Quixote*, vendido a preço simbólico, foi um sucesso. Foi preciso, depois disso, desenvolver uma linha editorial baseada nos grandes autores da literatura mundial. Com a ajuda do amigo e escritor cubano Alejo Carpentier, ele organiza a lista de títulos apresentada ao diretor da editora. Nesse ínterim, porém, os comunistas do PSP haviam colocado os stalinistas em todos os andares, inclusive na pessoa do próprio diretor, que se ofende com aquela lista de autores "burgueses", como Mann, Hemingway, Faulkner, London, Whitman, Sagan, Sartre, Camus, Baldwin..., em suma, todos os grandes autores passados e presentes da literatura mundial. Para o diretor e seu círculo, a educação do povo deve passar pela tradução ao espanhol dos livros pedagógicos russos e dos romances do realismo socialista. Ao ouvir isso, o Che fica furioso e ordena ao diretor que ouça René Depestre. O Che, opondo-se frontalmente às visões utilitaristas dos comunistas stalinistas, afirma a autonomia da arte e sua necessidade enquanto elemento fundamental de emancipação:

> Há muito tempo o homem tenta se libertar da alienação por meio da cultura e da arte. Ele morre diariamente ao longo das oito horas durante as quais preenche seu papel de mercadoria, para ressuscitar a seguir na criação artística... Ele defende sua individualidade oprimida pelo meio e reage diante das ideias estéticas como um ser único, cuja aspiração é manter-se imaculado.[19]

A arte do realismo socialista lhe causa arrepios, pois ela fecha o campo dos possíveis e determina regras para o jogo que, se forem respeitadas, permitem a obtenção de honrarias de um "macaco inventando piruetas, desde que ele não tente fugir da gaiola invisível".[20]

Existe, portanto, uma dimensão totalitária na visão stalinista, que afirma como encerrado o processo histórico de criação artística e fecha a arte sobre si mesma num suposto fim da História. A arte é movimento, questionamento permanente da sociedade. O Che sublinha o conflito necessariamente sem fim entre a forma e o conteúdo. O realismo socialista gostaria que a forma definisse, acabasse e encerrasse o fundo (ele leu com atenção o filósofo stalinista Lukács e seu pensamento estético).

> A cultura geral quase se transforma em tabu. Proclamam como o apogeu da aspiração cultural uma representação formalmente exata da natureza, esta se transformando a seguir numa representação mecânica da realidade social que se quer mostrar, a sociedade ideal quase sem conflitos ou contradições que se quer criar.[21]

É preciso, ao contrário, com uma real vontade de mudança da sociedade, recorrer aos artistas que, sendo criadores e, portanto, subversivos, trabalham a forma. Uma forma que questione o conteúdo de uma sociedade necessariamente conflituosa, pois o ideal não se realiza por decreto estético, não mais do que político. O dogmatismo estético e político não resolve os problemas e contribui para mascará-los.

Mas como não existem "grandes artistas que tenham ao mesmo tempo uma grande autoridade revolucionária [são os homens políticos que] devem assumir essa tarefa e tentar alcançar o objetivo principal: educar o povo".[22]

Nisso reside o problema, pois há um abismo cultural entre os artistas verdadeiramente criadores e aqueles que têm a tarefa de difundir a cultura à maioria. "Busca-se então a simplificação, colocar-se no nível da maioria, ou seja, daquilo que os funcionários compreendem. Aniquila-se a autêntica busca artística e o problema da cultura geral se reduz a uma apropriação do presente socialista e do passado morto (e consequentemente inofensivo). É assim que nasce o realismo socialista, sobre as bases da arte do século passado".[23]

Ora, a arte em si é revolucionária. Para permitir que de fato o seja, é preciso oferecer-lhe as condições para sua emergência. Consequentemente, "quanto mais ampliarmos o campo da cultura e as possibilidades de expressão, mais teremos chances de ver surgir artistas excepcionais".[24]

Compreende-se melhor a cólera do Che ao ficar sabendo da obstrução a René Depestre e a seu projeto editorial. Cólera que aumenta quando o mesmo diretor da imprensa nacional decide licenciar alguns escritores homossexuais com que o poeta haitiano, entre outros, se cercara: "Você não tem que se meter na braguilha dos colaboradores de René".[25]

O Che se dedica dia e noite a pesadas tarefas de remanejamento interno e desenvolvimento cultural, econômico e social, mas continua sendo o militar que conhecemos. Em momento algum ele pode soltar as armas, pois a contrarrevolução avança.

O dólar na ponta do fuzil

Em 4 de março de 1960, o navio francês *La Coubre*, que transporta armas e munições provenientes da Bélgica, explode no porto de Havana durante o desembarque, fazendo mais de cem mortos e duzentos feridos. Uma explosão formidável ecoa por toda a capital. Fidel, que estava em reunião com o chefe do INRA de Camaguey, Enrique Mendoza, e os chefes das outras províncias, corre ao porto e vê o Che ultrapassá-lo e precipitar-se ao barco em chamas. Balas rasantes passam zunindo por eles. No momento em que o Che se aproxima do navio, ocorre uma segunda explosão. Raúl e alguns outros, ao lado de Fidel, protegem o corpo do líder. Fidel, furioso, empurra-os com violência: "Filhos da puta! Estou sufocando, soltem-me, afastem-se!".[1] Raúl precisa acalmar o irmão para afastá-lo do cais. O Che, por sua vez, pula um parapeito para entrar no navio. Alguém tenta detê-lo. "Merda! Não encha o saco! Foram duas explosões. Tudo o que havia para explodir já explodiu. Deixe-me entrar."[2] E força a passagem para dentro do navio em chamas. As evidências não mentem: trata-se de um atentado, planejado pela CIA.

No dia seguinte, uma multidão de preto, silenciosa, desfila ao longo do Malecón. As ondas do mar ditam o compasso da marcha fúnebre. O Che tem o rosto sombrio. O fotógrafo Alberto Korda imortaliza sua expressão numa fotografia que dá a volta ao mundo e se torna a imagem icônica do comandante Che Guevara. Duas grandes personalidades do mundo intelectual seguem atrás dele: Jean-Paul Sartre e Simone de Beauvoir, convidados por Carlos Franqui. Eles ainda estavam impregnados pelo otimismo comunicativo dos dirigentes da revolução, cuja média de idade é 27 anos. Felicidade das caminhadas no meio da multidão ao lado de Castro, o prazer de vê-lo falar com as crianças das escolas, os camponeses, os operários. Todos, o apetite aguçado pelo amplo horizonte que Fidel acabava de abrir a seus olhos, exigiam-lhe o que lhes era devido. Sem saber recusar aquilo que considerava a expressão legítima e humana de necessidades, este prometia satisfazê-los, perguntando-se como poderia chegar a tanto. Faltava tudo na ilha, mas não o otimismo nem a energia intensa que os dois intelectuais descobriam tanto nos homens quanto na natureza abundante, luxuriosa, que contrastava com a pobreza. Eles tinham tudo para si, mas nada era deles. Nem o incrível piscar de luzes e neons de Havana, que pertencia aos americanos e suas companhias elétricas, nem os rutilantes automóveis que muitos compravam a crédito, a taxas exorbitantes que os endividavam, nem os arranha-céus obscenos e presunçosos, floresta dentro da floresta de Vedado, outrora virgem e hoje violada pelos dólares americanos, nem mesmo a natureza confiscada pelos latifundiários, nem mesmo as praias, privatizadas para as barrigas brancas e saciadas de turistas ianques ignorantes da miséria que os observava por trás das grades dos clubes de férias.

Faltava tudo, mas tudo corria o risco de faltar ainda mais com aquela explosão que parecia um sinal anunciador do pior e que de repente tornava aquela multidão, em geral alegre, bastante sombria, a exemplo do Che Guevara, preocupado, o olhar pensativo, fixado no vazio de um futuro ameaçador.

Sartre e Beauvoir conhecem o Che e ficam impressionados. Ao sair do encontro com ele, obtido às duas horas da manhã em seu gabinete, Sartre escreve: "Che Guevara é o homem mais completo que este século produziu". Ele relata o encontro:

> Uma porta se abriu, nós entramos: a impressão desapareceu. Um oficial rebelde, usando quepe, tez bronzeada, me esperava; ele usava uma barba até o pescoço e cabelos compridos como os soldados do vestíbulo, mas seu rosto liso e bem-disposto, barbeado, me parecia matinal. Era Guevara. [...] Ouvi a porta se fechar às minhas costas e perdi ao mesmo tempo a lembrança de minhas velhas fadigas e a noção do tempo. A noite não entra naquele gabinete; para aqueles homens em plena vigília, em sua melhor forma, dormir não parecia uma necessidade natural, apenas uma rotina da qual eles tinham

> mais ou menos se livrado. [...] Guevara [...] passa por homem de grande cultura. E isso se vê [...]. Mas esse amplo saber, os conhecimentos gerais de um jovem médico que se dedicou por inclinação, por paixão, ao estudo das ciências sociais, é apartado por um grande abismo dos conhecimentos precisos e técnicos que são indispensáveis a um banqueiro de Estado.[3]

E se eles tivessem surpreendido aquilo que a máquina fotográfica de Korda capturou, aquele olhar feroz, aquela fria determinação de felino, teriam ficado ainda mais impressionados, e mesmo assustados. Pois ele, mais que qualquer outro, via com clareza o perigo que se aproximava. Seus ouvidos sem dúvida vibravam naquele momento ao ronco dos bombardeiros americanos sobre a Cidade da Guatemala, às rajadas de metralhadora, aos gritos, aos berros das sirenes e às explosões que estouravam os tímpanos. Nele se sentia a ânsia de vida, de novidade, de jogar-se na confusão, de fazer os assassinos da CIA pagarem pelo que tinham feito. E aqueles olhos já miravam para além dos diques do Malecón. Muito além.

Mas talvez os filósofos parisienses ficassem mais assustados se tivessem conseguido ler nos pensamentos do Che aquilo que ele confiaria mais tarde a seu venerado poeta Pablo Neruda, que iria a seu encontro em Cuba: "A guerra... a guerra... Sempre somos contra a guerra, mas, depois que a fazemos, não podemos viver sem ela. A todo momento queremos voltar a ela".[4]

Sartre se engana ao pensar que enquanto banqueiro de Estado o Che está deslocado. O banqueiro e o guerrilheiro se confundem numa única e mesma pessoa, e o banco, para ele, é uma arma de guerra. Nas cédulas que manda imprimir, ele assina apenas "Che", como aqueles que gravam seus nomes ou iniciais nas balas de seus fuzis. Ele está pronto para a guerra total, que teria início, ele bem sabia, com uma guerra econômica.

Armado da mesma determinação e da mesma inquietude, Fidel Castro havia confiado a Sartre alguns dias antes:

O bloqueio é a arma mais ignóbil; tira-se proveito da miséria do povo para submetê-lo à fome. Não o aceitaremos. Recusamo-nos a morrer nesta ilha sem erguer um dedo para nos defender ou para devolver os golpes...
– O que vocês farão? – perguntei-lhe.
Ele sorriu tranquilamente.
– Se eles quiserem começar o bloqueio, não poderemos impedi-los. Mas poderemos fazer com que o abandonem por meio da verdadeira guerra, por meio da agressão à mão armada. E isso poderemos fazer, é o que digo. Melhor morrer pelo fogo em combate do que em casa pela fome.[5]

Um mês depois, em abril de 1960, Che Guevara publica *A guerra de guerrilhas*, editado pelo departamento militar do INRA, que impõe pelas armas a reestruturação do mundo agrícola, ponta de lança da economia e da política cubana. Essa coletânea, amplamente difundida, torna-se o breviário dos aprendizes de guerrilheiro do mundo inteiro, como os manuais de Clausewitz (que Guevara estuda com atenção) para os militares. Mas ele também leva muitas informações para a CIA, que acaba de criar um campo de treinamento para guerrilheiros anticastristas nas montanhas guatemaltecas.

No fim de maio de 1960, Che Guevara informa a Texaco, a Standard Oil e a Shell que elas devem refinar em solo cubano o petróleo bruto soviético e que o Estado cubano não está em condições de honrar sua dívida de cinquenta milhões de dólares.

Em 15 de junho, o Hilton é nacionalizado e se torna o Habana Libre, gesto de afronta aos ianques, e no dia 29 de junho, diante da recusa das três companhias petrolíferas, Fidel Castro as expropria no exato momento do desembarque dos petroleiros russos, no dia 4 de julho, Dia da Independência norte-americana, novo gesto de afronta aos Estados Unidos: setenta mil barris de petróleo bruto marcam a independência energética de Cuba em relação aos Estados Unidos.

A resposta é imediata e brutal. No dia 6 de julho, Eisenhower anuncia aos cubanos que os Estados Unidos colocam um fim à importação de açúcar no ano em curso.

Mas as transações já haviam começado com o gigante do Leste. Se os Estados Unidos queriam levar Cuba ao bloco comunista, não poderiam ter feito melhor. Imperícia ou estratégia cínica? Como imaginar que, privando aquela pequena ilha de 80% de seus rendimentos de exportação, ela passaria fome de braços cruzados? Naquela partida de pôquer, Eisenhower colocou na mesa de jogo de Havana um jogador temível: Nikita Khrushchev. O urso russo coloca seu pesado pé em solo cubano e desafia frontalmente a águia americana, comprando, em 9 de julho, a totalidade do açúcar cubano. A China, a Polônia e a RDA também se tornam compradores. Fidel exulta: "*Cuba sí, yankee no!* O papel dos Estados Unidos na história da América Latina chegou ao fim".[6] E dizer que alguns meses antes ele havia pedido a Sartre, sabendo que este publicaria a grande reportagem "Furacão sobre Cuba" no jornal *France-Soir*, que não escrevesse que Cuba era socialista!

Naquele dia, ele claramente escolhe seu lado, pressionado pela cegueira dos ianques. Estes querem levar Cuba a julgamento perante a Organização dos Estados Americanos (OEA), acusando-a de ser "um instrumento do plano mundial comunista". Eles convocam o Estado cubano a San José (Costa Rica) diante dos 21 Estados da OEA. E denunciam "a ameaça de ingerência de potências extracontinentais nos assuntos das repúblicas americanas".[7] Na resolução assinada por dezoito dos 21 Estados, Cuba, porém, não é nominalmente mencionada.

No dia 8 de agosto de 1960, o *Times* publica em sua capa a foto de Che Guevara sob o título: "O cérebro de Castro". Trecho do artigo: "Fidel Castro é o coração e a alma de Cuba, Raúl é o punho fechado sobre a espada e Che Guevara é o cérebro".

Em 2 de setembro, denunciado à OEA, "onde coabitam um tubarão e vinte sardinhas", Castro convoca seu povo "constituído em assembleia geral" na praça José Martí para registrar em ata, numa dessas manifestações que Sartre chamou de "democracia direta", as resoluções que constituirão a Primeira Declaração de Havana. Sob a estátua de Martí e diante de Fidel, que a invectiva e questiona, uma multidão de mais de quinhentos mil cubanos, segundo o *Le Monde*, um milhão segundo Cuba, responde-lhe "sim!" em coro, sobretudo a uma pergunta delicada: "No caso de nossa ilha ser invadida por forças imperialistas, vocês aceitariam o auxílio soviético?".

A Declaração de Havana é redigida da seguinte maneira:

> A Assembleia Nacional do Povo de Cuba proclama perante a América:
> o direito do camponês à terra, o direito do trabalhador ao fruto de seu trabalho;
> o direito das crianças à educação, o direito dos jovens ao trabalho;
> o direito dos estudantes à educação gratuita, experimental e científica;
> o direito dos negros e dos índios à dignidade plena do homem;
> o direito da mulher à igualdade civil, social e política;
> o direito dos idosos a uma velhice segura;
> o direito dos intelectuais, artistas e cientistas a lutar, com suas obras, por um mundo melhor;
> o direito dos Estados à nacionalização dos monopólios imperialistas, para resgatar as riquezas e os recursos nacionais;
> o direito dos países ao livre-comércio com todos os povos do mundo;
> o direito das nações à sua plena soberania;
> o direito dos povos de converter seus quartéis em escolas e de armar operários, camponeses, estudantes, intelectuais, negros, índios, mulheres, jovens, idosos, todos os oprimidos e explorados, para que defendam, por si mesmos, seus direitos e seus destinos.
> A Assembleia Nacional do Povo de Cuba reconhece o dever dos trabalhadores, dos camponeses, dos estudantes, dos intelectuais, dos negros, dos índios, dos jovens, das mulheres, dos idosos, de lutar por suas reivindicações econômicas, políticas e sociais; o dever das nações oprimidas e exploradas de lutar por sua libertação; o dever de cada povo de ser solidário para com todos os povos oprimidos, colonizados, explorados ou agredidos, seja qual for o continente em que estes se encontrem e a distância geográfica que os separe. Todos os povos do mundo são irmãos![8]

A Declaração de Havana atesta a vontade determinada de independência real em relação aos Estados Unidos, e é a primeira expressão pública de uma vontade de inscrever a luta de Cuba na dimensão de todo o continente americano. A ameaça de um bloqueio total a Cuba e de seu isolamento nas Américas obriga Fidel Castro a reunir todos os povos colonizados ou sob controle imperialista em torno de uma frente comum.

Ele vai a Nova York com Almeida, que havia se tornado seu chefe do estado-maior, e mais oitenta barbudos de farda para defender sua causa na ONU.

Eles são 82, número simbólico. Outro desembarque, e não em qualquer lugar: no coração sensível do Harlem, junto aos negros vítimas do racismo e da segregação, para dizer claramente que qualquer que seja o país eles compartilham a mesma causa, a dos dominados contra a dominação *WASP* (*White Anglo-Saxon and Protestant*). O Harlem é a Sierra Maestra de Nova York, de certo modo, onde vivem os excluídos do desenvolvimento.

Instalados no nono andar do Hotel Theresa, o negro Almeida à frente, eles recebem os líderes da comunidade negra, em especial o intenso Malcom X. Mais intenso ainda, chega um visitante à noite, o diabo em pessoa aos olhos do Tio Sam: Nikita Khrushchev. Eles se abraçam sob os flashes das câmeras do mundo inteiro. O pacto está feito. Na ONU, Fidel Castro pronuncia um discurso de quatro horas e 29 minutos, o que lhe vale uma menção no *Guinness World Records*. Verdadeiro requisitório contra a política imperialista dos Estados Unidos. Eisenhower espuma de raiva e, no dia 19 de outubro de 1960, depois de comprar grande quantidade de seus charutos cubanos preferidos, e enquanto Nixon e Kennedy disputam a eleição, ele decreta o embargo a todas as exportações a Cuba, com exceção de comida e medicamentos. Réplica imediata de Fidel, que nacionaliza a Coca-Cola, a Westinghouse, a Remington Rand, as grandes lojas Woolworth, as minas de níquel da Nicaro e mais de 161 empresas americanas em solo cubano.

Ao mesmo tempo, tem início a campanha contra aqueles que Cuba chama de *bandidos* nas montanhas de Escambray. Um grupo armado de contrarrevolucionários cubanos e americanos é capturado e descobre-se um esconderijo de armas e munições deixadas de paraquedas por aviões da CIA. Cuba cria então uma falange especializada na luta contra esses *bandidos*, chamada de LCB (Lucha Contra Bandidos).

Por outro lado, o apoio do bloco comunista reforça a influência dos stalinistas cubanos no poder, influência que é percebida em todos os níveis da sociedade. Sartre e Beauvoir, convidados novamente por Fidel, notam a mudança. Beauvoir escreve: "Havana mudou; não há mais clubes noturnos, jogos e turistas americanos. Por toda parte, militares patrulham".[9] No campo cultural e artístico, eles observam a chegada com força do realismo socialista, e o poeta cubano Nicolás Guillén afirma que "toda busca em matéria de técnica e forma é antirrevolucionária". O que sem dúvida não agrada a seu amigo René Depestre, e ainda menos a Che Guevara.

Mas, por hora, não se deve irritar o espaçoso amigo soviético. Há outras coisas importantes a fazer. A Igreja, que depois de apoiar o regime de Batista finalmente saúda o humanismo da revolução, começa a se incomodar com a presença marxista-leninista. É preciso negociar com ela, pois se trata de arena sensível: o cubano é muito religioso. A mãe de Fidel é devota, os camponeses, grandes pilares da revolução, não o são menos. Por mais irreligioso que seja, Che Guevara é um espírito laico. Para ele, a fé é assunto privado. Entrar em guerra contra o que cabe à intimidade seria algo impensável, deve-se trabalhar para substituir essa fé pela fé revolucionária, pela fé da humanidade "em marcha rumo a dias melhores". Daí sua concepção da dimensão moral do revolucionário que participa de maneira desinteressada por meio de seu trabalho para a edificação de uma sociedade nova. Esse desinteresse do indivíduo em prol da coletividade supõe a constituição de condições de emergência de um "novo homem". Não por meio da força, mas da incitação moral e do exemplo. Respeitar a Igreja enquanto ela se mantiver em seu lugar, mas nada de deixá-la a cargo da educação das crianças. O governo nacionaliza as escolas privadas e religiosas, mas respeita o direito de culto, de todos os cultos, inclusive os animistas, muito presentes na província de Oriente. Ele distingue crentes e instituições religiosas. Os religiosos que são presos e detidos não o são por sua fé, mas por sua atividade contrarrevolucionária. Alguns fogem para a clandestinidade em Escambray.

Fidel Castro e Che Guevara querem abrir uma outra via ao comunismo cubano e, por extensão, ao comunismo latino-americano e caribenho, uma via diferente da do Leste. Uma via que encontraremos nos católicos marxistas da América do Sul e na teologia da libertação, cujos primórdios surgirão justamente nesse início de 1960. Sim, há outras coisas importantes a fazer, de fato. O embargo de 19 de outubro soa como um preocupante tiro de advertência. Chega de subterfúgios. Em 22 de outubro, o Che voa para Moscou. Ele chega em plena comemoração ao 43º aniversário da Revolução de Outubro, e vai parar na tribuna acima da Praça Vermelha, sem título oficial, em pé à direita do bom Deus das potências orientais, Nikita Khrushchev, paralisado de frio, mas feliz e orgulhoso. Não está ali por prazer e honrarias, apesar de aproveitar para visitar o Museu Lênin. Aproveita, aliás, para fazer uma advertência indireta a seus acompanhantes cubanos indisciplinados que se dispersam pela cidade vermelha atraídos pelas beldades eslavas e esquecem de estar a seu lado nas reuniões importantes, recuperando-se das noites de excesso até tarde em seus quartos de hotel. Ele pede à guia explicações sobre como Lênin tratava, com severidade, a indisciplina de seus colaboradores. Diante dos olhos que se arregalam e das exclamações, um sorriso zombeteiro se desenha no do *El Comandante*.

Ele negocia sem trégua com Khrushchev. E consegue muita coisa: compra de açúcar, venda de armas e objetos manufaturados, e todo um conjunto de contratos comerciais, mas não a gigantesca fábrica de aço com que sonhava. Com a sacola cheia, viaja à Coreia do Norte e aos países comunistas do Sudeste asiático, onde o aspecto autoritário e totalitário não lhe agrada nem um pouco. Depois à China, onde é recebido de braços abertos por Mao, seu ídolo, e por Chu En-lai. Momento de verdadeira alegria, ao qual se soma a imagem de um bebê. Não de Hildita, sua "pequena Mao", mas ele acaba de ser informado, em 4 de novembro, de que se tornara pai de novo. O bebê não se chamará Camilo, como ele esperava, homenagem ao amigo, pois é uma menina. Ela terá o nome da mãe: Aleida.

Entusiasmado com o encontro, ele comete uma gafe diplomática que terá desdobramentos internacionais e será imediatamente explorada pela imprensa americana. Ele declara que a China é um exemplo para Cuba e que entre ele e Mao a distância era menor que a espessura de um papel de seda. Nikita Khrushchev engole atravessado essa declaração. Consciente de seu deslize, e sem dúvida depois de um telefonema furioso de Castro, Che se retratará em Pyongyang, declarando que as diferenças entre Moscou e Pequim podiam ser reduzidas por intermédio de Cuba.

No dia 1º de janeiro de 1961, os tanques soviéticos desfilam pelo Malecón para o Ano-Novo cubano. O RP Che Guevara havia cumprido sua missão. Mas chegava-se a um *casus belli* para Eisenhower, que, às vésperas de deixar o poder para Kennedy, rompe relações diplomáticas com Cuba.

O pesadelo Kennedy

Em fevereiro de 1961, o Che é nomeado ministro da Indústria. É a ocasião para colocar em ação sua filosofia do trabalho e sua concepção de desenvolvimento industrial. "Sem trabalho não existe nada."[1] O trabalho é a arma da liberdade. Uma liberdade condicionada pelo crescimento da riqueza nacional, não individual acima de tudo, mas coletiva. Parafraseando a famosa frase de Toussaint Louverture, o libertador do Haiti, "Seremos livres enquanto formos os mais fortes", o Che afirma: "Somos mais livres porque somos mais ricos".[2]

No entanto, "sem organização, as ideias perdem a eficácia depois do primeiro impulso". Reestruturar o trabalho também significa mudar as mentalidades que freiam o desenvolvimento. Utilizar todas as energias a serviço da revolução, a começar pelas mulheres. A cultura machista de Cuba impede sua emancipação e sua participação eficaz na construção de tempos melhores. Ele se exalta a esse respeito:

> Há alguns meses, no Ministério da Indústria, precisamos substituir uma funcionária perfeitamente capaz. Por quê? Porque seu trabalho a obrigava a viajar para o interior ao lado de inspetores ou com o diretor-geral. O marido dessa camarada – um membro do Exército Rebelde, creio – não permitia que a mulher viajasse sozinha. Tanto que todas as suas viagens eram condicionadas à possibilidade de o marido deixar o trabalho para acompanhá-la a qualquer lugar que ela precisasse ir.
> Essa é uma manifestação da discriminação. A mulher acompanha o marido para vigiá-lo a cada vez que ele precisa viajar para o interior? Para que ele não sucumba a tentações, ou sei lá mais o quê?... O proletariado não tem sexo; ele é o conjunto de todos os homens e de todas as mulheres que, em todos os postos de trabalho do país, lutam por um objetivo comum.[3]

As mulheres, é claro, mas também a juventude, cuja criatividade deve estar a serviço da revolução. "Uma juventude que não cria é uma anomalia", diz o Che durante uma reunião de jovens comunistas. Mas essa criatividade pressupõe uma liberdade de consciência capaz de questionar os hábitos culturais herdados dos antigos. "Devemos fazer do trabalho algo criador, algo novo".[4]

O caráter rebelde da juventude pode ser colocado a serviço do desenvolvimento. Ele invoca as vontades individuais, colocando-se a serviço de todos num ato desinteressado no sentido kantiano do termo, ou seja, com um interesse não determinado pela isca do ganho nem por qualquer benefício pessoal, e ainda menos pela coação.

É preciso criar a emulação. Mas "o problema é que a emulação não pode ser regida por textos que a regulamentam, ordenam e moldam", ele continua. Depois de martelar que é preciso "contaminar pelo bom exemplo, agir sobre a consciência das pessoas, marcar suas mentes"[5], ele institui um trabalho voluntário do qual ele mesmo dá o exemplo, trabalhando um dia por semana numa fábrica ou numa plantação de cana como simples operário.

Infelizmente, nem todo mundo é Che Guevara e essa visão kantiana de "mãos limpas", como dizia Péguy, tem grande dificuldade de penetrar no pensamento marxista ortodoxo. Ele vê o inimigo de seu comunismo na falência do socialismo russo, que fracassa "porque os estímulos morais fracassaram". Eles fracassaram porque estes não foram levados em conta. Ele critica, num comentário sobre o capítulo XXVII de um breviário de economia política soviética intitulado *O caráter do trabalho em regime socialista*, a visão segundo a qual "graças ao socialismo pela primeira vez é possível trabalhar para si".

"Falso!", ele brada, "o homem não trabalha para si mesmo, ele trabalha para a sociedade da qual faz parte, ele preenche seu dever social."

Em outro capítulo da mesma obra, ele critica a expressão soviética "Estado do povo inteiro" – "O Estado do povo inteiro não faz sentido, pois o Estado é o instrumento de dominação de uma classe pela outra" – e a noção de centralismo democrático – "O centralismo democrático é um mito amplamente difundido. Um termo pretensioso que oculta estruturas políticas totalmente dissemelhantes, e que, para mim, no fim das contas, está desprovido de conteúdo verdadeiro".[6]

Todo esse pensamento, ainda não formatado, exposto ou publicado, é colocado em ação em seu ministério.

Mas, apesar de nem todo mundo ser Che Guevara, fica também muito claro que o Che não é cubano. Uma diferença mental e cultural se faz sentir com muita força em Havana. Uma diferença flagrante que havia sido percebida em Cuba pelo intérprete russo Nikolai Leonov: "Ele era extremamente organizado. Nesse sentido, não tinha nada de latino, era mais como um alemão. Pontual, preciso, para nós era uma estupefação, para todos de nós que conheciam a América Latina".[7]

Aquele argentino, que não sabe dançar nem tango, vive junto a um povo de dançarinos. Ele não entende e não quer entender o *choteo*, idiossincrasia própria à cultura cubana que faz com que todos brinquem com os acontecimentos e com a realidade, que zombem dela com humor alegre e distanciado. Mesmo sob a mira de um revólver o cubano ri, dizem. Essa maneira de adaptar-se ao mundo, de vivê-lo com graça e leveza, está longe da cultura dos dançarinos de tango, que improvisam sobre uma estrutura determinada, enquanto os dançarinos de salsa estruturam suas danças a posteriori, a partir do que lhes trazem a terra, a atmosfera, seus parceiros e o ritmo, cujas energias são captadas no momento e sobem à cintura, dominadas por essa parte sensual do corpo para induzir o movimento do tronco, dos braços e da cabeça. Enfim, praticamente o inverso do tango. Coisa incompreensível para um não dançarino. É aí que ocorre a cisão. A cabeça dura de Che Guevara se choca com o colchão macio, mas incompressível do *choteo*. O amigo René Depestre começa a compreender isso no dia em que recebe a visita de dois militares em seu gabinete: Efigenio Ameijeiras e René Rodríguez, comandantes da Sierra, próximos de Castro e de Celia Sánchez. Vendo na parede o retrato de Che Guevara, eles lhe perguntam: "O que esse aí está fazendo ali?". René fica estupefato. Diante da extrema surpresa do poeta, René Rodríguez acrescenta: "*Es un pesado*". Alarmado, René Depestre vai até o amigo poeta Nicolás Guillén para contar o que havia acabado de ouvir. E Guillén olha fundo em seus olhos e diz: "*Chico, tu amigo es un pesado*".[8] Definitivamente, o espírito de sacrifício, o rigor moral, o transcendental kantiano, o imperativo categórico, não combina com o *choteo*.

No entanto, nem Fidel nem Raúl querem mal ao Che. "O Che é como é", ouve-se por toda parte. Ele não se veste corretamente, não respeita os códigos militares nem os políticos ou sociais. Assim é. "O Che é o Che", eis tudo. De momento, nada indica que sua grande popularidade tenha diminuído um grama sequer. O *pesado* existe sobretudo em certos *apparatchiks*, pois ele os impede de dançar em roda em torno das conquistas da revolução.

Aliás, ele é muito necessário nos maus tempos que se anunciam. Os Estados Unidos planejam uma invasão a Cuba.

Antes disso, cogita-se atentar contra a vida dos líderes da revolução, a começar pela de Fidel e do Che. Esses atentados acontecem, mas sempre erram o alvo. Fidel Castro admite ter frustrado dezenas contra sua pessoa. No dia 17 de janeiro, no entanto, um atentado alcança seu objetivo: o de Lumumba no Congo, aviso para os líderes cubanos.

Em 14 de abril, o Che é acordado pelo barulho dos bombardeiros sobre Havana, soltando suas máquinas da morte em locais visivelmente bem escolhidos, como o aeródromo militar, destruindo a maior parte da minúscula força aérea do país. Preparação para o combate. O Che sai seminu à rua: "Cães! Finalmente decidiram nos atacar".[9]

Os mortos são contados às dezenas e, no dia seguinte, durante o funeral coletivo, um Fidel furioso finalmente faz seu *coming out* político: "Eles nos atacaram porque não suportam o fato de termos feito uma revolução socialista embaixo de seu nariz".[10] *Revolución so-cia-lis-ta!* Não é mais preciso colocar o indicador sobre os lábios, murmurando. Os Estados Unidos escolheram o confronto direto. O tempo da hipocrisia chegou ao fim.

Desde 7 de abril a ilha inteira estava em alerta e mobilizada. Vazamentos na imprensa americana os haviam alertado sobre a iminência de uma invasão que, na realidade, era preparada desde janeiro na Casa Branca. Depois de sair de cena com seus charutos cubanos, Eisenhower havia deixado em cima da mesa um presente de grego ao sucessor que tomou posse no dia 20 de janeiro: o projeto de invasão a Cuba pela Baía dos Porcos.

"Um ano ruim", recordará Robert Kennedy. Ele de fato começou muito mal. "Assisti a uma fala do general Lemnitzer no departamento de Estado, na presença de Dean Rusk, seguida de uma discussão sobre os setores eventualmente vulneráveis de Cuba. Tenho a lembrança de que se mencionou a Isla de Pinos, a possibilidade de ali efetuar um desembarque ou de fomentar uma revolução".[11] Foi de fato na Isla de Pinos que os exilados anticastristas desembarcaram em 15 de abril de 1961. Em janeiro, porém, tudo continuava no ar. JFK não decidira nada. Ele tinha enviado um especialista para avaliar a capacidade das forças que deveriam cumprir a missão depois do desembarque, um coronel muito condecorado e destacado que havia combatido em Tarawa durante a Segunda Guerra Mundial. Robert Kennedy dirá: "Ele declarou jamais ter visto unidade tão eficaz, pela potência de fogo, pela técnica e pela competência, e recomendou vivamente o desembarque. Allen Dulles, que havia participado da operação na Guatemala, estimava por sua vez que as chances de sucesso eram dessa vez muito maiores [...] A única pessoa fortemente contra a operação era Arthur Schlesinger [...] Expliquei-lhe que todo mundo tomara partido a favor do projeto e que seria um desserviço questioná-lo diante do presidente [...] Meu irmão me ligou no sábado, de sua casa de campo na Virgínia, para me dizer que pretendia dar sinal verde. [...] Devia ser sábado à noite ou talvez domingo à noite. Na segunda-feira pela manhã, nova ligação do presidente, anunciando que o desembarque havia ocorrido e não ia muito bem, e me pedindo para voltar imediatamente a Washington".[12]

Fechados no Salão Oval, eles seguem com angústia o curso dos acontecimentos, e o rosário de notícias ruins é desfiado diante de seus olhos até o fiasco derradeiro sem que eles possam fazer nada. Impensável enviar reforços. JFK, tendo publicamente anunciado que "nenhum apelo seria feito ao exército americano", não descumpre a palavra dada. Além disso, o que faria Khrushchev se eles mesmo assim interviessem? É verdade que o russo não tem meios para agir em Cuba. Mas há o Laos, o Vietnã, Berlim. Essa perspectiva tem realmente o poder de intimidá-los. Quem sabe o que pode fazer o colérico da Praça Vermelha sob tais circunstâncias?

Atormentado pela angústia e pela falta de informações diretas, JFK decide enviar às escondidas uma força aérea em auxílio à aviação anticastrista na Baía dos Porcos. Tarde demais! Os aviões destes últimos haviam sido abatidos. O primeiro destacamento havia sido liquidado, depois o segundo. Os sobreviventes estavam sem munição... Robert Kennedy encara JFK, pálido, transtornado. "Nunca vi meu irmão tão desamparado", ele dirá. "Castro sobrevoava pessoalmente as paragens em seu helicóptero, recolhia os homens que ali estavam e os abatia com as próprias mãos. [...] Nossos barcos avançaram corajosamente até a beira da baía, sem poder responder à artilharia reforçada de que dispunham as tropas castristas. Nós nos vimos forçados a enviar embarcações à noite e conseguimos socorrer alguns membros da expedição. Mas ouvíamos o relato doloroso da fuga dos colegas perseguidos pelos helicópteros de Castro e fuzilados na praia [...] Alguns disseram, posteriormente, que o presidente havia feito prova de amadorismo ao dar o sinal verde. Se tivesse feito o contrário, teriam dito que lhe faltava coragem: renunciar a um plano concebido por Eisenhower e sobre o qual todos garantiam as melhores chances de sucesso...!".[13]

A versão de Fidel é um tanto diferente: "A batalha aconteceu sob os olhos da frota americana... Subi no primeiro blindado que estava à mão e que era, na verdade, um canhão motorizado de cem milímetros, um SAU-100 [...] Participei da captura de inúmeros prisioneiros. Cheguei mesmo a salvar a vida de um deles, que usava uma barba de vários dias e gritava: 'Mate-me!'. Ele tinha uma úlcera hemorrágica. Respondi-lhe: 'Não matamos os prisioneiros'. Nós o enviamos ao hospital num jipe, a toda a velocidade. Sua vida foi salva. Nenhum tiro foi dado. Nenhum tiro de misericórdia, quero dizer. Esse sempre foi nosso princípio, e todos o conheciam. [...] Os prisioneiros, portanto, passaram certo tempo em cela, e negociamos com Washington. O que parece inacreditável é que o advogado, aquele que negociou comigo, foi utilizado pela CIA. Ele me ofereceu uma roupa de mergulho impregnada de microscópicos cogumelos venenosos e bactérias em quantidade suficiente para me matar".[14]

Mais tarde, JFK escreveu um conto em quatro versos e colou-o no dossiê *top secret* do caso:

> Nas arquibancadas, os *aficionados*
> Enchiam a imensa *plaza de toros*.
> Um único homem conhecia o risco da festa:
> Aquele que enfrentava a besta.[15]

Depois, demitiu Allen Dulles. Hugh Sidney, do *Times*, contou que, depois do episódio da Baía dos Porcos, JFK não confiava em mais ninguém, a não ser no irmão, e que o ofício de presidente deixou de satisfazê-lo. Mais que uma derrota militar, aquela foi de fato uma derrota moral. A maior potência mundial foi ridicularizada por uma pequena ilha a seus pés, JFK foi ultrajado e Che Guevara triunfou: "Devemos nos orgulhar de que esta revolução seja um terrível furúnculo que impede o sr. Kennedy de dormir".[16] Se for apenas por isso, o objetivo foi alcançado.

K contra K

Um jovem artista argentino, Ciro Roberto Bustos, participa da batalha da Baía dos Porcos. Ele chega a Cuba e é apresentado ao Che por Alberto. O Che vê nele um possível intermediário na ação de seus sonhos: criar um foco de revolução na Argentina. Mas a aventura acabará na Bolívia, onde o nome de Ciro Bustos será associado ao do filósofo francês Régis Debray.

René Depestre conta como aconteceu, por intermédio seu, o encontro entre Régis Debray, Fidel Castro e o Che: "Eu estava de passagem por Paris para uma missão quando encontrei no Odéon Régis Debray, jovem professor de filosofia, que me disse: 'Eu gostaria que você entregasse este texto a Fidel Castro'. Tratava-se do manuscrito de seu ensaio intitulado *Revolução na revolução?* Peguei o texto e o li no avião. Ele me fascinou. Era uma análise que ninguém havia feito sobre as consequências ideológicas da revolução cubana para a América Latina e as perspectivas que ela abria. Espírito francês, homem de método, aluno da *École Normale*, ele pegou tudo isso e tornou inteligível às realidades latino-americanas. Foi isso que Régis fez. Com seu talento de *normalien*, ele tornou inteligíveis aos próprios latino-americanos seus processos de libertação. É um texto notável. Fiquei muito empolgado. Desembarquei, mandei traduzi-lo. E disse que era preciso entregá-lo a Fidel para uma leitura imediata. Fidel Castro leu o texto, pediu o telefone de Régis, que era professor num liceu francês em Nancy, e lhe disse: 'Largue tudo, vou buscá-lo pessoalmente no aeroporto de Havana com meu helicóptero. Seu texto é uma obra-prima'. E Debray tornou-se um amigo, um alter ego de Fidel Castro".[1]

Podemos de fato compreender o entusiasmo de Fidel Castro. Podemos compreender seu júbilo, por exemplo, quando se lê o seguinte:

> Nunca somos totalmente contemporâneos de nosso presente. A História avança mascarada: ela entra em cena com a máscara da cena anterior e já não reconhecemos mais nada da obra. A cada erguer da cortina, é preciso retomar o fio da meada. A culpa, é claro, não é da História, mas de nosso olhar cheio de memórias e de imagens conhecidas... É uma sorte, tentou-se dizer, que Fidel não tenha lido os escritos militares de Mao Tsé-tung antes de desembarcar na praia de Oriente: ele pôde inventar, assim, no próprio terreno, a partir de sua própria experiência, as regras de uma doutrina militar de acordo com o terreno.[2]

A revolução, que não pode ser encarada como um ato isolado, precisa ser absolutamente encerrada, sufocada em seu próprio sangue, até que se possa abatê-la diretamente se não se quiser que ela contamine toda a América Latina. Como diz Régis Debray, citando Robert Kennedy: "A América Latina para nós é mais importante que o Vietnã".[3]

Esse é o objetivo da reunião de Punta del Este, no Uruguai, organizada rapidamente após a batalha da Baía dos Porcos e logo depois do assassinato, em 30 de maio de 1961, do ditador de Santo Domingo, Trujillo. O inimigo jurado de Castro, e outrora um dos melhores apoios dos Estados Unidos na América Latina, é assassinado em seu carro. Notícia boa para Fidel, que afirma que os próprios norte-americanos o mataram porque ele se tornava um estorvo. Lyndon Johnson também acredita nisso, pois afirmará, depois do assassinato de JFK, que este sem dúvida foi uma punição de Deus por ter ordenado o assassinato de Trujillo. Robert Kennedy o desmente. No entanto, afirma: "Se Castro tivesse controlado a República Dominicana, teríamos tido grandes dificuldades para manter o resto do Caribe. Essa era a grande preocupação. Ficamos felizes por termos nos livrado de Trujillo tanto quanto ficaríamos por nos livrar de Duvalier no Haiti".[4]

A Conferência de Punta del Este acontece em agosto de 1961. Antes disso, JFK tem um encontro com Khrushchev em Viena, no mês de junho. As relações ficam tensas. Eles não chegam a um acordo a respeito do desarmamento nuclear, e

Khrushchev pede a JFK que retire as tropas americanas de Berlim. Kennedy as reforça. Enquanto a Conferência se desenrola, na noite de 12 para 13 de agosto de 1961, Khrushchev começa a erigir o muro de Berlim.

Che é encarregado de ir a Punta del Este. A partida será difícil, pois é preciso lutar contra o muro diplomático, econômico e político que Kennedy quer erigir em volta de Cuba. O cimento desse muro é o pacote de vinte bilhões de dólares que ele promete ao longo de dez anos para o desenvolvimento da região. Em sua intervenção no dia 8 de agosto, o Che denuncia o caráter puramente técnico que os norte-americanos querem dar à Conferência:

> Devo dizer, sr. Presidente, que discordo, em nome de Cuba, de todas as declarações que foram feitas... Para Cuba, esta conferência é uma conferência política. Cuba não admite que se separe a economia da política, e é da opinião que as duas caminham sempre juntas. Por isso, não deveria haver técnicos falando de técnica quando se trata do destino dos povos.[5]

Depois de comentar amplamente o que a revolução cubana trouxe a seu povo, ele critica ponto por ponto o programa de ajuda proposto pelos peritos norte-americanos, não sem humor:

> Parece-me haver em tudo isso um certo perfume colonial. Tenho a impressão de que se considera que a instalação de latrinas é uma coisa fundamental. Elas melhoram as condições de vida do pobre índio, do pobre negro, do pobre indivíduo que vive em condições sub-humanas. "Vamos construir-lhe latrinas e depois, quando ele tiver aprendido a se manter limpo, então ele poderá tocar os benefícios da produção." É preciso observar, senhores delegados, que a industrialização não aparece na análise dos senhores peritos. Para os senhores peritos, planificar é planificar as latrinas. De resto, quem sabe quando isto se realizará!... Cuba seria, em dois anos, o paraíso das latrinas, mas ainda não teríamos nenhuma das 250 fábricas que começamos a construir, mas ainda não teríamos feito a

Reforma Agrária... Poderíamos falar em latrinocracia ao falar desses peritos... políticos fantasiados de técnicos.[6]

Em termos mais amplos, ele critica a pretensão dos Estados Unidos de querer unificar economicamente a América Latina a partir de seus próprios princípios econômicos, que são na verdade uma construção política que não diz o próprio nome. Ele fará uma comparação com o mercado comum europeu que hoje ecoa de maneira premonitória:

> Denunciamos os perigos da integração econômica da América Latina, pois conhecemos os exemplos europeus... Denunciamos o perigo de deixar a monopólios internacionais os processos comerciais no quadro dos acordos de livre-comércio.[7]

Questão contemporânea que também tem uma dimensão cultural. Pois fazer da cultura um simples elemento de um conjunto inscrito no livre-comércio é o mesmo que enterrá-la nos subsolos de uma indústria americana que dita sua maneira de ser e de pensar o mundo. A cultura é o laço fundamental, que estrutura uma unidade, uma união; aqui, a união latino-americana:

> Não nos opomos a sermos afastados da divisão de créditos, mas nos opomos a sermos afastados da vida cultural e espiritual de nossos povos da América Latina, da qual fazemos parte.[8]

Neste momento, Ernesto e Che se tornam a mesma pessoa. O desdém pelo dinheiro em prol do espírito e da poesia, presente em Ernesto, alia-se ao Che político e guerreiro. Sua estratégia: fazer o oposto da política ianque de cerco econômico a Cuba por meio daquilo que justamente é seu ponto cego, a cultura. Ele não fala em exceção cultural, mas a ideia é essa.

Ernesto Che Guevara, como um Ícaro, encontra a salvação de sua revolução ao elevar-se do dédalo monetário com as asas da cultura. Ele apresenta Cuba como o espírito de uma América, "nossa América", em oposição à indústria cultural do ianque, "que vende sua cultura na forma de filmes, romances ou contos infantis com a intenção de criar em nós uma mentalidade diferente".[9]

Seu discurso sobre a cultura é um verdadeiro tapa na cara do Tio Sam: o ponto X da carta de Punta del Este, na qual se fala em "mercado comum da cultura", é pura e simplesmente abandonado.

Ao obter o apoio do peso-pesado latino-americano que é o Brasil, Che Guevara marca pontos. Em Punta del Este, ele ganha uma batalha, mesmo que os Estados Unidos não tenham perdido a guerra. Em todo caso, ainda: "É ao tempo, definitivamente, que caberá dizer o resultado real da Conferência; se é uma batalha que constitui o início de uma série de batalhas perdidas pelo imperialismo ou se, talvez, ela não tem importância".[10]

Enquanto isso, Kennedy passa o verão lendo os escritos de Mao Tsé-tung e *A guerra de guerrilhas*, de Che Guevara. Ele concebe então a formação de um corpo de elite antiguerrilha e, em setembro, cria os Boinas Verdes.

Do outro lado do mundo, em sua *datcha* de verão, Khrushchev acalenta um projeto bastante perturbador. Algo amedrontador que coloque o mundo em ebulição diante do face a face desses dois K.

Naquele mês de agosto de 1961, Che Guevara ignora o que está sendo tramado, mas tem a felicidade de voltar para Buenos Aires, convidado oficialmente no dia 18 pelo presidente Frondizi, cujo partido o pai e a mãe de Guevara haviam apoiado, para grande tristeza do filho. Mas Frondizi havia feito a mediação entre Cuba e os Estados Unidos em 1960, durante a crise do açúcar, e havia lutado para que Cuba não fosse excluída da União de Estados Latino-Americanos. Relativamente frequentável para o Che, portanto. Por outro lado, Fidel Castro, em 1959, já havia se encontrado com ele oficialmente em Buenos Aires: tratava-se de um radical intransigente, moralista e genuinamente anticomunista, um "sequaz do capitalismo" e um aliado dos Estados Unidos. Mesmo assim, era bom voltar à terra natal e fazer uma visita, incógnito, à tia paterna María Luisa.

Em novembro de 1961, Kennedy instala mísseis americanos na Turquia. A tensão aumenta. Em dezembro de 1961, El Patojo sente falta de casa e deixa Cuba incógnito para ir à Guatemala. Ele também tem uma ideia em mente: criar uma guerrilha. Três meses depois, porém, um despacho chega às mãos de Che Guevara. A guerrilha havia fracassado. Seu grande amigo estava morto. Mais um.

> Um dia ele me anunciou que estava indo embora, que a hora de sua partida havia soado e que ele devia cumprir seu dever. Tivemos uma das raras longas conversas daquele período cubano. Contentei-me em lembrar-lhe calorosamente três pontos: mobilidade constante, desconfiança constante, vigilância constante. Mobilidade significa nunca ficar muito tempo no mesmo lugar, nunca passar duas noites na mesma cama, deslocar-se constantemente de um local para outro. Desconfiança: desconfiar até da própria sombra, dos camponeses amigos, dos informantes, dos guias, dos contatos; desconfiar de tudo, até que toda a zona tenha sido libertada. Vigilância: pontos de espreita permanente, repetidos reconhecimentos do terreno, estabelecimento do acampamento em local seguro e, acima de tudo, nunca dormir sob um teto, nunca dormir dentro de uma casa onde se poderia acordar cercado. Todas essas recomendações constituíam a estrita síntese de nossas experiências de guerrilha; acompanhadas de um aperto de mão, elas representavam o melhor tesouro que um amigo podia oferecer. Aconselhar que não partisse? Com que direito se, apesar de todas as nossas dúvidas, havíamos vivido aquela aventura e ele sabia que ela era possível?[11]

Mas o Che não tem tempo de condoer-se com a morte do amigo. Estamos em abril de 1962 e Nikita Khrushchev chama a Moscou o jornalista Alexander Alexeiev, da agência TASS, que havia sido enviado a Cuba para cobrir os primórdios da revolução, que os russos viam, de início, como uma simples perturbação da turbulenta América Latina.

Pouco a pouco, Alexeiev se aproximara do Che e de Fidel, de maneira bastante íntima, para confirmar a Khrushchev a natureza realmente socialista daquela revolução. Informação decisiva para o urso soviético, que poderá, por ocasião da invasão à Baía dos Porcos, dar início ao processo de transição da jovem república para a esfera do bloco do Leste. Coisa sobre a qual os dirigentes de Cuba parecem bastante reticentes. "Confesso", dirá mais tarde Castro a Ignacio Ramonet, diretor do *Le Monde diplomatique*, "que eu não gostava muito da ideia da presença daquelas armas em Cuba".[12]

Khrushchev consegue convencer Fidel invocando a necessidade de afastar de uma vez por todas a ameaça de invasão ianque, mas ele também poderia colocar em ação o projeto que ele acalentava em sua *datcha* de verão: apontar para o nariz do Tio Sam, desde solo cubano, mísseis com ogiva nuclear. Ele já estava convencido de uma ameaça real sobre Cuba após o encontro em Viena com Kennedy.

"– Camarada – diz ele à queima-roupa a Alexeiev –, para salvar a revolução cubana decidimos instalar mísseis nucleares em Cuba. O que você pensa? Como Castro reagirá? Aceitará?

Alexeiev fica literalmente sem ar. Responde que não, que Fidel não aceitará.

– Bom – respondeu Khrushchev –, nomeio-o embaixador e você tentará convencê-lo do contrário.

– Mas não tenho nenhuma competência para isso, camarada primeiro-secretário, nenhuma formação econômica. Eles precisam é de economistas.

– Enviaremos todos os economistas de que eles precisarem. Você tem a competência que mais conta, a que está acima de todas as outras: a confiança deles."[13]

É possível resistir a um urso que nos encara direto nos olhos mostrando os dentes, mesmo sorrindo, ou principalmente quando ele sorri? Alexeiev volta a Cuba e, por intermédio de Raúl, faz a proposta a Fidel, que não responde imediatamente. Ele primeiro quer consultar o Che, que é categórico: "Tudo o que possa deter os americanos é bom".[14] Mas, apesar de o princípio ser acordado, a assinatura de um acordo entre Cuba e URSS é outra história. É preciso garantir os meios e, acima de tudo, que a operação mantenha-se ultrassecreta. E se os serviços secretos descobrirem? O Che vai pessoalmente encontrar-se com Khrushchev. "Fique tranquilo", este responde, "enviaremos nossa frota do Báltico para protegê-los."[15] A redação do pacto se revela complicada, várias idas e vindas entre Havana e Moscou são necessárias para assiná-lo, pois Fidel faz questão de que seja escrito no preâmbulo: "Com o objetivo de garantir sua soberania e manter sua liberdade, Cuba solicita à União Soviética que considere e aceite a possibilidade de instalar mísseis em seu território".[16] Pois, quando eles declararem publicamente a existência daqueles mísseis, será preciso fazer com que ela não pareça uma intrusão da URSS em seu território, fazendo deste um vassalo, mas como um pedido de ajuda de Cuba.

No entanto, os serviços secretos norte-americanos, que vigiam de perto os deslocamentos do Che, sobretudo na Rússia, farejam algo. Alertados por um membro dos serviços de informação russos, o coronel Oleg Penkovsky, os norte-americanos enviam, nos dias 14 e 15 de outubro, um avião U-2 de reconhecimento que detecta a construção de edifícios suspeitos em solo cubano. Eles descobrem então novos mísseis SAM-2 e rampas de lançamento na costa. Os serviços secretos também localizam um número crescente de militares soviéticos em Cuba. Quando um ouvido indiscreto na embaixada do Brasil em Havana escuta o Che mencionar "um acontecimento histórico" que iria mudar o mundo, os preparativos de combate têm início em Washington. O Che, um tanto eufórico naquele dia, talvez estivesse apenas falando de um acontecimento pessoal: um filho, ele tivera um filho homem, finalmente! Camilo Guevara acabara de nascer.

Fidel é deixado para trás

Em 20 de outubro, aconselhado por Robert McNamara, secretário da Defesa, Kennedy mobiliza 123 navios de guerra, entre os quais oito porta-aviões, e quarenta mil fuzileiros para fazer um bloqueio naval a Cuba. No dia 22, com a cara fechada, JFK faz um pronunciamento televisionado informando à América e ao mundo inteiro a ameaça nuclear que pesa sobre o planeta:

> Convoco o presidente Khrushchev a interromper e eliminar esta ameaça clandestina, temerária e provocativa contra a paz mundial e estabilizar as relações entre as nossas duas nações. Peço que abandone este caminho da dominação mundial e se una ao empreendimento histórico de acabar com a perigosa corrida armamentista e transformar a história do homem. [...] O custo da liberdade é sempre alto – e os norte-americanos sempre o pagaram. Um caminho que nunca escolhemos é o da rendição ou da submissão.[1]

No dia seguinte, Fidel anuncia à televisão que os Estados Unidos se preparam para invadir a ilha e emite uma ordem de mobilização popular.

No dia 25 de outubro, durante um debate intenso na ONU, a União Soviética nega a autenticidade das provas da instalação dos mísseis. Fidel espuma de raiva, pois em momento algum se menciona a questão do direito de Cuba de defender sua integridade territorial. No entanto, isso ficara claro no pacto com Khrushchev.

Em 27 de outubro, o avião espião U-2 sobrevoa novamente Cuba. É demais. Fidel posiciona sua bateria de mísseis SAM e o derruba, matando o piloto Rudolf Anderson. De ambos os lados do Atlântico, os dedos tremem acima do famoso botão vermelho. A tensão chega ao auge. Khrushchev havia tomado Kennedy por um garoto inexperiente que fugiria assim que ele avançasse seus peões no tabuleiro. Mas estava lidando com um ótimo jogador de pôquer. Entre os dois gigantes, Fidel e seu povo, prontos para o pior, esperam de braços cruzados.

Khrushchev tenta avaliar a determinação do adversário. Ir além seria precipitar a catástrofe nuclear mundial. Ele levanta a mão e propõe uma negociação entre as duas potências. Cuba é excluída da mesa de jogo.

Em contrapartida pela retirada dos mísseis, Khrushchev exige e obtém de Kennedy a retirada da Turquia das rampas e do foguete Júpiter. A respeito da irmãzinha Cuba, ele exige e obtém um acordo definitivo de não agressão. Mas Fidel se sente humilhado. Haviam-no deixado para trás. Ele vitupera contra Khrushchev: "Se ele vier aqui em pessoa, recebo aquela espécie de *maricón* sem *cojones* com socos na cara!".[2] A rua, que ouve a imprecação, canta em coro: *Nikita marikita, Nikita marikita*!

Do outro lado do mundo, Mao não canta essa melodia nem essa letra, mas, em mandarim, diz mais ou menos a mesma coisa.

As relações entre Cuba e a URSS estão em baixa, e nem o Che pode contribuir para melhorá-las. Em contrapartida, Fidel sente uma grande admiração por Kennedy: "Um sujeito cheio de talento, que, por infelicidade, herdou a invasão à Baía dos Porcos; ele a assumiu até o final. Corajoso na derrota, assumindo a responsabilidade pelo desastre, pronunciou as seguintes palavras: 'A vitória tem cem pais; a derrota é órfã'".[3] Castro considerará, aliás, os militares belicistas que queriam aniquilar Cuba como os verdadeiros autores do assassinato de JFK, perpetrado um ano mais tarde, em 22 de novembro de 1963, em Dallas:

> Ele não aproveitou a crise de outubro para agir contra nós como muitos generais e muitos de nossos inimigos aconselhavam que fizesse. Eles poderiam estar por trás da conspiração que levou a seu assassinato... Ainda bem que Lee Harvey Oswald nunca conseguiu autorização para visitar Cuba. Isso poderia ter levado a uma manipulação e a uma provocação de peso. Eles poderiam ter tornado Cuba responsável pelo assassinato. [...] Acho muito estranha a versão oficial do

assassinato. Especializei-me em tiros de alta precisão e não consigo imaginar que com um fuzil com mira se possa atirar três vezes no mesmo alvo num intervalo de poucos segundos. Quando se atira com um fuzil de mira telescópica, a arma se desloca alguns milímetros e o alvo sai do visor. Mira-se num alvo a quinhentos ou seiscentos metros, e com o recuo do tiro é preciso buscá-lo de novo e refazer a mira... Três tiros sucessivos tão precisos, dados por alguém sem muita experiência, é, por assim dizer, algo impossível.[4]

Quando JFK foi assassinado, Che Guevara segurava seu quarto filho nos braços, o terceiro com Aleida. Uma menininha de quatro meses, nascida no dia 14 de junho de 1963 e chamada Celia.

Ele continua trabalhando para o desenvolvimento industrial, dá conferências para comunicar sua visão do trabalho voluntário e a noção de sacrifício tão pouco compreendidas pelos adeptos do *choteo*. Por causa disso, está sempre granjeando inimigos junto aos *apparatchiks* e à *intelligentsia* cubana. No entanto, alinhado com Fidel Castro, ele trabalha para o desenvolvimento das relações internacionais, tábua de salvação e oxigênio necessário para Cuba, sufocada pelo ativismo americano, que visa suprimir um a um seus apoios na zona caribenha e latino-americana.

O Che volta para os países do Leste, especialmente à Rússia, com muito menos entusiasmo do que em 1961, explode contra Khrushchev, que resiste em apoiar Cuba e sempre se recusa a ajudar na construção da grande usina metalúrgica de seus sonhos. Ele visita as cooperativas iugoslavas apesar das reticências de Fidel, que não aprecia esse método de desenvolvimento. Mais tarde ele encontrará, em 1964, Chu En-lai na China, Nehru na Índia, Nasser no Egito e Sukarno na Indonésia. Antes disso, incansável combatente internacionalista, ele estará entre 20 de março e 13 de abril de 1964 à frente da delegação cubana na conferência das Nações Unidas sobre o comércio e o desenvolvimento, denunciando o bloqueio americano que faz sua ilha passar fome, reafirmando o direito de Cuba de se defender contra qualquer intrusão estrangeira, conclamando à unidade dos países não alinhados para o combate anti-imperialista. Sempre de farda, mas de cabelos curtos, ele fala enquanto representante de um país vencedor, herói do Terceiro Mundo. Discurso conciso, breve, mas em que cada palavra tem importância. Ele desce da tribuna sob uma verdadeira ovação.

Numa entrevista à televisão suíça, ele explica num francês perfeito as consequências do bloqueio americano sobre Cuba, sobre os hábitos de vida e de consumo. Os artigos de luxo quase desapareceram. Não existem peças de troca para a indústria há muito tempo. Mas o embargo reforça a industrialização do país na mecânica, e Cuba agora pode fornecer quase todos os produtos essenciais a esse setor. Antigamente, tudo dependia dos Estados Unidos. Mudar tudo isso é coisa difícil, mas eles conseguem. Nesse sentido, o bloqueio é um fracasso para os americanos. À pergunta "O senhor pensa que existam na América Latina países maduros para uma revolução de tipo cubano?", o Che responde, charuto na boca, com um quase sorriso: "Aqui não se fala sobre isso, mas a luta existe na Venezuela, na Guatemala, talvez existam outros países onde o povo luta com armas... nós os ajudamos apenas moralmente, pois consideramos sua luta justa. Mas apenas isso".[5]

Ele evidentemente não faz alusão à Bolívia, nem à Argentina ou ao Congo. Mas ele já tem essa ideia em mente. Ele quer visitá-los. Já falou a respeito com Fidel. Claro que ele pensa no Congo, no assassinato de Lumumba, mas não apenas: sua luta vai além das fronteiras do continente americano para combater a hidra imperialista mundial. Uma ação solidária em continente africano poderia prejudicar os Estados Unidos e seus aliados europeus, e demonstrar a força da união internacional dos países subdesenvolvidos contra a dominação capitalista. Unir Ásia, África e América Latina, esse é o objetivo.

Ele conhece a África em Paris. Sim, Paris, a cidade dos sonhos. Ao voltar a Cuba, ele a visita por dois dias, de 14 a 16 de abril. No México, ele havia escrito à mãe sobre sua "necessidade desta cidade como uma necessidade biológica".

No Quartier Latin, *Os condenados da terra* em mente, ele entra na livraria Présence Africaine e folheia as obras de autores africanos e antilhenses, especialmente Césaire e Senghor, poeta que se torna o primeiro presidente da recente República Senegalense Independente, em 1960, e que ele conhecerá ao lado de Sékou Touré durante sua viagem seguinte ao Mali, em 26 de dezembro de 1964.

Ele ironiza discretamente esta negritude de que fala a peça de Senghor representada na sua presença. A África, sim, mas não a negritude. Ele não a compreende, trata-se de um conceito confuso e perigoso, segundo ele. O que diz Fanon é muito mais universal, muito mais construtivo e útil para a ação revolucionária.

Logo antes dessa primeira viagem à África negra, ele passa por Nova York, durante a Assembleia Geral das Nações Unidas, em 11 de dezembro de 1964, para advertir os Estados Unidos contra a violação em Cuba do direito universal dos povos de terem sua identidade e sua integridade territorial respeitadas, e coloca em evidência a solidariedade de seu país com todos os não alinhados. Discurso que ele encerra com o grito de adesão cubano: "*Patria o muerte!*".

Em Paris, ele comunica a François Maspero seu projeto de editar a obra de Fanon em Cuba, depois almoça com o economista Charles Bettelheim. À noite, vai ao teatro do Châtelet para assistir a um espetáculo do balé nacional cubano. No dia seguinte, é do Louvre que ele envia o seguinte cartão-postal a Aleida, o retrato de Lucrezia Crivelli por Leonardo da Vinci:

> Minha querida,
> Eu sonhava em levá-la pela mão às galerias do Louvre, e você está aqui, um pouco bochechuda e séria, com uma espécie de sorriso triste (talvez porque ninguém a ame), esperando seu namorado, que está muito longe. (Será aquele que penso ou um outro?) Recuo para apreciar melhor o que está escondido atrás desse seio generoso. Um rapaz? É isso mesmo?
> Beijos a todos, e um especial a você.
>
> Marshal Thu Che[6]

Mas ele está obcecado por outro sonho, da mesma natureza do de El Patojo: levar a luta para sua pátria, a Argentina. Como Fidel, ao saber disso, poderia impedi-lo?

Como ele não retomaria as mesmas palavras que o Che dirigira ao Patojo em sua homenagem póstuma: "Com que direito se, apesar de todas as nossas dúvidas, havíamos vivido aquela aventura e ele sabia que era possível?". Claro que Fidel não o impede, por várias razões. Por um lado, urge afrouxar o torniquete estadunidense sobre Cuba, criando outros focos de revolução e encontrando novos aliados. Por outro lado, sua partida se inscreve na lógica do combate revolucionário tal como teorizado no livro *A guerra de guerrilhas*. O Che projeta em âmbito mundial a colmeia-mãe, "que vê o nascimento de uma nova rainha antes de ela voar para outro local com uma parte do enxame...". Essa visão foi completamente integrada por ele à sua própria pessoa. Uma etologia une-se à sua ética. O "novo homem" que ele tenta criar é ele mesmo. Ele é de fato seu modelo.

Difícil apreender sua psicologia e compreender a fundo sua moral se não levarmos em conta o fato de que ele se formou e se conformou totalmente à sua ética, que ele se formatou por sua própria vontade. Não é absurdo falar, aqui, em mutação. Nele se fundem as dimensões humanas fundamentais, totalmente inscritas pela história milenar no genoma da humanidade: o caçador-coletor é assimilado ao agricultor. O viajante se fusiona com o sedentário. Ele faz seu ninho, consolida-o, torna-o seguro, depois voa para construir outros. Isso não deixa de acontecer sem certo sofrimento, mas é assim que ele vê seu destino, o próprio sentido de sua vida. Partir, partir em silêncio, abandonar o que se tem de mais precioso, levar consigo apenas o essencial. Fidel não poderia impedir o voo do pássaro migratório de sua revolução.

Em 21 de fevereiro de 1965, o Che chega à África. Três dias depois, nasce Ernesto Guevara March, seu segundo menino, seu quarto filho com Aleida. Desta vez, ele havia acertado. Ele de fato vira um menino sob o seio generoso.

Em Argel, na casa de Houari Boumédiène, ele pronuncia seu último discurso público. Discurso potente em que martela sua visão da ação internacional contra o imperialismo, o colonialismo e o neocolonialismo. Abrindo o coração, ele revela seu rancor pela União Soviética, que se comporta com os países irmãos como uma potência colonial, cobrando por sua ajuda um preço muito alto, enquanto deveria, pelo contrário, apoiar de maneira desinteressada a luta universal contra o inimigo comum. Novo tapa na cara de Khrushchev que não passará despercebido.

Mal-estar de Fidel? Sim, de fachada. O Che não teria pronunciado um discurso como aquele, de tamanha virulência, se a decisão de sua partida, preparada de longa data, não tivesse sido tomada de comum acordo com Fidel.

"Picar como uma abelha", dizia Cassius Clay, ou Muhammad Ali, a propósito de seus combates no ringue. "Morder e fugir", dizia o Che. Ele picou o urso e fugiu. Fuga para frente, pois ele não tem mais nenhuma intenção de ficar em Cuba. A Argentina é seu objetivo. Ele já tinha, em 1963, preparado guerrilheiros para essa missão da qual fazia parte o artista argentino Ciro Bustos. Este se lembra das primeiras palavras do Che a esse grupo de guerrilheiros: "Bom, aqui estamos! Vocês se uniram a nós e agora precisamos preparar as coisas. A partir deste momento, porém, considerem-se mortos. A morte é a única coisa certa aqui; alguns de vocês poderão sobreviver, mas todos precisam considerar que o que lhes resta de vida é um tempo a crédito".[7]

Em sua ausência, e à espera de sua chegada ao terreno de operações, o Che confia o comando a Jorge Ricardo Masetti, um jovem jornalista argentino, autor do livro *Ceux qui luttent et ceux qui pleurent. Le Fidel Castro que j'ai recontré* [Os que lutam e os que choram. O Fidel Castro que conheci], que abraçara a causa cubana. Ele funda, com o apoio do Che, a agência de notícias Prensa Latina para combater as agências internacionais e defender as visões cubanas, e colabora com Gabriel García Márquez. É ele também que, com seu conhecimento do FLN, aproxima a Argélia de Cuba, que lhe fornece, por intermédio de Masetti, 1.500 fuzis, trinta metralhadoras e um carregamento de morteiros obtidos do inimigo durante a batalha da Baía dos Porcos.

As frequentes visitas do Che à Argélia se inscrevem nessa relação de cumplicidade e na ideia de um apoio em retribuição à guerrilha que ele pretende começar na Argentina. Os guerrilheiros de Masetti, aliás, foram à Argélia em 1963, após uma passagem pela Tchecoslováquia, onde deram continuidade a seu treinamento.

A presença do Che na Argélia, em 1963 e em 1965, nada tem de fortuita, portanto. Não há nada de improvisado, nada que não seja planejado nessa viagem do Che a partir de Argel.

O objetivo final é a Argentina, e o fato de o ponto de junção entre o grupo de Masetti (chamado *Comandante Segundo*, à espera do *Comandante Primero*, Che Guevara) e Tamara Bunke (chamada de Tania), que logo desempenhará um papel importante a seu lado, estar na Bolívia, bem perto da fronteira com a argentina, não era um simples acaso.

Infelizmente, quando eles entraram na Argentina pelas montanhas da província de Salta, os guerrilheiros de Masetti estavam acompanhados de dois policiais infiltrados e eram seguidos pelas forças armadas. Masetti morre em combate no dia 21 de abril de 1964.

O Che sorria durante sua entrevista à televisão suíça porque pensava naqueles combatentes que acabavam de lançar a guerrilha em terras argentinas, no dia 18 de março. Ele só ficará sabendo de sua derrota ao voltar para Cuba.

A operação argentina é adiada depois disso, mas não anulada. Será preciso mais tempo, uma preparação mais longa, mais minuciosa. Mas ele não quer demorar demais, embotar-se e cair na rotina. Ele sente o peso da idade (aos 36 anos, já se sente velho). Também começa a sentir o peso do *choteo* e de sua força inercial. Acima de tudo, porém, os tempos que eles vivem são de ação e reação: os Estados Unidos, no dia 5 de outubro, bombardeiam o Vietnã pela primeira vez. A guerra absorve as energias dos norte-americanos, seus meios financeiros, mobiliza suas forças militares e os ocupa politicamente dentro de seu próprio país. Os negros lutam por seus direitos civis e não tardam, com Martin Luther King à frente da juventude americana, a revoltar-se contra aquela guerra colonial. É preciso criar, logo dirá o Che, "dois, três, quatro, uma miríade de Vietnãs".

Seis meses depois da derrota da guerrilha na Argentina, é chegada a hora de entrar na luta. Naquele mesmo mês de outubro de 1964, ele recorre a Tamara Bunke, uma alemã do Leste de origem argentina que havia sido sua intérprete quando de sua visita à RDA e que havia abraçado a causa cubana. Ele a envia para a Europa para que crie para si uma identidade falsa antes de infiltrar-se na Bolívia com o nome de Laura Gutiérrez Bauer. Seu disfarce: ela se apresenta como uma folclorista alemã de extrema-direita que faz pesquisas sobre a cultura boliviana. Ela se infiltra nos círculos acadêmicos e oficiais, consegue ser extremamente estimada pelo próprio presidente boliviano, René Barrientos, e chega a partir em férias com ele para o Peru.

Valorizando seu disfarce de folclorista, ela produz um estudo muito interessante sobre a música boliviana e faz um casamento arranjado com um jovem boliviano para obter a nacionalidade. Assim, pode transmitir a Cuba informações valiosas a respeito das forças bolivianas e sobre o estado da elite política. Demorado, perigoso e minucioso trabalho, que prepara a chegada do Che à Bolívia, em novembro de 1966.

Antes disso, porém, é preciso ocupar-se da África. O Che, com seu combate, quer criar uma ponte revolucionária entre os continentes africano, asiático e americano, seguindo o preceito "A melhor maneira de dizer é fazer".[8]

Não, não foi, como dizem alguns, o teor do discurso de Argel a razão da separação entre Fidel e o Che. Pelo contrário, é em total acordo com ele que o Che dá esse tapa na cara do Leste, que há muito tempo fazia a mão direita de Fidel ter comichões ao pensar em Nikita. Fidel poderá com toda a calma desculpar-se pela saída intempestiva e fora de hora do impetuoso amigo, e fazer com que acreditem que está zangado com ele, motivo de sua saída de circulação. Excerto desse discurso tapa na cara:

> Queridos irmãos,
> Cuba chega a esta conferência elevando sozinha a voz dos povos da América Latina e, como em outras oportunidades enfatizamos, também em sua condição de país subdesenvolvido que, ao mesmo tempo, constrói o socialismo. Não é por acaso que seja permitido à nossa representação emitir sua opinião no círculo dos povos da Ásia e da África. Uma aspiração comum, a derrota do imperialismo, nos une em nossa marcha rumo ao futuro; um passado comum de luta contra o mesmo inimigo nos mantém unidos ao longo do caminho... Cada vez que um país se separa da árvore imperialista, não se trata apenas de uma batalha parcial vencida contra o inimigo principal, é também uma contribuição para seu enfraquecimento real e um passo a mais rumo à vitória final...
> Devemos tirar uma conclusão de tudo isso: o desenvolvimento dos países que se engajam na via da libertação deve ser pago pelos países socialistas... Não deve mais existir a questão de desenvolver-se um comércio para o benefício mútuo com base em preços alterados às custas dos países subdesenvolvidos pela lei do valor e pelas relações internacionais de troca desigual provocadas por esta lei...
> Como podemos chamar de "benefício mútuo" vender a preços de mercado mundial as matérias-primas que custam aos países subdesenvolvidos esforços e sofrimentos ilimitados e comprar a preços de mercado mundial máquinas produzidas nas grandes fábricas automatizadas que existem hoje? [...]
> Os países socialistas têm o dever moral de liquidar sua cumplicidade tácita com os países exploradores do Ocidente. O fato de que o comércio esteja reduzido não significa nada. Em 1959, Cuba vendia açúcar ocasionalmente a um país do bloco socialista por intermédio de corretores ingleses ou de outras nacionalidades. [...]
> O desenvolvimento dos países subdesenvolvidos deve ser pago pelos países socialistas.
> Mas também deve-se pôr as forças dos países subdesenvolvidos sob tensão e firmar a via da construção de uma nova sociedade – quaisquer que sejam os obstáculos –, onde a

máquina, instrumento de trabalho, não seja instrumento de exploração do homem.

Tampouco se pode querer a confiança dos países socialistas quando se brinca de manter o equilíbrio entre capitalismo e socialismo, tentando utilizar as duas forças em contraponto para tirar vantagens precisas: uma nova política de absoluta seriedade deve reger as relações entre os dois grupos de sociedades...

O neocolonialismo mostrou suas garras no Congo. Não se trata de um sinal de força, mas de fraqueza; ele precisou recorrer à força, sua arma extrema, como argumento econômico, o que gera reações de oposição de grande intensidade...

Em nossos mundos, as armas não seriam mercadorias, elas devem ser entregues sem custo algum e nas quantidades necessárias e possíveis aos povos que as solicitam para serem utilizadas contra o inimigo comum.

É nesse espírito que a União Soviética e a República Popular da China nos concederam seu auxílio militar. Somos socialistas, constituímos uma garantia de utilização dessas armas, mas não somos os únicos e todos devemos receber o mesmo tratamento. [...]

Saudamos os povos heroicos do Vietnã, do Laos, da Guiné chamada Portuguesa, da África do Sul e da Palestina;

A todos os países explorados que lutam por sua emancipação devemos levar nossa voz amiga, devemos estender nossa mão e oferecer nosso encorajamento, aos povos irmãos da Venezuela, da Guatemala e da Colômbia, que hoje, armas em mãos, dizem definitivamente "não" ao inimigo imperialista.[9]

Depois de pronunciar esse discurso, Che Guevara volta para Cuba, abraça seu recém-nascido e fecha-se por 48 horas com Fidel Castro.

A ÚLTIMA VIAGEM

O adeus à ilha

O que foi dito durante aquelas 48 horas? É um mistério. Alguns dizem que a conversa foi tumultuada e que eles discutiram violentamente por causa da declaração de Argel, que teria deixado Castro em dificuldade perante a URSS. Mas será realmente possível brigar por dois dias seguidos? Quem teria essa energia? Ninguém, nem mesmo aqueles dois titãs.

É mais razoável ver naquelas horas uma espécie de seminário de preparação à partida do Che e um *debriefing* sobre os motivos da derrota na Argentina. Podemos imaginar que Fidel tenha elevado a voz e repreendido o Che, mais uma vez, por seu caráter impulsivo. Sua pressa em combater o poder argentino pode ter causado a perda dos guerrilheiros. Ciro Bustos, que havia escapado da aventura e fora chamado a Cuba, fizera o relato detalhado da debandada da tropa comandada por Masetti, da maneira como eles quase morreram de fome antes de terem sido exterminados pelas forças argentinas, das andanças pela mata hostil, sem apoio camponês, e, acima de tudo, da falta de disciplina, o não respeito às regras básicas de guerrilha. Em suma, um naufrágio em plena montanha. Mas, como o Che continua determinado, é preciso aperfeiçoar uma estratégia, confrontar suas experiências de guerrilha, analisar a questão boliviana, o contexto histórico e político, a pertinência dessa escolha. Segundo alguns testemunhos posteriores, o Che teria inicialmente escolhido o Peru. É o que dirá Harry Villegas, ou Pombo, um oficial negro que o acompanhará na aventura boliviana.

Fidel não partilha da mesma opinião. Estrategicamente, a Bolívia lhe parece mais apropriada. Tendo fronteiras com Brasil, Paraguai, Chile, Peru e Argentina, ela constitui uma plataforma ideal para formar uma base potente e inflamar o restante da América Latina com o tição guerrilheiro. É preciso relativizar, portanto, o fracasso de Masetti. O erro não foi a escolha do país, mas a falta de apoio camponês e político. Ora,

Cuba tem excelentes contatos com os comunistas bolivianos. Trata-se de aproximar-se deles com prudência e tato, o que levará tempo. O Che reluta muito com esse ponto e ao sair da reunião-maratona ainda não está convencido.

Mas eles decidem reenviar Ciro Bustos à Argentina, a fim de consolidar os apoios locais, contatar aliados potenciais junto aos comunistas e alguns peronistas.

Outro tema de discussão: o destino de Che Guevara após sua partida de Cuba. Ele iria para o Congo via Praga. Sua presença era absolutamente necessária naquele continente? Essa pergunta crucial destaca as evidentes dificuldades observadas pelo próprio Che. A principal sendo a cor de sua pele.

Mohamed Hassanein Heikal, jornalista, escritor, conselheiro e confidente de Nasser, conta, em *Les documents du Caire* [Os documentos do Cairo], a advertência do Raïs quando o Che lhe revelou seu projeto congolês: "O senhor me espanta. Quer se tornar um novo Tarzan, um branco entre os negros para guiá-los e protegê-los?... É impossível... Não dará certo. Enquanto branco, o senhor facilmente será localizado e, se encontrarmos outros brancos para acompanhá-lo, vocês fornecerão aos imperialistas motivos para dizer que não há diferença entre vocês e os mercenários... Se for ao Congo com dois batalhões cubanos e se eu enviar um batalhão egípcio, chamarão isso de ingerência e será mais ruim do que bom".[1]

O Che, porém, em seu *Diário do Congo*, relata outra advertência feita em Dar es Salam, na Tanzânia, em dezembro de 1964, quando ele se encontra com Laurent-Désiré Kabila e alguns *Freedom Fighters* dos países africanos que "vivem comodamente instalados em hotéis e fizeram de sua situação uma verdadeira profissão, uma ocupação por vezes lucrativa e quase sempre confortável". É Gaston Soumialot, naquele momento ministro do governo rebelde chamado República Popular do Congo, quem pede que sejam enviados apenas instrutores cubanos negros. Apesar de Soumialot não lhe causar tão boa impressão quanto Kabila, "era um outro tipo de homem", escreve o Che, "muito menos avançado politicamente, com bem menos idade, apenas dotado de um instinto primário que o faz manter-se em silêncio ou expressar-se raramente e com frases vagas, o que lhe permite ser tomado por um pensador sutil"[2], ele leva muito a sério sua recomendação. E poderíamos ler, no "segundo ato" de seu *Diário do Congo*, se não uma sombra de amargura, ao menos sérios questionamentos em relação à sua presença naquele país:

> Esse segundo ato tem início em Cuba e compreende alguns episódios cujo sentido ainda não pode ser esclarecido, como minha designação à frente dos voluntários cubanos, apesar de minha pele branca, a seleção dos futuros combatentes, a preparação de minha partida clandestina, as raras despedidas que pude fazer, as cartas de explicação; toda uma série de manobras subterrâneas que ainda hoje são perigosas de colocar no papel e que, de todo modo, poderão ser explicadas mais tarde... Eu deixava para trás quase onze anos de trabalho pela Revolução Cubana ao lado de Fidel, um lar feliz, se pudermos chamar de lar o alojamento de um revolucionário devotado à sua tarefa, e um bando de filhos que pouco aproveitavam meus carinhos. Um novo ciclo começava.[3]

O Che sem dúvida foi reticente, mas os argumentos de Fidel foram decisivos, entre outros o fato de que ele era o único a falar francês, além de suas competências médicas.

Dispensado de suas obrigações ministeriais, ele se endurecerá fisicamente para esse novo combate. O Congo será apenas uma etapa.

Também não é indiferente, por razões de política interna, que o Che se afaste por certo tempo de Cuba, devido ao crescente descontentamento dos quadros políticos da revolução, diante de sua intransigência, sua incompreensão do *choteo*, sua insistência em professar a ideia de sacrifício. É preciso, para acalmar certos ânimos, afastá-lo um pouco, ainda mais porque certos stalinistas puros e duros ainda não tinham digerido sua viagem argelina. O próprio Raúl Castro, cada vez mais pró-soviético, não aprecia muito as posições pró-chinesas do Che e começa a achá-lo extremamente *pesado*. Além disso, os únicos chineses que trabalham em Cuba estão sob o mando de Guevara no ministério da Indústria, e este não perde uma ocasião de lembrar que eles trabalham gratuitamente enquanto os soviéticos exigem um salário considerável. Os chineses são os únicos, diz ele, que realmente adotaram uma moral comunista. A seus olhos, o grande culpado é Lênin. Seu erro: o pecado original da adoção da NEP (Nova Política Econômica), quando, tentando salvar a revolução, ele acreditara que seria bom interessar os trabalhadores materialmente, e não apenas moralmente, pela produção, criando assim uma concorrência de tipo liberal entre as empresas. As ideias do Che, é claro, chegaram aos ouvidos de Khrushchev, que também era informado de que os hotéis onde o Che se hospedava no exterior ficavam abarrotados de chineses. O próprio Fidel não apreciava muito a crescente cisão entre pró-chineses e pró-soviéticos dentro do partido cubano.

Assim, a rápida saída do Che da cena política cubana foi também uma maneira de tranquilizar a União Soviética e seu clã cubano. Era agora ou nunca. Era preciso justificar o eclipse do Che sem despertar suspeitas da parte de Khrushchev, que não devia de modo algum saber que uma guerrilha era preparada. Esse era um dos pontos de desacordo entre Cuba e URSS, que se opunha firmemente à ideia de guerrilha, em virtude do acordo de coexistência pacífica entre o Leste e o Oeste e do dogma marxista segundo o qual é preciso esperar "as condições objetivas" de uma revolução. Khrushchev fará tudo para impedi-la. Tudo, até o pior: avisar o inimigo americano, se preciso.

Não foi o discurso de Argel que afastou o Che de Cuba. Foi antes o inverso: seu previsto afastamento de Cuba o tornou útil. Se realmente fosse questão de uma ruptura violenta, o Che teria escrito aquela carta a Fidel, lida muito depois de sua partida, para explicar suas razões ao povo cubano e ao mundo inteiro, de onde vinham todos os tipos de rumores, acusando, entre outros, Fidel de tê-lo eliminado? Havia chegado o momento de encerrar o contrato por prazo indeterminado que ele tinha com Fidel, um contrato moral assinado no dia do desembarque do *Granma*. Ele fez sua parte, lutou com o brio que sabemos, instaurou a reforma agrária, desenvolveu as relações internacionais, encontrou apoios financeiros e criou uma política industrial e agrícola, ainda que esta suscitasse críticas por parte de especialistas como René Dumont, o agrônomo francês ao qual ele recorreu e que criticou duramente "o amadorismo e a falta de senso prático do Che".

Além disso, sem dúvida, o Che se sente cada vez mais argentino ao ver aumentar o abismo cultural entre os cubanos e ele. Afinal, aquele é o país deles. Eles que assumam seu desenvolvimento, do jeito que quiserem. Ele mantém-se decididamente internacionalista. A revolução deve desenvolver uma frente internacional da qual, guerreiro sem fronteiras, ele está pronto a participar e criar focos de insurreição. Ele é argentino e é em seu país que ele deseja, acima de tudo, soprar a chama. Ele deixará de ser Sancho Pança para se tornar plenamente Dom Quixote.

Ele escreve uma carta de adeus a Cuba e a Fidel, afirmando toda a sua afeição e fazendo uma síntese de sua ação.

Ela só será lida por Fidel Castro em 3 de outubro de 1965, no dia em que o Partido Unificado da Revolução Socialista anuncia sua transformação em Partido Comunista Cubano.

> Fidel,
> Neste momento lembro-me de muitas coisas: do dia em que o conheci no México, na casa de María Antonia, quando você me convidou a vir, e de toda a tensão dos preparativos. Um dia vieram nos perguntar quem devia ser notificado em caso de morte, e a possibilidade real desse fato causou-nos um grande impacto. Mais tarde, soubemos que era verdade e que numa revolução é preciso vencer ou morrer (se ela for autêntica). Inúmeros camaradas caíram no caminho da vitória. Hoje, tudo tem um tom menos dramático, porque somos mais maduros; mas os fatos se repetem. Sinto que cumpri com a parte de meu dever que me prendia à revolução cubana em seu território e me despeço de você, dos camaradas, do seu povo, que agora também é meu.
> Renuncio formalmente a minhas funções na direção do Partido, a meu posto de ministro, a minha patente de comandante

e a minha nacionalidade cubana. Legalmente, nada mais me vincula a Cuba, apenas laços de outra ordem, que não podem ser anulados como títulos ou patentes.

Passando minha vida em revista, creio ter trabalhado com suficiente integridade e dedicação para consolidar o triunfo revolucionário. Minha única falta grave foi não ter tido mais confiança em você desde os primeiros momentos na Sierra Maestra e não ter percebido com a devida rapidez suas qualidades de líder de homens e de revolucionário.

Vivi dias magníficos e experimentei a seu lado o orgulho de pertencer a nosso povo nos dias brilhantes e tristes da crise caribenha. Raras vezes um estadista foi mais brilhante do que você naqueles dias, orgulho-me também de tê-lo seguido sem hesitar, de ter compartilhado sua maneira de pensar, de ver e de apreciar os perigos e os princípios.

Outras terras do mundo solicitam meus modestos esforços. Posso fazer aquilo que lhe é vedado devido à sua responsabilidade à frente de Cuba, e é chegada a hora de nos separarmos. Quero que saiba que o faço com uma mescla de alegria e de dor; deixo aqui minhas mais puras esperanças de construtor e os meus entes mais queridos. E deixo um povo que me adotou como filho. Sinto um dilaceramento. Carrego para novas frentes de batalha a fé que você me ensinou, o espírito revolucionário do meu povo, a sensação de estar cumprindo com o mais sagrado dos deveres: lutar contra o imperialismo onde quer que seja. Isso me consola e cura as feridas mais profundas.

Declaro uma vez mais que eximo Cuba de qualquer responsabilidade, a não ser daquela que emana de seu exemplo. Se minha hora final me encontrar debaixo de outros céus, meu último pensamento será para este povo e especialmente para você. Obrigado por seus ensinamentos e pelo seu exemplo, tentarei ser fiel a eles até as últimas consequências dos meus atos. Sempre estive de acordo total com a política externa da nossa revolução, e continuo a estar. Onde quer que vá, sentirei a responsabilidade de ser um revolucionário cubano, e me comportarei como tal. Não deixo nada material para minha mulher e meus filhos, e não o lamento; pelo contrário, estou feliz que seja assim. Nada peço para eles, pois sei que o Estado lhes dará o suficiente para viver e instruir-se.

Eu teria muitas coisas a dizer a você e a nosso povo, mas sinto que as palavras são inúteis, pois não podem expressar o que

eu desejaria e não vale a pena encher folhas em vão.
Até a vitória, sempre. Pátria ou Morte!
Um abraço com todo o meu fervor revolucionário
ERNESTO CHE GUEVARA[4]

Ainda é preciso anunciar a partida a Aleida. Ele faz o que nunca havia feito até então: tira alguns dias de férias com a família e aluga uma casa na praia de Boca Ciega. Depois que as crianças estão dormindo, ele comunica à mulher sua decisão e a iminência de sua partida definitiva.

Ele também lhe envia, por intermédio de Vilma Espín, cartas aos filhos, aos pais, e um pacote sobre o qual escreve "Somente para você".

Nesse embrulho, ela encontra fitas magnéticas em que ele gravou os poemas que costumava ler para ela, "nossos poemas", ele dizia: de Pablo Neruda (*Vinte poemas de amor*), de Nicolás Guillén (*Le sang abondant, le grand-père*), de Rubén Martínez Villena (*La pupille insomniaque*), entre outros.

Talvez ela tenha se lembrado de uma frase do marido em *A guerra de guerrilhas*:

> Aquele que abandona seu lar, seus filhos e seu universo avaliou bem suas responsabilidades, agiu com conhecimento de causa, sabendo que não voltará sobre seus passos.[5]

Sentada naquela praia, ela tem um abismo à sua frente. O mar e seu marulho são seus únicos confidentes. Ela tem nas mãos uma carta para os filhos, a ser lida somente depois da morte do marido. Mesmo assim, a abre:

> Se um dia vocês tiverem que ler esta carta, será porque não estou mais entre vocês. [...] Seu pai foi um homem que agia de acordo com suas crenças e convicções.
> Cresçam como bons revolucionários. Estudem com seriedade e tenacidade para serem capazes de dominar as técnicas que permitiram o domínio da natureza. Lembrem-se de que a revolução é a coisa mais importante, e que seu valor está acima do de vocês, cada um considerado individualmente.

Acima de tudo, tentem ser capazes de sentir profundamente cada injustiça cometida contra uma pessoa em qualquer lugar do mundo. Essa é a melhor qualidade de um revolucionário.
Adeus, meus queridos filhos. Mas ainda espero revê-los.
Um abraço bem apertado.

Papai[6]

E eis a carta de adeus a seus pais, escrita em 1º de abril de 1965:

Queridos velhos,
Tenho de novo as costelas de Rocinante sob os calcanhares, e eis-me de novo nas grandes estradas com meu escudo no braço.
[...] Nada mudou em essência, a não ser o fato de eu estar muito mais consciente de que meu marxismo se enraizou e cresceu dentro de mim. Tenho hoje a convicção de que a luta armada representa a única solução para os povos que lutam pela liberdade, e sou consequente com minhas ideias. Muitos me chamarão de aventureiro, e não os negarei, mas sou daqueles que colocam a própria pele em jogo para provar suas verdades.
[...] Amei-os muito, mas não soube expressar meu carinho. Sou rígido demais em minha maneira de agir e creio que por vezes vocês não me entenderam. Porque não era fácil entender-me, mas hoje lhes peço que acreditem em mim. Neste momento, uma vontade que poli com deleite de artista sustentará minhas pernas moles e meus pulmões cansados. Eu o farei.
Lembrem-se de vez em quando do pequeno *condottiere* do século XX. Beijem por mim Celia, Roberto, Juan, Martín e Patotin, Beatriz, todos. A vocês, um grande beijo de filho pródigo e obstinado.

Ernesto[7]

Nesse mesmo dia, maquiado com perícia, ele deixa Cuba com seus livros e seus poemas. Cabelos curtos e esbranquiçados, barba feita, calvície frontal, óculos de tartaruga, terno e gravata, chapéu cubano e bochechas artificialmente inchadas, envelhecido e irreconhecível, ele parece a estátua de Jules

Supervielle nos arredores do imóvel luxuoso da Bacardi. No fim das contas, os poetas e os revolucionários podem ter a aparência de pequeno-burgueses simples e bonachões.

Fiasco no Congo

É com esse disfarce, depois de passar por Praga, que ele desembarca incógnito em Dar es Salam, no dia 19 de abril de 1965, junto a seus "semelhantes" neocoloniais e diplomatas. Ele tem um novo nome de guerra: Tatu, que significa "três" em suaíli. Três de terceiro ato de sua vida, enquanto homem maduro, que tem início no Congo e que acabará, ele espera, na Argentina, fechando um ciclo? Ou será três das três mulheres amadas que marcam essas etapas, suas três dulcineias de múltiplas figuras: Chichina, Hilda e Aleida? Na verdade, o nome remete ao número de comandantes da guerrilha: o primeiro dos três chefes cubanos era Moja (Viktor Dreke, segundo chefe de coluna da revolução cubana), o segundo era Mbili, que em suaíli significa dois ou duas vezes (José María Martínez Tamayo), e o terceiro, Tatu (três).

Seja como for, fiel a seu apreço pelos números, em especial sua concepção do número ideal de combatentes, o Che cerca-se de treze guerrilheiros cubanos escolhidos a dedo, que o acompanham em ordem dispersa. Todos são negros, com exceção de Mbili (J. M. M. Tamayo).

> A população negra é a mais explorada de nosso povo e a que mais sofre discriminação. Sua participação no combate é muito importante, por intermédio do campesinato da província de Oriente, mas esta era analfabeta em sua grande maioria. Consequentemente, pouquíssimas de nossas principais figuras militares ou dos quadros intermediários dotados de formação sólida eram negras. Quando nos pediram para enviar de preferência cubanos negros, buscamos entre os melhores elementos do exército que dispunham de experiência de combate e o resultado é que nosso grupo apresenta, a nosso ver, um belo espírito combativo e conhecimentos precisos em matéria tática, mas pouquíssima formação acadêmica.[1]

O Che logo perceberá que aqueles cubanos negros são, na verdade, melhores combatentes, muito superiores em eficácia ao grupo de africanos com o qual ele terá que lidar.

No dia seguinte à chegada na Tanzânia, 20 de abril, Hildita (nascida em 15 de fevereiro) recebe um cartão de aniversário atrasado do pai, que lhe diz estar um pouco longe, trabalhando numa tarefa que lhe foi atribuída, e que levará um bom tempo para voltar. Ele lhe pede que cuide bem de seus irmãos e irmãs, que se assegure de que eles façam os deveres de casa e que tenha certeza do amor de seu pai.

No dia 24 de abril, Che e os guerrilheiros se encontram na costa congolesa do lago Tanganica. Sua primeira impressão sobre os africanos é a absoluta disparidade, inclusive o franco contraste que existe entre dois grupos de homens. De um lado, majoritariamente camponeses pouco educados, do outro, universitários ou homens muito cultos que dominam o francês. Mas a essa ruptura soma-se outra, sem dúvida em parte ligada à primeira, fator de hostilidade real entre os grupos locais: alguns ficam na frente de batalha, enquanto outros se comportam como verdadeiros turistas, indo e vindo à cidade por um motivo ou outro, quase sempre pessoal.

E logo uma terceira ruptura se revela, aumentando o abismo cultural entre cubanos e africanos: a dimensão mágica. O tenente-coronel Lambert explica com seriedade ao Che que possui um *Dawa*, um remédio que o torna invulnerável, que as balas não o tocam, que elas caem a seus pés. E que quem é ferido ou morto é porque teve medo ou porque dormiu com uma mulher.

O Che não é etnólogo e, espírito racional, não consegue perceber toda a razão oculta por aquele pensamento mágico. Um homem que tem medo tem todas as chances de ser ferido, o medo é mau conselheiro; a audácia, em contrapartida, intimidando o inimigo, faz com que se encontrem saídas. No que diz respeito às mulheres... A maioria dos atletas são como esses pensadores mágicos.

Seja como for, o Che compreende que está em terras desconhecidas e que precisará lidar com esse fato.

Até o momento, ele ainda não revelou sua verdadeira identidade, e quando se sente obrigado a revelar seu segredo a Tremendo Punto, seu contato, este se sobressalta como se tivesse visto o diabo, repetindo sem parar: "Escândalo internacional, escândalo internacional, por favor, que ninguém fique sabendo, que ninguém fique sabendo!". E na mesma noite ele informa Kabila da presença do Che no Congo.

Dali por diante, Kabila se torna um fantasma, um verdadeiro ausente. O Che passará o tempo todo à espera dele. À espera de suas ordens, pois não é um tomador de decisões, veio apenas prestar mão forte àquele embrião de foco revolucionário que, ele espera, consiga inflamar a África inteira. Mas o fogo ainda precisa pegar. Às margens do lago Tanganica, sob o calor úmido da floresta tropical, apesar de haver toda a matéria inflamável necessária, uma condensação de condenados da terra reunidos para a grande fogueira do capital e do imperialismo, falta o essencial: o tição da ideologia, deflagrador guerreiro da consciência revolucionária, e a madeira seca da disciplina. Tudo está ali, mas disperso, não há unidade. Acender o feixe guerrilheiro africano é uma tarefa impossível para o Che.

Os ruandeses não concordam com os congoleses. As tribos disputam entre si. Em meio a essa desordem de espíritos, motivações e comportamentos, as ordens perdem o valor. Para cúmulo do infortúnio, Mitoudji, a única pessoa que tinha autoridade e que era capaz de criar uma unidade provisória a seu redor, afoga-se no lago. Na outra margem, um grupo de prostitutas. O Che havia notado, durante uma visita à enfermaria local, o grande número de doenças venéreas. Ele não se preocupa tanto naquele momento com o estado de saúde daquelas mulheres, mas com o risco de infectarem grande número de combatentes. Além disso, "Quem paga aquelas mulheres? Com que dinheiro? Para onde vai o dinheiro da revolução?".[2]

Para piorar tudo, ele percebe que a distância entre cubanos e africanos aumenta. Não surge a esperada integração. Eles compartilham apenas a aparência de uma mesma cor de pele, o que está longe de ser suficiente para criar uma identidade.

Alguns são tão pretos que não podem ser diferenciados de seus camaradas congoleses, e mesmo assim ouvi um deles dizer "mande-me dois negros daqui", dois congoleses. Os nossos são estrangeiros, seres superiores, e deixam isso bem claro. Os congoleses, extremamente sensíveis devido às vexações sofridas sob os colonialistas, percebem certos gestos de desprezo no comportamento dos cubanos e ficam profundamente ressentidos... Não consegui fazer com que os congoleses fossem chamados como tais; eles são sempre os "congos", um nome que parece mais simples e familiar, mas que está cheio de veneno.[3]

O Che está há dois meses sem fazer nada, à espera das ordens da hierarquia, e todo dia Kabila adia o encontro entre eles. Dois meses de dolorosa languidez para aquele homem de ação:

> A característica fundamental do Exército Popular de Libertação é ser um exército parasita que não trabalha, não treina, não luta, exigindo dos habitantes que o abasteça, às vezes com extrema severidade.[4]

O absoluto contrário do que deveria ser feito. E quando os soldados recebem alguma coisa para carregar, eles respondem: *Mimi hapana motocari* ("Eu não sou um caminhão"). Os metralhadores congoleses ignoram o manejo da arma e não querem aprendê-lo. No grupo, os oficiais são os mais indisciplinados e dão mau exemplo:

> Os grupos militares, em vez de serem os fatores da consciência revolucionária, são como um depósito de maus elementos ou estão podres, resultado da falta de organização e da falta de autoridade de que tanto nos queixamos ao longo dessas anotações.[5]

Para passar o tempo, ele lê, escreve e monta uma pequena escola onde se ensina principalmente o suaíli. Ele começa a compreender que sua presença não agrada nem um pouco a Kabila, com quem consegue ter algumas trocas por correspondência.

Em 22 de maio, Osmany Cienfuegos, irmão mais velho de Camilo (que se tornara ministro da Construção depois da morte do irmão, depois secretário-geral da organização de solidariedade dos povos asiáticos, africanos e latino-americanos), vai visitá-lo na floresta. Feliz reencontro, abraços calorosos, mas a alegria é de curta duração. Cienfuegos anuncia-lhe que sua mãe está muito doente. Uma longa e angustiante espera de mais de um mês se segue até a chegada da notícia funesta. Ele constata com tristeza: "Ela não teve tempo de tomar conhecimento da carta de despedida que deixei em Havana para ela e meu pai; ela só será enviada no mês de outubro, quando minha partida será tornada pública".[6]

Então, no dia 7 de julho, três meses depois da chegada ao acampamento, Kabila se digna a aparecer. "Finalmente! O chefe veio ao local de operações", ele escreve com ironia. Kabila é cordial mas fugidio. Sua presença e suas palavras acordam os combatentes do torpor e eles começam a dançar e a cantar "Kabila eh, Kabila va". E o chefe, tentando recuperar o tempo perdido, lança-se numa atividade frenética, e todos começam a trabalhar, cavar trincheiras, exercitar-se no tiro. Cinco dias depois, porém, ele decide ir embora. Precisa unir-se a Soumialot, que, segundo ele, é uma nulidade em matéria de organização, um verdadeiro desastre, e ainda por cima um fraco. "Foi eleito presidente por seu senso de relações, não por suas qualidades de organizador."[7] Assim que Kabila vira as costas, todos o desacreditam. "Precisava trazer tantas garrafas de uísque se só contava ficar cinco dias?", diz um dos combatentes. E o Che escreve, com amargura:

> Minha presença não lhe agrada... nada leva a crer que seja o homem da situação. Ele deixa o tempo passar e só se interessa pelas disputas políticas e tudo indica que gosta demais de beber e de mulheres... Minha impressão é que podemos avançar, mesmo a um ritmo muito lento, e que existe uma chance para que Kabila me deixe tentar alguma coisa. Até agora me sinto antes na pele de um estagiário.[8]

Ele de fato tenta agir, em desespero de causa, cansado de esperar. Mas os resultados são pequenos e os combatentes são péssimos, pouco formados e reticentes à formação.

> De novo nos lançamos na tarefa difícil de ensinar o bê-á-bá da arte da guerra a pessoas cuja determinação não salta aos olhos, é o mínimo que podemos dizer. Tal é nosso trabalho de semeador, lançando desesperadamente as sementes de um lado a outro, tentando fazer uma germinar antes da chegada da má estação.[9]

Mas as coisas pioram. Ele se zanga e diz que eles deveriam usar saias e transportar mandioca, pois não serviam para nada, e que ele preferia ter que lidar com mulheres a ter homens como eles. Eles o olham incrédulos e explodem numa gargalhada.

Decididamente, não será com aquela lenha que se esquentará uma revolução. Ele joga a toalha e faz um relatório a Fidel, explicando que Soumialot vendeu-lhes vento. Que as condições de uma insurreição naquela parte da África não foram reunidas. Ele analisa a situação dos camponeses, que, segundo o princípio da guerrilha, deveriam ser apoios ativos do movimento. Ali, porém, a relação com a terra e sua propriedade nada tinha a ver com o que eles conheciam na América Latina. Eles tinham se enganado de alto a baixo.

> Não se pode fazer o impossível [responde-lhe Fidel]... Se vocês decidirem partir, Tatu está livre para manter o status quo de sua situação atual, seja voltando para cá, seja indo para outro lugar. Apoiaremos sua decisão, qualquer que seja... Evitem a prostração.[10]

Grande alívio. Deixar aquele inferno. Eles atravessam o lago eufóricos.

> Era como se uma tampa acabasse de se abrir. A exaltação dos cubanos e dos congoleses extravasa dos pequenos barcos como um líquido borbulhante que me queima sem que eu

ceda à contaminação. Ao longo das últimas horas passadas no Congo, senti-me só, mais só do que nunca; em Cuba ou em qualquer outro lugar de minhas errâncias pelo mundo. Posso dizer: "Nunca como hoje eu havia sentido o quão solitário era meu caminho".[11]

O fogo revolucionário não pega na selva. Uma análise ponto por ponto desse fracasso permite evidenciar as fraquezas dos dirigentes e da população, que, em grande parte devido à divisão tribal, não adquiriu uma consciência revolucionária. Fracasso também ligado a uma situação geográfica e a condições econômicas pouco propícias. Mas o Che não evita criticar sua própria pessoa, nem a de seus "comandatários" cubanos, a saber o próprio Castro. "Pode-se fazer a revolução quando se sabe interpretar a realidade histórica e quando se utiliza corretamente as forças nela implicadas", ele diz. Houve um defeito de interpretação da realidade, e deve-se tirar conclusões a respeito disso para o futuro.

O fato é que Kabila aparece como o culpado principal, e o Che não modera suas palavras. Mesmo admitindo que este último é "o único homem com autênticas qualidades de dirigente de massas", ele acredita que "um homem que tem qualidades de dirigente não pode, somente por causa desse mérito, empreender uma revolução". E ele conclui seu diário do Congo da seguinte maneira:

> É necessário ter uma seriedade revolucionária, uma ideologia que guie a ação, um espírito de sacrifício que acompanhe nossos atos. Até o momento Kabila não demonstrou possuir nada disso. Ele é jovem e é possível que mude, mas ouso deixar por escrito, pois estas páginas serão tornadas públicas depois de muito tempo, minhas grandes dúvidas quanto à sua capacidade de superar seus defeitos no meio em que vive. Os outros dirigentes conhecidos serão quase todos varridos pelos fatos. Os novos, é provável que estejam no interior, e que comecem a escrever a verdadeira história da libertação do Congo.
>
> Janeiro de 1966.[12]

Lua de mel na Tanzânia

Partir. Sim, mas quando e como? O Che se sente como o "cigano imóvel cujo suor que escorre cava seu próprio túmulo".[1] Recluso num quarto minúsculo da embaixada de Cuba em Dar es Salam, contíguo a um banheiro-cozinha que também serve de câmara escura fotográfica, ele está ali como num limbo, à espera do dia. Ele nunca se sentiu tão impotente, tão dependente da boa vontade dos outros. Os serviços secretos de Cuba trabalham para encontrar uma solução. Como tirá-lo dali e para onde levá-lo? Fidel pede-lhe que volte para casa. Nem pensar. Voltar depois daquela carta de despedida? Com que cara? Ridículo; sim, ridículo e inconcebível. Aleida quer revê-lo e insiste. Fidel apoia seu pedido. Talvez ela consiga fazê-lo voltar à razão e trazê-lo para casa. Contra todas as expectativas, o Che aceita. Ela sobe num avião, deixando as crianças sob os cuidados da babá, e chega a Praga em trânsito para Dar es Salam, cabelos pretos, óculos escuros, envelhecida artificialmente para enganar o inimigo, pois a CIA está preocupada com o desaparecimento do Che. Ele é procurado por toda parte. O que estaria tramando? Seguir a mulher é encontrar o homem. Todas as precauções precisam ser tomadas para embaralhar as pistas. O Che vai buscá-la no aeroporto. Como os dois estão disfarçados, eles não se reconhecem imediatamente, depois dois "estrangeiros" se beijam no meio da multidão.

Naquele quarto em forma de mansarda onde ficam juntos e reclusos por mais de um mês, eles têm uma segunda lua de mel. O Che lê e escreve com abundância. Ele tem a seu redor toda uma biblioteca, onde encontra os *Hinos triunfantes* de Píndaro, as *Tragédias* de Ésquilo, os *Dramas e tragédias* de Sófocles, os *Dramas e tragédias* de Eurípides, a coleção completa das tragédias de Aristófanes, a *História* de Heródoto, a *História grega* de Xenofonte, os *Discursos políticos* de Demóstenes, os *Diálogos* de Platão, a *República* de Platão, a

Política de Aristóteles, o *Dom Quixote de la Mancha*, as *Obras completas* de Racine, a *Divina comédia* de Dante, o *Orlando furioso* de Ariosto, o *Fausto* de Goethe, ou ainda as *Obras completas* de Shakespeare, lista não exaustiva.[2] Ele finaliza seu *Diário do Congo* e começa a redação de suas *Notas filosóficas*, em que estuda a biografia e o pensamento de grande número de filósofos antigos, modernos ou contemporâneos, produzindo uma análise crítica. No resto do tempo, ele revela e fotografa em sua câmara escura com Aleida, ensina-lhe francês e grava histórias infantis para os filhos, coisa que havia começado a fazer na selva, em meio ao grito dos macacos, do canto dos pássaros, do coaxar dos sapos e do cricrilar dos grilos. Sons que formam um coro musical sob sua voz grave.

Aleida nunca tivera o marido tão próximo de si, tão disponível. Ele não parece se impacientar por estar fechado dia e noite em sua companhia.

No início de março, ele viaja para Praga deixando-a de novo sozinha, desamparada, pensando nunca mais revê-lo. Praga é apenas uma etapa antes da Bolívia, onde ele quer abrir o foco de revolução que incendiará a Argentina e toda a América Latina.

Enquanto isso, Fidel envia Régis Debray para a Bolívia, país que o francês conhece bem. Ele havia chegado no final de dezembro de 1965 em Cuba, para ali se estabelecer em definitivo a pedido de Castro. Esse professor de filosofia, discípulo de Althusser, seu professor na École Normale Supérieure da rue d'Ulm, filho de grandes burgueses, de mãe advogada e vereadora de Paris e pai também advogado, no topo da hierarquia social parisiense, torna-se oficialmente professor em Cuba a título de cooperação, mas na realidade trabalha junto ao *líder máximo* como conselheiro especial.

A missão que Castro lhe confia é de ordem informativa. Ele deve estudar o terreno, os lugares propícios para a guerrilha, entrar na Argentina e enviar-lhe os mapas mais precisos possíveis.

Em janeiro de 1966, uma conferência tricontinental é organizada em Cuba, conferência de solidariedade entre os povos da Ásia, da América Latina e da África. Oitenta e dois países do Terceiro Mundo são representados. Denuncia-se a pilhagem dos países subdesenvolvidos, designa-se os Estados Unidos como o maior inimigo, apoia-se o Vietnã e manifesta-se solidariedade por Cuba, vítima do bloqueio. Os grandes representantes desses países estão presentes. Um ausente é notado: Che Guevara.

Mais que qualquer outro, uma personalidade pressente todo o significado dessa ausência. Mario Monje, secretário-geral do Partido Comunista Boliviano, PCB. Ele não acredita numa briga entre Fidel e o Che, e pensa que alguma coisa deve estar sendo tramada. Muito hostil à ideia de que uma guerrilha comandada pelos cubanos surja em seu país, ele teme que o Che já esteja lá. Se ele havia "ajudado" os guerrilheiros de Masetti durante a ida destes à Bolívia, era com a condição de que ela fosse apenas uma passagem para a Argentina. No avião que o leva de Praga a Cuba, ele encontra Régis Debray, que desenvolve a ideia de que a revolução cubana é um modelo para toda a América Latina. Essa presença confirma sua preocupação, aumentada pela descoberta de que jovens militantes comunistas bolivianos estão recebendo treinamento militar em Cuba sem o aval de seu Partido. Ele pede para ver Fidel. Este lhe faz a seguinte pergunta à queima-roupa: "O que acha da possibilidade de uma guerrilha na Bolívia?". Monje responde que isso não seria muito realista. Resposta errada. Fidel não fica satisfeito e o demonstra. "Tente de novo", sugere-lhe Manuel Piñero, "aproveite os três meses oferecidos aqui para formar-se militarmente, olhe em volta e reveja sua posição."[3] Manuel Piñero, chamado Barbarroja, é o diretor do serviço de segurança de Fidel, espécie de diretor da CIA cubana, que se chama DGI (Dirección General de Inteligencia). Ele havia combatido ao lado de Castro em Santiago. É um de seus homens de confiança.

Monje, para entender melhor o que era tramado em Cuba, pede para seguir um treinamento militar com os outros bolivianos. Sem poder deixar a ilha, bem vigiado por Barbarroja, ele liga para Ramiro Otero, em Praga, o representante do PCB na República Tchecoslovaca, que vai a seu encontro em Havana, num parque, ao abrigo dos ouvidos indiscretos e dos microfones. Monje pede-lhe que vá imediatamente a La Paz, reúna o Politburo e diga que Cuba está preparando uma guerrilha na Bolívia. Ele também dá um jeito de comunicar os soviéticos. O motivo real de seu temor é perder a liderança do combate revolucionário na Bolívia.

No mês de maio, ao fim da sessão de treinamento, Fidel diz a Monje: "Você sempre foi nosso amigo. Desenvolveu uma ação internacional conosco. Quero realmente agradecer por toda a ajuda que nos forneceu. Neste momento, um de nossos bons amigos quer voltar para seu país, alguém cuja dimensão revolucionária não pode ser questionada. E ninguém pode negar-lhe o direito de voltar para casa. Ele acredita que o melhor lugar para fazer isso é pela Bolívia. Peço-lhe que o ajude a transitar por seu país. Se os seus próprios planos andarem da maneira que você deseja, e se você precisar de ajuda, estamos dispostos a dá-la. Se você quiser que o ajudemos a treinar militarmente mais pessoas, basta enviá-las".[4] Monje agradece e afirma estar disposto a ajudar o trânsito do "amigo em comum" pela Bolívia. Grande sorriso caloroso de Fidel, que então lhe diz: "Você sempre foi excelente na seleção de pessoas. Peço-lhe que selecione bem aqueles que vão receber nosso amigo, conduzi-lo pela Bolívia e escoltá-lo até a fronteira".[5] Fidel compreende os temores de Monje e consegue tranquilizá-lo.

Na verdade, a guerrilha na Bolívia é concebida como uma retaguarda, um lugar de reunião de forças onde a vanguarda que deve cruzar a fronteira argentina é abastecida. Não se trata apenas de um lugar de passagem, portanto. A guerrilha deve de fato implantar-se, e para isso é necessário o concurso da população e de seus líderes revolucionários, a começar pelo Partido Comunista. É preciso lidar com Monje, mas ele é apenas um elemento desse dispositivo. Dentro do mesmo Partido Comunista Boliviano existem outras forças, bastante pró-chinesas, favoráveis a um apoio à guerrilha. Para tudo isso é preciso um trabalho diplomático de fôlego, mas Fidel tem consciência de que em Praga seu fervoroso amigo Che se impacienta. Este gostaria de poder treinar, preparar-se para o combate. Nada fácil de fazer no lugar onde ele se encontra. Apesar de os serviços secretos tchecoslovacos serem ativos e o apoiarem, não deixa de haver certo perigo, pois os russos mantêm um olho sobre o satélite da Boêmia.

O Che precisa voltar para Cuba, ainda que apenas para encontrar condições favoráveis para seu preparo. Fidel pede-lhe isso de novo, recebe nova recusa, mas insiste. Ele conhece seu calcanhar de aquiles, o defeito de sua couraça: Aleida. Ela ainda pode conseguir. Por enquanto, preso em Praga, ele não tem outro horizonte. Como poderia se recusar a revê-la? A obstinação de Fidel acaba vencendo e Aleida encontra o Che num pequeno quarto que eles logo trocam por uma grande casa no campo praguense onde também vivem Pombo, Tuma (Carlos Coello), Pacho (Alberto Fernández Montes de Oca) e outros guerrilheiros. Magnífico período para Aleida, que, acompanhada do marido, aproveita a beleza de Praga. Ao fim do mês de maio, porém, comunicam-lhes uma nova ameaça americana sobre Cuba. O Che pede-lhe que volte imediatamente para cuidar das crianças. Se a ameaça se confirmar, ele também voltará para defender Cuba. Por fim, nada acontece.

Então Fidel escreve-lhe uma longa carta, utilizando todos os argumentos que podem sensibilizá-lo. E Castro termina com as seguintes palavras:

> Sei que farás 38 anos no dia 14. Achas por acaso que um homem já é velho a essa idade?
> Espero que essas linhas não provoquem em ti irritação ou preocupação. Sei que se as analisares seriamente me darás razão, com a honestidade que te caracteriza. Mas mesmo se adotasses outra decisão totalmente distinta eu não me sentiria traído. Escrevo-te com o afeto mais profundo, a maior e a mais sincera admiração por tua lucidez e tua nobre inteligência, tua conduta irretocável e teu caráter inabalável de revolucionário íntegro, e o fato de que possas ver as coisas de outro modo não muda nada desses sentimentos e não terá nenhuma consequência sobre nossa cooperação.[6]

O Che volta incógnito para Cuba em julho, enquanto Pombo e Tuma voam para a Bolívia, onde, no dia 25 de julho, em Santa Cruz, encontram-se com José María Martínez Tamayo, o Mbili do Congo, que agora se chama Papi. Eles lhe entregam documentos e instruções da parte de Ramón, o Che, em especial a recomendação de evitar qualquer contato com Tania para preservar seu disfarce. Comunicar-se com ela se necessário somente por mensagens codificadas. Papi pergunta sobre o local previsto para o início das operações, o que os surpreende, pois eles percebem que este último não recebeu nenhuma instrução a esse respeito. Eles só podem transmitir-lhe o que lhes disse o Che: que é preciso focar na Bolívia apesar de a Argentina e o Peru continuarem sendo opções.

Eles também lhe revelam a localização das duas fazendas previstas para abrigar a guerrilha. Duas opções diferentes: situadas em duas regiões afastadas, uma perto de Santa Ana, outra perto de Puerto Linares, mas eles não sabem mais que isso. Papi, por sua vez, havia comprado uma fazenda que devia servir de campo de treinamento, mas depois de inspecionar os arredores essa opção precisou ser abandonada, pois ela ficava a menos de cinco quilômetros de um acampamento militar. O certo é que por razões de segurança as informações deviam ser divididas e cada um deveria saber apenas uma parte. No entanto, parece que nada havia sido totalmente decidido naquele momento, tanto do lado cubano quanto do lado boliviano. Eles encontram militantes do PCB que se dizem dispostos a unir-se à guerrilha, mesmo que Mario Monje continue se opondo a ela.

Em La Paz, em 27 de julho, eles chegam à casa de Luis Tellería, membro do PCB encarregado de fornecer armas, medicamentos, alimentos, roupas etc. Depois, no dia 28 de julho, eles se encontram com Mario Monje, que lhes concede, após certa hesitação, o auxílio de vinte homens do PCB. Em 30 de julho, eles discutem com Moisés Guevara (simples homônimo), líder de uma facção pró-chinesa e de um sindicato operário, partidário da luta armada. Ele quer participar da guerrilha. Coisa problemática, tendo-se em vista que Mario Monje a princípio ainda está participando e que fazer um maoísta interferir significa correr o risco de entrar em conflito com ele. Por outro lado, Moisés está isolado em relação à outra facção dissidente do PCB dirigida por Óscar Zamora Medinaceli, que já esteve em contato com Che Guevara e Régis Debray, com quem tem afinidades. A situação política é complexa e todos pisam em ovos. É preciso recorrer à hierarquia, e envia-se a proposta de Moisés Guevara a Cuba.

No dia 6 de agosto, chegam dois peruanos com uma mensagem de El Chino (o chinês, ou Juan Pablo Chang), líder do ELN, Exército de Libertação Nacional do Peru, grupo armado, e antigo amigo de Hilda Gadea. Este não compreende por que a prioridade é a Bolívia e não o Peru.

Em 8 de agosto, eles vão de novo até Monje para pedir-lhe um pouco mais que os vinte homens prometidos. "Que vinte homens? Não me lembro de ter prometido isso"[7], ele responde, acrescentando que o Comitê Central proibiu-o de se juntar à luta armada. Haviam acontecido eleições gerais em julho, para as quais o PCB havia apresentado candidatos, e, apesar de sua votação ter sido pouco expressiva, ela encoraja alguns moderados que querem continuar agindo dentro do sistema à espera das famosas "condições favoráveis". Mas por que esse jogo duplo? Por que enviar para treinamento em Cuba jovens bolivianos, dizer sim a Fidel e não aos enviados do Che? Torna-se evidente para estes que o papel de Monje é um tanto dúbio. A partir desse momento, suas relações com a guerrilha ficam tensas.

O Che, avisado, pede que os companheiros não busquem o "clash". Com Monje fora de jogo, o Che fica livre para escolher outro líder, ao risco de, mais tarde, ter que trazer o hesitante para a ação. A candidatura de Moisés Guevara lhe agrada. Ele sem dúvida deve pensar no homem que antigamente procurava no fundo da mina, nos mineradores viris e corajosos que havia tentado conhecer durante seu primeiro périplo pela Bolívia. Ele pede a Régis Debray que recrute novas forças junto a Moisés. A respeito do lugar de instalação da guerrilha, o debate ainda é intenso entre aqueles que, em Cuba, optam pela região de Alto Beni, a nordeste de La Paz, região verdejante mas muito povoada, o que leva ao risco de uma detecção da guerrilha antes mesmo de ela ter começado, e aqueles que preferem Ñancahuazú, muito menos povoada. O Che toma uma decisão. Será Ñancahuazú. Ele tem pressa de lutar e não quer mais perder tempo tergiversando. Além disso, uma fazenda já havia sido comprada na região. Então, sem mais hesitação.

Quando o Che chega a Havana, no momento da comemoração de 26 de julho, levam-no diretamente para uma mansão em Pinar del Río que servia de base de treinamento para a guerrilha e que, ironicamente, havia pertencido a um alto funcionário da CIA.

Quando Aleida vai a seu encontro, ele fica furioso e não quer deixá-la sair do carro, pois julga que não há razão alguma para receber sua mulher enquanto os outros guerrilheiros estão privados das suas. Fidel intervém para acalmá-lo. Explica ter sido o responsável pela vinda de Aleida para ajudá-lo. Para ser equânime, Castro concede cinco dias de permissão excepcional aos guerrilheiros. Por fim Aleida pode ficar, mas desde que treine junto com o grupo.

Mais tarde, certo dia de outubro de 1966, maquiado e irreconhecível, Ernesto vai jantar na casa da família passando-se para os filhos como um amigo da mãe deles. Esse "amigo" é calmo e carinhoso. Ele brinca com eles, faz todos rirem e, para agradar, as crianças tocam piano. A pequena Aleida vai até a mãe e murmura em seu ouvido: "Mamãe, acho que esse senhor está apaixonado por mim".[8]

O senhor vai embora. Ela nunca mais o verá.

O caminho que não leva a lugar algum

O que vem a seguir é em grande parte uma transcrição de Aleida, que continuará sendo, após a morte do Che, sua secretária, sua "companheira" de escrita e pensamento, pois tem a guarda dos arquivos do marido e do Centro de Estudos Che Guevara. Foi a ela que Fidel Castro confiou a transcrição de seu diário da Bolívia, em vistas de uma publicação, pois somente ela sabe de fato decifrar a letra do médico sem traí-lo e compreender o que ele diz nas entrelinhas.

Em suas mãos, essa caderneta verde-escura, maltratada pelos rigores da guerrilha, manchada de suor e sangue, suja com a terra das florestas e das montanhas. Uma agenda escolar que se encerra no dia 7 de outubro de 1967, nas imediações de uma escola da cidade de La Higuera.

Palavra por palavra, dia por dia, Aleida bebe aquelas páginas e caminha ao lado do Che até o fim inelutável, até as palavras derradeiras para além das quais só há o branco implacável do papel: *Altitude, dois mil metros*.

Aos poucos, também retornam alguns mortos e os cadernos dos companheiros brotam do esquecimento, como o de Pombo, que faz chegar até nós o eco de combates enfurecidos. Testemunhos às vezes diferentes ou complementares, nunca contrários, como o de Fabrice del Dongo, que relata à sua maneira a batalha de Waterloo e também participa dela. Uma verdade se desprende dessa teia de palavras, mas deixa intacto o enigma daquele homem que procurava o homem.

Em novembro de 1966, Che Guevara aterrissa em La Paz, disfarçado de homem de negócios uruguaio. Alguns dias depois, ele chega ao acampamento e abre seu diário:

> 7 de novembro. Hoje começa uma nova etapa. Chegamos com noite fechada... não despertar as suspeitas de um proprietário dos arredores, que espalha rumores de que nossas atividades estão ligadas à cocaína.

> *9 de novembro*. Retirei seis carrapatos agarrados à minha pele. [...]
> *14 de novembro*. Hoje começamos a cavar para construir um túnel.
> *17 de novembro*. O túnel agora guarda todas as coisas comprometedoras e uma reserva de latas de conserva.
> *18 de novembro*. A monotonia se instala; as picadas dos mosquitos e carrapatos infeccionam e se tornam chagas purulentas.
> *24 de novembro*. Hoje é o aniversário de Aliucha [Aleidita].
> *27 de novembro*. Notícia embaraçosa: El Chino está na Bolívia e quer nos enviar vinte homens, depois vir a nosso encontro. Isso pode nos criar problemas, pois a luta tomará um rumo internacional antes mesmo que Estanislao [Monje] e eu estejamos de acordo.[1]

Ao fim de cada mês, o Che escreve uma análise da situação. Otimista, ele faz um balanço bastante positivo. Única sombra dos textos: a grande desconhecida, a reação de Monje. Ele a espera preocupado e também se pergunta sobre o comportamento futuro dos homens levados por Moisés Guevara. Como ele tem razão! Ele os chamará de "retardatários" e eles acabarão desertando, passando informações ao inimigo.

Algumas informações que ele não se preocupa em registrar em seu diário, mas que são importantes para a compreensão dos acontecimentos, podem ser lidas no diário de Pombo. Por exemplo:

> *15 de novembro*. Mongo [ou Ramón, ou Che] nos falou dos pontos que ele vai levantar com Estanislao [ou Monje]:
> Seu interesse pela Bolívia não é de natureza política, e ele não está de modo algum interessado em tomar o poder para criar um cargo para si mesmo. No entanto, pensa que sua experiência é suficiente para dirigir as operações militares e controlar as finanças, pois é aqui que se precisa de dinheiro. Mario [Monje] precisa entender que a luta na Bolívia será longa, porque o inimigo concentrará todas as suas forças contra ela. A Bolívia se sacrificará para criar condições revolucionárias em todos os países vizinhos. Devemos criar um outro Vietnã na América, centrado na Bolívia.[2]

Diário do Che no mês de dezembro:

2 de dezembro. El Chino chegou esta manhã. Estava em excelente forma. Em dois meses, cinco peruanos poderão se juntar a nós. Por enquanto, dois primeiros homens, um técnico de rádio e um médico, virão passar algum tempo conosco.
12 de dezembro. Dirigi-me a todo o grupo para "passar a lição" a respeito das realidades da guerra. Insisti na unidade do comando e na disciplina, depois atraí a atenção dos bolivianos para a responsabilidade que eles assumiam ao infringir a disciplina de seu partido e seguir outra linha.[3]

Então acontece um elemento decisivo para a continuação da guerrilha que terá consequências funestas na sequência dos acontecimentos. O encontro com Monje e a discussão que se segue são um momento de real virada da dinâmica da guerrilha. Tudo fica fora do lugar.

31 de dezembro. Chegada de Monje. Tania veio receber instruções. Monje colocou três precondições:
1. Ele renunciaria à direção do Partido, mas obteria ao menos a neutralidade deste, e alguns membros sairiam para se juntar a nós.
2. A direção político-militar da luta caberia a ele enquanto a revolução tivesse uma dimensão boliviana.
3. Ele se encarregaria de estabelecer relações com outros partidos sul-americanos, para levá-los a apoiar os movimentos de libertação.
[...]
O obstáculo era a segunda condição; eu não podia de maneira alguma aceitá-la. O chefe militar só podia ser eu, e eu não aceitava nenhuma ambiguidade a esse respeito. A discussão se viu então num impasse e nós andamos em círculos... Monje se dirigiu aos bolivianos e expôs-lhes a regra do jogo: ficar ou apoiar o Partido. Todos escolheram ficar. A reação deles foi um golpe que ele não esperava.[4]

Em sua análise do mês, o Che mantém-se otimista. Ele constata que os bolivianos estão bem integrados à guerrilha e que a atitude de Monje liberou-o das contingências políticas.

Mas ele ainda espera que os bolivianos se unam a ele, em especial os dos partidos dissidentes do PCB. Fidel Castro nunca partilhará desse ponto de vista do Che e pensará definitivamente que esse foi seu grande erro: "Creio firmemente que nada autorizava Monje a exigir o posto de responsabilidade ao qual ele aspirava, mas talvez teria sido necessário ter um pouco mais de tato, de diplomacia. O Che, por exemplo, poderia ter consentido com o pedido de Monje e dar-lhe até um posto de general em chefe, ou alguma coisa do tipo, mas sem nenhuma tropa sob suas ordens. Um título honorífico, de certo modo. Havia um problema de ambição pessoal que tornava tal aspiração um pouco ridícula. Monje não tinha as qualidades necessárias para comandar aquela guerrilha. O Che era de uma honestidade total. Termos como 'diplomacia' – não falemos em 'velhacaria' – ou mesmo 'astúcia' provavelmente o repugnavam... Aconteceu-nos mais de uma vez de conceder comandos imerecidos e fazer concessões. Em certos casos, é preciso um pouco de tato; se formos direto ao ponto, podemos perder tudo. A ruptura entre Monje e o Che causou muitos danos naquele momento".[5]

Fidel sem dúvida teria sabido jogar com o chauvinismo estúpido de Monje e seu imenso umbigo. O Che, por sua vez, caminha para frente, olha o horizonte, para além das fronteiras. Definitivamente, Che Guevara não é Fidel Castro. Dois indivíduos muito diferentes, mas muito complementares. Havia entre eles, como diria Nietzsche, "uma amizade estelar". E sem dúvida Fidel, filho de galego, do país do caminho de Santiago de Compostela, encostado às montanhas e ao vasto continente, mas aberto para o oceano, país de pássaros migratórios, viu o Che alçar voo com uma ponta de tristeza, como uma parte de si mesmo que havia partido para provocar incêndios, Vietnãs, contrafogos para proteger o espírito inicial da revolução. Uma parte que definitivamente fará falta tanto a Fidel quanto a Cuba. Este virá ler todos os dias, por cima do ombro de Aleida, a transcrição daquele diário salvo da morte.

Em 4 de abril de 1967, na outra América, Martin Luther King pronuncia, na igreja Riverside de Nova York, sua declaração contra a guerra do Vietnã:

> Uma verdadeira revolução de valores irá enfrentar a ordem mundial e dizer da guerra: "esta maneira de resolver as diferenças não é justa"... A arrogância do Ocidente que acredita ter tudo a ensinar aos outros e nada a aprender deles não é justa...
> Queimar seres humanos com napalm, encher de órfãos e viúvas os lares de nosso país, injetar o veneno do ódio nas veias das pessoas antes cheias de humanidade, trazer de volta para casa inválidos e doentes mentais que perderam a saúde do corpo e da mente nos campos de batalha sombrios e sangrentos, nada disso é compatível com a sabedoria, a justiça e o amor. Uma nação que continua, ano após ano, a gastar mais com defesa militar do que com seus programas de melhoria social se aproxima de sua morte espiritual...[6]

O conceito de amor irrompe em toda parte como nunca antes, e a canção dos Beatles *All You Need Is Love*, que logo inundará o planeta, entoada pelos jovens do mundo inteiro, está sendo escrita por John Lennon. Che Guevara adora os Beatles, tanto quanto ele adora Miriam Makeba. O que mais poderia aproximar o apóstolo da não violência do pensador da luta armada senão o conceito de amor? O Che observa em *Écrits sur la révolution*:

> Deixem-me dizer, correndo o risco de parecer ridículo, que o verdadeiro revolucionário é guiado por sentimentos de amor. É impossível pensar num autêntico revolucionário desprovido dessa qualidade... Todos os dias é preciso lugar para que este amor pela humanidade viva se transforme em gestos concretos, em gestos que servem de exemplo e que mobilizam.[7]

Uma semana antes de declaração de M. L. K., em 22 de março, o Che prepara uma emboscada para o exército boliviano e tem início a queda de braço do combate midiático. Comunicado após comunicado, mas sem revelar sua identidade, ele revela à Bolívia a existência de uma guerrilha sob a recente bandeira do ELN (Exército de Libertação Nacional da Bolívia). A presença do exército se faz mais forte. Esse é o momento escolhido por El Francés (Danton, ou Régis Debray) para expor "com veemência", como diz o Che, "como no exterior ele podia ser útil à nossa causa"[8]:

> *3 de abril.* Apresentei a Danton e a Carlos [Ciro Bustos] três alternativas: seguir-nos, partir sozinhos ou ajudar-nos a tomar Gutiérrez e, dali, tentar se sair da melhor maneira possível; eles escolheram a terceira. Amanhã veremos se a sorte está do nosso lado.[9]

No dia 10 de abril, novo confronto. El Rubio, um cubano, é morto. O exército se instala em um dos acampamentos, abandonado, e recolhe vários indícios.

> *11 de abril.* Um jornalista chileno fez uma descrição detalhada de nosso acampamento e descobriu uma fotografia minha sem barba e fumando cachimbo. Será preciso uma investigação para saber como a obteve.
> *12 de abril.* Às seis e meia, reuni todos os combatentes, menos os quatro "retardatários", para prestar uma modesta homenagem a El Rubio e lembrar que o primeiro sangue derramado havia sido cubano. Adiantei-me, assim, à propensão de desprezar os cubanos que eu havia observado na vanguarda.
> *13 de abril.* Os norte-americanos anunciaram que o envio de conselheiros à Bolívia responde a um antigo projeto e que não há relação alguma com as guerrilhas. Talvez estejamos assistindo ao primeiro episódio de um novo Vietnã?[10]

De fato havia um acordo, assinado em 1956, entre os norte-americanos e o governo boliviano para a reorganização das forças militares depois do desmantelamento do Exército por Víctor Paz Estenssoro, que naquele momento havia deixado o poder. Aumentado, o orçamento militar concedido à Bolívia equivalia a 10% de seu orçamento nacional. Coisa nova: com o anúncio da guerrilha, os Boinas Verdes, comando de elite antiguerrilha concebido por Kennedy, descem de paraquedas em La Paz. Novo Vietnã? Sim, bem parecido.

No dia 17 de abril é a vez do Che de denunciar ao universo inteiro o horror da guerra do Vietnã. É de fato nesse dia que sua fala na Conferência Tricontinental é publicada: "Criar dois, três, uma miríade de Vietnãs, essa é a palavra de ordem".

Ele a conclui da seguinte maneira:

> Toda a nossa ação é um grito de guerra contra o imperialismo e um apelo vibrante à unidade dos povos contra o grande inimigo do gênero humano: os Estados Unidos da América do Norte. Não importa onde a morte nos surpreenderá, ela será bem-vinda se nosso grito de guerra for ouvido, se outra mão se estender para empunhar nossas armas e se outros homens se levantarem para entoar os cantos fúnebres sob o crepitar das metralhadoras e dos novos gritos de guerra e de vitória.[11]

Morte sem sepultura

No mesmo dia 17 de abril, o Che decide levantar acampamento para que "Danton e Carlos tomem de uma vez por todas seu próprio caminho"[1].

Eles se dirigem para o vilarejo de Muyupampa. Uma parte dos combatentes está em mau estado, especialmente Tania, com febre alta. Ela não pode mais ser enviada para a cidade com Danton e Bustos porque seu disfarce ficou comprometido depois da descoberta, no jipe que ela havia deixado em Camiri, de seus papéis de identidade com o nome de Laura Gutiérrez Bauer. O Che decide deixá-la sob a responsabilidade de Joaquín, que criaria uma outra coluna, mais lenta, com os feridos e os doentes. Eles combinam de se encontrar mais tarde.

Em 19 de abril, nas cercanias do vilarejo de Muyupampa, eles prendem um suspeito que os seguia. Ele diz ser um jornalista inglês. Ele parece, escreve o Che, "um presente digno dos gregos". Um cavalo de Troia, de certo modo. Mas depois de um interrogatório nada prova realmente que ele não estivesse sendo sincero. Ele escreve em seu diário:

> O francês propôs que pedíssemos ao inglês, para que ele provasse sua boa-fé, que os ajudasse a partir; Carlos aceitou de má vontade e, de minha parte, lavei as mãos.[2]

No dia 20 de abril, eles são informados da prisão de Danton e de Carlos. O Che escreve:

> A coisa parece ruim para Carlos; em contrapartida, Danton deve se safar.[3]

Compreende-se em meias palavras o que ele quer dizer a respeito de Danton. Mas se engana de estar tão otimista, pois no dia seguinte o rádio anuncia a morte de "três mercenários estrangeiros". Felizmente, no dia seguinte, opondo-se a essa afirmação, o fotógrafo de um jornal local publica uma foto dos dois vivos, tendo-lhes salvado a vida.

O Che e seus combatentes partem em busca do grupo de Joaquín, mas não o encontram no local marcado. Busca desesperada que os faz perder tempo e energia, ameaçando fazê-los andar em círculos, encurralando-os num lugar que pode se fechar rapidamente como uma rede e prendê-los numa armadilha.

Resumo do mês de abril:

> Nosso isolamento continua total; as doenças arruinaram a saúde de alguns de nossos camaradas, obrigando-nos a dividir nossas forças, o que foi um golpe sobre nossa eficácia. Ainda não encontramos Joaquín. A base camponesa do movimento continua sem conseguir desenvolver-se; recorrendo ao terror organizado, porém, parece que logo obteremos a neutralidade da maioria. O apoio virá mais tarde... A desordem continua, mas agora ela vem dos dois lados e, depois da publicação de meu artigo em Havana [mensagem à Conferência Tricontinental], não devem restar dúvidas a respeito de minha presença aqui... Danton e Carlos foram vítimas de seu ardor, ou da vontade quase desesperada de partir, e de minha falta de energia para impedi-los, de modo que os contatos com Cuba [Danton] foram cortados e o plano de ação na Argentina [Carlos] foi perdido.[4]

Fidel, que não recebe a mensagem enviada pelo Che por intermédio de Danton, não pode ajudá-lo a abrir, a pedido seu, uma nova frente no norte, que permitiria afrouxar a rede que se fecha em torno deles. Além disso, uma fuga para a Argentina torna-se impossível com a prisão de Carlos, que devia entrar em contato com a base argentina para abrir um canal rumo a seu país natal.

Mas será apenas uma coincidência? No Caribe, nesse mesmo instante, em maio de 1967, Guadalupe está em plena insurreição.[5] Operários da construção civil estão em greve, exigindo um aumento de salário. A repressão é forte e desmedida: contam-se 87 mortos na ação dos guardas móveis franceses. Sabe-se que o GONG (Groupe d'Organisation Nationale de la Guadeloupe), independentista, estava ao lado de Guy Daninthe, que representava o Partido Comunista de Guadalupe em Cuba durante a reunião da Conferência Tricontinental, onde se discute a questão de abrir focos insurrecionais em todo o Caribe e América Latina. Jacques Foccart, então secretário-geral da presidência da França, justifica o massacre apresentando a greve como um complô castrista antifrancês. A história revela que não foi exatamente isso. No entanto, cruzeiros norte-americanos estão presentes nas paragens. A verdade é que, ainda que o Partido Comunista de Guadalupe pró-soviético e o GONG pró-chinês não concordassem sobre a maneira de agir adequada, o Caribe e em especial Guadalupe eram um foco insurrecional possível, de acordo com a ideia de uma verdadeira aliança anti-imperial com Cuba, e que a França, tanto quanto os Estados Unidos, estava em alerta constante. Sabe-se, além disso, sobretudo graças ao livro de Alejo Carpentier, *O século das luzes*, que narra as aventuras de Victor Hugues, membro da convenção francesa que acaba de libertar os escravos de Guadalupe, que os cubanos sempre prestaram atenção à história revolucionária dessa ilha e dessa parte das Antilhas, e à capacidade insurrecional dela.

O apelo desesperado do Che a Fidel acontece nesse contexto. Tudo havia sido combinado previamente com Fidel, mas entre o projeto global e sua prática houve um abismo que não pôde ser superado naquele momento, sobretudo devido à falta de informações precisas em Cuba a respeito da situação real do Che.

Este se encontra numa situação difícil tanto tática quanto psicologicamente. Abrupta solidão existencial de um combatente, privado do apoio internacional real e moral e isolado das massas camponesas e citadinas locais, que não se unem a ele.

Tem início um mês de maio pouco favorável, em que uma horda de guerrilheiros famintos e perseguidos perde-se nas montanhas em busca de uma saída para o combate, ouvidos colados no rádio, sua única relação com o mundo.

O estado de degradação se acentua sob o ataque constante de todos os tipos de insetos, cortes e picadas de plantas venenosas e, acima de tudo, desnutrição, que causa doenças e febres, enfraquecendo seus metabolismos. Eles se alimentam essencialmente de gordura. Além disso, os mapas de que dispõem são pouco fiáveis, antigos, insuficientemente precisos, até errôneos. O que contribui para fazer com que se percam sem a ajuda de guias camponeses. O Che está vivendo o oposto de tudo o que preconizava no livro *A guerra de guerrilhas*. Mas ainda espera ganhar o povo para sua causa – questão de tempo, a seu ver.

> *5 de maio.* Notícias de Debray foram difundidas: ele será julgado por um tribunal militar em Camiri enquanto suposto chefe e organizador das guerrilhas; sua mãe chega amanhã e o caso repercute bastante.
> *6 de maio.* As notícias se focalizam agora no caso Debray.
> *13 de maio.* Dia ritmado pelos arrotos, peidos, vômitos e diarreias de cada um.
> *16 de maio.* Desde o início, fui tomado por uma cólica intensa, com vômitos e diarreia. [...] Emprestaram-me calças, mas, como não posso me lavar, empesto o local a uma légua de distância.
> *18 de maio.* Aniversário de Roberto e de Juan Martín! [Seus dois irmãos.] Fiz minha primeira extração dentária desta guerrilha: Camba.
> *20 de maio.* Aniversário de Camilo [seu filho].
> *29 de maio.* O rádio comunicou a notícia da fuga de El Loro, que estava detido em Camiri.[6]

Esta última notícia é parte de manobras midiáticas, pois na verdade El Loro (Jorge Vázquez Viaña), após ser ferido e capturado, havia sido arrancado de seu leito no hospital pelos militares e executado, e seu cadáver fora lançado do alto de um helicóptero na selva das montanhas.

Apesar dessa fase difícil, o Che mantém-se espantosamente otimista diante da ausência de engajamento camponês, de contato com Cuba, e apesar de a guerrilha não passar de um grupo isolado de 25 homens. Ele escreve em seu resumo do mês:

> O barulho em torno do caso Debray serviu mais à nossa causa do que dez batalhas vitoriosas... Nossa vitória levará [junto aos camponeses] à mudança qualitativa que lhes abrirá o caminho para o desenvolvimento.[7]

O "caso Debray" faz barulho, mas não se ouve, fora dos espessos muros da prisão, os sons da tortura. Dizer que as coisas não vão muito bem para eles é um eufemismo. Danton protesta por ser um simples jornalista e não ter nada a ver com a guerrilha. Posição difícil de sustentar, agora que seu livro *Révolution dans la révolution?* foi amplamente difundido e causa bastante impacto, sobretudo junto à esquerda revolucionária mundial. O Che o leva no bolso há muito tempo e o utiliza diariamente como manual de reflexão e análise com seus guerrilheiros, aos quais o repassa. Sabe-se, graças às anotações críticas feitas por ele nas margens do livro, que ele estava longe de concordar com todo o pensamento de Régis Debray. O outro, Carlos, diz ser um simples homem de negócios que descobre o que está acontecendo na Bolívia. Mas ele é logo desmascarado por meio de suas impressões digitais, enviadas à Argentina, que revelam sua identidade como Ciro Bustos.

A CIA está presente na pessoa de um misterioso e sulfuroso personagem, Antonio Arguedas, que se descobrirá ser um agente triplo, pois também em colaboração com o Partido Comunista Boliviano e às vezes com os cubanos, em especial por meio de Monje, de quem era amigo. O perfil enevoado deste último se revela, mostrando-o como o traidor nesta história. Apesar de suas promessas, ele não havia mexido um dedinho para que seu partido viesse ao auxílio do Che e havia avisado os soviéticos. Daí a informar também a CIA, através de seu amigo Arguedas, havia apenas um passo. Isso vai no mesmo sentido do que Régis Debray diz ao afirmar que Arguedas e a CIA conheciam a presença do Che na Bolívia.

No dia 30 de junho, o Che escreve:

> No plano político, a declaração de Ovando [comandante em chefe das forças bolivianas] reconhecendo minha presença na região é crucial. Ele se baseia no testemunho de Régis Debray, que, ao que parece, falou mais do que devia; apesar de ignorarmos as implicações de tais revelações e sob que circunstâncias elas foram obtidas.[8]

A última parte dessa frase é muito importante. Ela indica, por um lado, a lucidez do Che, sua capacidade de ponderar uma informação por meio da análise circunstancial, e, por outro lado, uma certa confiança em Régis Debray, pois acredita que este não falaria se as circunstâncias permitissem. Alguns se apressaram a dizer, erroneamente, que foi ele quem entregou o Che. A circunstância ignorada pelo Che é de fato a traição de Monje e sem dúvida a dos soviéticos. Assim, parece aberrante que Régis Debray tenha sofrido as piores torturas para confessar uma coisa que eles já sabiam.

Por outro lado, Bustos teve sua identidade de artista descoberta e foi forçado, dada a ameaça que pesava sobre sua mulher e sua família na Argentina, a desenhar o retrato dos guerrilheiros e revelar suas identidades. Conhecendo, da mesma forma que Régis Debray, o nível de informação da CIA e do exército boliviano, ele apressou-se a falar para ocultar a existência da fileira argentina e assim preservar a vida daqueles guerrilheiros.

Em seu diário do mês de junho, o Che registra ataques da guerrilha a comboios do exército, a melhoria das condições de vida, mas também um certo arrefecimento de sua agressividade guerreira. Ele revela, por exemplo, ter tido na mira militares que ele poderia ter matado com facilidade, mas que "não tive coragem de atirar neles e meu cérebro não funcionou rápido o suficiente para que a ideia de parar o caminhão me viesse à mente". Haveria uma ligação entre esse acontecimento e o fato de ele estar em pleno questionamento de si mesmo, de sua vida, de seu futuro? É provável; e o que ele escreve uma semana depois, em 14 de junho, dia de seu aniversário, leva a pensar que sim:

> Hoje faço 39 anos e me aproximo inexoravelmente da idade em que preciso pensar sobre meu futuro de guerrilheiro; por enquanto, ainda estou "inteiro".⁹

As aspas na palavra "inteiro" ocultam várias alusões. Mas o pai e o filho que ele é não esquece os aniversários de sua pequena Celita e de Celia, sua mãe. No dia 14, ele escreve: "Celita", e no dia 21, "A velha".

Nesse mês de junho, ele lamenta entre os mortos a presença do guerrilheiro chamado Tuma, que ele considerava "quase como um filho". El Chino é citado entre os combatentes exemplares. Pombo está ferido na perna, o que reduz consideravelmente as forças do grupo. Mas ele mantém o moral:

> A lenda da guerrilha cresce de maneira considerável; somos agora super-homens invencíveis... O moral da guerrilha está em alta, e sua vontade de combater se reforça.¹⁰

No entanto, a situação se degrada. O grupo permanece isolado, e o desejado contato com La Paz e Cuba, impossível. Localmente, os camponeses, longe de se unirem a eles, tornam-se delatores sob a pressão dos militares. Essa falta de apoio remete à que causou o fracasso da operação congolesa. Aqui, porém, a situação é diferente. A escolha da região de Ñancahuazú revela-se geográfica e climaticamente catastrófica. Faltara uma análise histórica e etnográfica mais aprofundada. A etnografia não é o forte do Che, como se viu no Congo. Apesar de levar em conta a realidade das diferenças culturais, ele tende demais a idealizar uma unidade se não mundial ao menos latino-americana, que faria a ligação com a classe camponesa. Ao contrário de Fidel Castro, que havia nascido numa fazenda de Oriente e conhecia bem a Sierra Maestra, o Che aterrissa em terras desconhecidas. Os camponeses locais, por sua cultura e por suas condições de vida, são muito diferentes dos de Oriente. A começar pela língua: o Che e seus guerrilheiros fazem, no meio da floresta, aulas de quéchua, mas eles ignoram, pois ninguém os avisou, que aqueles camponeses falam o guarani. A história daquela parte da Bolívia é muito singular. Isolados do resto do mundo, vivendo de uma agricultura de subsistência numa zona muito pouco povoada, eles são hostis a qualquer presença estrangeira e, além disso, são bastante favoráveis ao governo, que os ajuda a permanecer no local para povoar a região. Uma zona aparentemente pouco rica, mas cujo subsolo abriga petróleo. Além disso, alguns daqueles guaranis são empregados por companhias petrolíferas, o que os faz bons espiões junto ao exército. Os únicos bolivianos que participam da guerrilha não são camponeses locais e são considerados estrangeiros, o que torna a tarefa de união intransponível.

O mês de julho anuncia-se igualmente difícil para o Che. Ele escreve no dia 10 desse mês: "As confissões de Debray e Bustos nos prejudicam. Eles reconheceram a ambição continental da guerrilha, coisa que não deveriam ter feito".

Seu estado de saúde também piora e a asma não lhe dá descanso. Em agosto, o moral está em baixa:

> O moral dos combatentes está em queda livre; espero que provisoriamente... Atravessamos um período em que nosso moral, assim como nossa lenda revolucionária, vai de mal a pior.[11]

Sua imagem também se degrada aos olhos dos *compañeros*. Ele se torna intratável, quase sempre de mau humor e, num acesso de cólera, perde o lendário sangue-frio e fere cruelmente sua mula com um golpe de machete. Ele faz uma autocrítica, mas o mal está feito: "Sou uma carcaça, um farrapo", ele diz aos guerrilheiros, "e esse incidente mostra que há momentos em que perco o controle de mim mesmo. Isso vai mudar".[12]

Do ponto de vista internacional, as coisas não vão muito melhor. Em 8 de setembro:

> Um jornal de Budapeste critica Che Guevara, personagem "patético" e, ao que tudo indica, "irresponsável". Depois,

elogia a atitude marxista do partido chileno, que, por sua vez, "toma medidas concretas para agir de maneira concreta". Como eu gostaria de chegar ao poder, só para desmascarar os covardes e lacaios de todo tipo e atirar-lhes suas abjeções na cara![13]

Em 10 de setembro, ele recupera o bom humor:

> Estava esquecendo de destacar um fato importante: hoje tomei um banho pela primeira vez em seis meses. Um recorde que vários de nossos homens já atingiram.[14]

Seu último banho. Sua cabeça está limpa, mas Barrientos coloca um preço por ela. Coisa nada engraçada, sem dúvida.

> *12 de setembro.* Um jornalista maluco declarou que 4.200 dólares não era uma grande quantia comparada ao perigo que eu represento![15]

Mas um acontecimento muito mais grave havia ocorrido dez dias antes. Em 2 de setembro, o Che, que ainda procura desesperadamente Joaquín e seu grupo, escreve em seu diário:

> O rádio difundiu um comunicado muito alarmante sobre o aniquilamento de um grupo de dez homens dirigidos por um cubano de nome Joaquín, na região de Camiri. Mas a informação ainda precisa ser confirmada, pois foi dada pela "Voz da América". As outras emissoras não fizeram alusão ao fato.[16]

Ele não acredita. Não quer acreditar. Mas é a realidade. Joaquín, Tania e o grupo foram surpreendidos numa emboscada. O corpo de Tania, carregado pela correnteza do rio onde eles tinham caído na armadilha, só é encontrado, em estado de decomposição, sete dias depois.

O Che e seu grupo ficam sozinhos no mundo; agora sim, encurralados, acuados. Em 24 de setembro, 640 *rangers* do exército norte-americano passam por Santa Cruz, prontos para enfrentar o Che. Percebe-se, diante disso, um movimento popular que começa a tomar o partido da guerrilha, e na cidade uma palavra de ordem começa a circular: "Salvar o Che". Tarde demais. Um verdadeiro grupo de zumbis, sem sapatos e esfarrapado, percorre as montanhas e atravessa as aldeias sem tomar precauções. O ferimento de Pombo o faz sofrer terrivelmente. Ele avança com dificuldade junto com os outros doentes e feridos. El Chino, muito míope, perde os óculos e "torna-se um peso", diz o Che, "quando é preciso avançar à noite".

Eles rumam para o norte subindo Alto Seco, a 1.643 metros de altura.

O processo de Régis Debray, várias vezes adiado, acontece. Fala-se muito a respeito no rádio e difunde-se uma entrevista com Danton, "muito corajoso", escreve o Che, "diante de um estudante provocador".

Eles entram em Alto Seco, onde os habitantes parecem aterrorizados por sua chegada, como se soubessem de tudo. De fato, o exército agora conhece a posição deles e prepara uma emboscada. Um guerrilheiro, Urbano, vai dizer ao Che que ouviu um camponês murmurar: "São os caras de quem nos falaram na outra noite". O Che não acredita, mas diz que decidiu "agir como se a informação fosse verídica; e, sem nem mesmo descer para estancar a sede no rio, subimos a montanha até um ponto que nos permitia vigiar o caminho usado pelos soldados". Depois, eles continuam a subir, até 1.750 metros de altitude. A uma légua da aldeia de La Higuera, no dia 7 de outubro de 1967, ele curiosamente escreve uma espécie de resumo do combate travado nos últimos onze meses. Como se já soubesse. Ele abre a análise de maneira estranha, contradizendo os fatos e tudo o que havia escrito antes. Ele parece fora do mundo, em outro lugar. Não se trata de um acesso de loucura, nem mesmo de uma cegueira passageira. Pelo contrário, uma espécie de lucidez o leva a distanciar-se dos acontecimentos, espécie de reflexo de sobrevida que o transporta para outro lugar. O exato oposto de um desejo suicida. Ele se teletransporta, de certo modo. Sai de seu envelope diário para tornar-se ele mesmo, completamente ele mesmo: Che Guevara, eterno combatente. Ele sabe que alcançou seu objetivo, "sua pessoa histórica". Pouco importa a morte. Aquele homem se torna um pensamento, um pensamento em ação. Ele se prepara para ela, mergulha dentro dela. "Se mergulhas por muito tempo teu olhar no abismo, o abismo também te olha", dizia Nietszche. Isso o Che sabia desde a infância.

> *7 de outubro.* Esses onze meses consagrados à implantação de nossa guerrilha se passaram sem obstáculos, de maneira bucólica... O exército divulga uma informação estranha a respeito da presença de 250 homens em Serrano, que devem barrar o avanço de 37 guerrilheiros sitiados, e indicou a zona em que estávamos refugiados, entre os rios Acero e Oro. A notícia parece uma manobra diversionista.
> Altitude dois mil metros.[17]

Depois disso: páginas e páginas em branco molhadas pelas lágrimas de Aleida. Páginas abertas sobre todas as perguntas, sobre as quais os estudiosos escreveram muito sem encontrar a chave do enigma.

No dia seguinte, após uma luta implacável, o Che, ferido na perna, protege a retirada dos companheiros, dos quais poucos sobreviveram e conseguiram, Pombo à frente, formidáveis guerreiros, fugir da armadilha. Ele se vê obrigado a render-se, o fuzil inutilizado por um tiro, e diz apenas ao soldado petrificado que o leva a La Higuera: "Eu sou Che Guevara". Prendem-no em segurança na escola. Tentam intimidá-lo, mas seu olhar impressiona os soldados. O que fazer com ele? Em La Paz, busca-se uma solução. Matá-lo seria transformá-lo em mártir. Não matá-lo e levá-lo a júri, correndo o risco mais uma vez de ridicularizar o governo boliviano aos olhos do mundo como acabara de fazer Régis Debray, e como soubera fazer outrora o jovem Castro diante de Batista? Nesse meio-tempo, as ruas despertam e apoiam o Che. Pesado dilema. A linha telefônica La Paz-Washington não para. Enfim, toma-se uma decisão: eliminá-lo, mas acima de tudo não desfigurá-lo, para provar a morte de uma lenda.

Nesse meio-tempo, o tenente-coronel calmamente interroga o Che:

"Você é cubano ou argentino?

– Sou cubano, argentino, boliviano, peruano, equatoriano etc. O senhor entendeu.

– O que o levou a operar em nosso país?

– Você viu o estado dos camponeses? Eles são quase selvagens, vivem num estado de pobreza de partir o coração, têm apenas um quarto no qual dormem e cozinham e nada para vestir, abandonados como animais...

– Mas em Cuba é a mesma coisa.

– Não! Falso! Não nego a pobreza que ainda existe em Cuba, mas o camponês, lá, tem esperança no progresso, o da Bolívia vive sem esperança. Ele morre do mesmo jeito que nasce, sem nunca melhorar sua condição humana".[18]

Em 9 de outubro, o sargento Terán, que se apresenta como voluntário, subitamente entende o alcance de seu gesto, sua dimensão de carrasco. Claro que seu nome, como o de todos os carrascos contemporâneos, ficará ligado à lenda de quem ele matará, mas o preço a pagar... Ele hesita. Seu fuzil treme. O Che está de frente, encara-o com um olhar terrível, impressionante: "Atire, espécie de covarde, atire logo!". Nove projéteis são encontrados em seu corpo. A parede atrás dele fica crivada de balas.

Seu corpo é levado ao hospital de Villegrande. Limpam-no, cortam seus cabelos, injetam-lhe formol no rosto, de tal modo que ele parece vivo. Fotografias são tiradas, em especial aquela em que, em torno de seu corpo, militares e policiais civis posam para o retrato. Estranha foto, tirada por Freddy Alborga, que remete a toda uma iconografia clássica das composições pictóricas do Cristo e fará parte da lenda dourada de Che Guevara.

Depois, suas duas mãos são cortadas e preservadas, e o corpo é atirado em local secreto, sem sepultura. Após longos anos de buscas minuciosas e tratativas com o governo boliviano, os corpos do Che e de seus companheiros são encontrados, repatriados para Cuba e enterrados no memorial de Santa Clara.

Camilo, seu filho, escreverá o prefácio de seu *Diário da Bolívia*:

> Fazer de uma escola uma prisão já consiste num paradoxo, mas é particularmente absurdo, se não ridículo e criminoso, tentar matar ideias com um fuzil, suprimindo o espírito do qual elas supostamente emanaram... Adormecido há tantos séculos, um sonho toma corpo. O que existe de novo neste homem de amanhã é a ética, a virtude, o dom de si. E tudo isso sem qualquer sombra de misticismo. Pois desta vez ele não terá outro recurso que o de ser humano, fundamentalmente humano.[19]

Ao longo do Malecón, luxuosos conversíveis transportam turistas ao som de Frank Sinatra e o Rat Pack. O dique ainda resiste, enquanto pouco a pouco as fachadas descascadas dos grandes prédios da beira-mar são recuperadas à medida que entram no país, gota a gota, as divisas estrangeiras. *Sleeping Beauty*, Havana parece despertar lentamente sob os olhos dos visitantes, enfim de volta, que fissuram o muro invisível erguido pelo dólar e reforçado pela queda do muro de Berlim.

Como um ferido que aos poucos recupera as sensações do corpo e o uso dos membros, Cuba reata timidamente, para o bem e para o mal, com as grandes redes mundiais de comunicação.

Ainda obcecada por seu passado recente e sua glória, esta ilha, cuja maior riqueza parece ser o orgulho de seu povo, continua a viver como que presa ao passado de *El Comandante*, como o iate *Granma* encalhado num sarcófago de vidro no Museu da Revolução. Che Guevara, cuja efígie tornou-se mais cubana que nunca, decora as paredes internas e externas do país. Por trás de qualquer dirigente que toma a palavra, como sua sombra ou seu duplo, ele faz uma pergunta silenciosa: "E agora?". Não há mais ninguém para perguntar: "O que esse aí está fazendo aqui?". E agora? Talvez a resposta esteja em algum lugar do parque de El Vedado, onde uma estátua de John Lennon medita sobre um pedestal em que foram gravadas as palavras da canção *Imagine*.

Imagine, ele também teria gostado dessa música. *You may say I'm a dreamer, but I'm not the only one...*

No início de 2015, os Estados Unidos da América preparavam a reabertura de sua embaixada em Havana, por iniciativa do presidente Barack Obama. Raúl Castro, chefe de Estado cubano, pedia que Cuba fosse retirada da lista negra dos Estados terroristas elaborada pelos norte-americanos.

ANEXOS

Cronologia

1928. *14 de junho*: nascimento de Ernesto Guevara de la Serna, em Rosario (Argentina).

1932. A família se muda para Alta Gracia.

1943. A família se muda para Córdoba.

1947. A família se muda para Buenos Aires.

Ernesto entra para a faculdade de Medicina da Universidade de Buenos Aires.

1952. *4 de janeiro:* Ernesto parte com Alberto Granado em sua primeira viagem de moto pela América Latina.

10 de março: golpe de Estado de Fulgencio Batista, em Cuba.

1º de agosto: regresso de Ernesto a Buenos Aires.

1953. *Abril*: Ernesto recebe o diploma de doutor em medicina.

7 de julho: Ernesto parte numa segunda viagem pela América Latina, na companhia de "Calica" Ferrer.

26 de julho: Fidel Castro lidera um assalto ao quartel de La Moncada, em Santiago de Cuba. Ele é capturado, julgado e preso.

Dezembro: Ernesto chega à Cidade da Guatemala e conhece Hilda Gadea.

1954. *Junho*: ataque à Guatemala por mercenários apoiados pelos Estados Unidos.

Setembro: Ernesto chega ao México.

1955. *Maio*: Fidel Castro é libertado por uma anistia.

Julho: Ernesto conhece Fidel no México.

18 de agosto: Ernesto se casa com Hilda Gadea.

1956. *15 de fevereiro*: nascimento da primeira filha de Ernesto, Hilda Beatriz Guevara.

24 de junho: Ernesto começa o treinamento para a guerrilha e é preso pela polícia.

25 de novembro: o *Granma* deixa o México rumo a Cuba.

2 de dezembro: o *Granma* encalha perto da praia de Las Coloradas.

5 de dezembro: os rebeldes são dispersos em Alegría de Pío por um ataque do exército cubano.

1957. *17 de janeiro*: ataque vitorioso ao quartel de La Plata.

17 de fevereiro: entrevista de Fidel Castro a Herbert Matthews, do *The New York Times*, na Sierra Maestra, e execução do traidor Eutimio Guerra.

28 de maio: ataque ao quartel de El Uvero pelos rebeldes.

22 de julho: Che Guevara é nomeado comandante.

1958. *31 de agosto*: o Che dirige uma coluna do exército rebelde até as montanhas de Escambray, na província de Las Villas.

16 de outubro: a coluna do Che chega a Escambray.

28 de dezembro: início da batalha de Santa Clara.

1959. *1º de janeiro*: queda de Santa Clara e fuga de Batista.

2 de janeiro: Che Guevara e Camilo Cienfuegos entram em Havana e o Che ocupa a fortaleza de La Cabaña.

9 de janeiro: o Che é feito cidadão cubano "de nascimento".

16 de fevereiro: Fidel torna-se primeiro-ministro.

22 de maio: o Che se divorcia de Hilda Gadea.

2 de junho: o Che se casa com Aleida March.

12 de junho a 8 de setembro: o Che viaja à Europa, Ásia e África.

8 de outubro: o Che é nomeado diretor do INRA (Instituto Nacional da Reforma Agrária).

Novembro: o Che é nomeado presidente do Banco Nacional de Cuba.

1960. *5 de março*: Alberto Korda tira a famosa fotografia do Che durante o funeral das vítimas do ataque ao navio *La Coubre*.

Abril: edição de *A guerra de guerrilhas*, de Che Guevara.

19 de outubro: os Estados Unidos impõem um embargo comercial.

22 de outubro: o Che visita a União Soviética, a República Democrática Alemã, a Tchecoslováquia, a China e a Coreia do Norte.

24 de novembro: nascimento de Aleida (Aliusha), primeira filha do Che e de Aleida.

1961. *3 de janeiro*: Eisenhower rompe relações diplomáticas com Cuba.

23 de fevereiro: o Che se torna ministro da Indústria.

17-20 de abril: invasão da Baía dos Porcos.

Agosto: o Che representa Cuba na Conferência de Punta del Este.

1962. *Fevereiro*: Kennedy intensifica o embargo sobre Cuba.

20 de maio: nascimento de Camilo, primeiro filho homem do Che com Aleida.

27 de agosto a 7 de setembro: o Che visita a URSS.

Outubro: crise dos mísseis.

1963. *14 de junho*: nascimento de Celia, terceira criança do Che e de Aleida.

1964. *Março*: Tamara Bunke (Tania) é enviada para a Europa para criar uma falsa identidade e infiltrar-se no poder boliviano com vistas à preparação de uma revolução.

Abril: a guerrilha enviada pelo Che para dar início a uma rebelião na Argentina é dizimada nas montanhas da província de Salta, e seu líder, Jorge Ricardo Masetti, desaparece.

26 de julho: a OEA, Organização dos Estados Americanos, impõe sanções a Cuba.

5 de agosto: os Estados Unidos começam a bombardear o Vietnã.

4-9 de novembro: o Che visita a URSS.

9 de dezembro: o Che viaja por três meses, passando por Estados Unidos, Argélia, Mali, Congo, Guiné, Tanzânia, China, França, Irlanda, Tchecoslováquia e Egito.

11 de dezembro: ele pronuncia um discurso nas Nações Unidas, em Nova York.

1965. *24 de fevereiro*: nascimento de Ernesto, quarto filho de Aleida e Che.

25 de fevereiro: discurso do Che em Argel.

15 de março: retorno do Che a Cuba. Ele desaparece da vida pública.

1º de abril: o Che, disfarçado, parte para o Congo.

19 de abril: chegada do Che a Dar es Salam, na Tanzânia, de onde ele viaja para o Congo para encontrar-se com os rebeldes congoleses.

19 de maio: morte de Celia, mãe de Che Guevara, em Buenos Aires.

3 de outubro: Fidel Castro lê publicamente a carta de despedida do Che.

21 de novembro: Che e seus homens deixam o Congo.

1965-1966. *Novembro a março*: o Che vive secretamente na embaixada de Cuba em Dar es Salam, e Aleida vai a seu encontro.

1966. *Março a julho*: o Che vai a Praga, e Aleida vai a seu encontro.

Julho: o Che volta secretamente para Cuba para preparar a expedição boliviana.

Novembro: o Che chega à Bolívia e dá início à guerrilha.

1967. *16 de abril*: publicação da mensagem à Conferência Tricontinental, em que ele conclama a "dois, três, uma miríade de Vietnãs".

31 de agosto: massacre da coluna dirigida por Joaquín, na qual se encontrava Tania.

8 de outubro: última batalha do Che, que é ferido e capturado pelo exército boliviano.

9 de outubro: execução do Che numa escola da aldeia de La Higuera.

Referências

OBRAS DE ERNESTO GUEVARA

Voyages à motocyclette. Paris: Mille et une nuits, 2007.

Second voyage à travers l'Amérique latine (1953-1956). Paris: Mille et une nuits, 2009.

Journal du Congo. Paris: Mille et une nuits, 2009.

Journal de Bolivie. Paris: Mille et une nuits, 2008.

Journal d'un combattant. Paris: Éditions des Équateurs, 2011.

Justice globale. Libération et socialisme. Paris: Mille et une nuits, 2007.

Notre Amérique et la leur. Paris: Mille et une nuits, 2010.

A guerra de guerrilhas. Tradução de Cláudio Alberto Martins. São Paulo: Edições Populares, 1980.

Souvenirs de la guerre révolutionnaire cubaine. Paris: Mille et une nuits, 2007.

Écrits sur la révolution. Saint-Gilles, Bélgica: Aden, 2007.

Le socialisme et l'homme. Saint-Gilles, Bélgica: Aden, 2007.

Notes critiques d'économie politique. Paris: Mille et une nuits, 2012.

Che Guevara presente/una antología mínima. Ocean Press, 2005.

Self Portrait Che Guevara. Ocean Books in association with the Che Guevara Studies Center, 2004.

Apuntes filosóficos. Ocean Press, 2012.

OBRAS DE FIDEL CASTRO

Biographie à deux vois (entrevistas a Ignacio Ramonet). Paris: Fayard, 2007.

Révolution cubaine I et II. Paris: François Maspero, 1964.

L'histoire m'acquittera. Havana: Güairas, 1967.

Entretiens sur la religion avec Frei Betto. Paris: Le Cerf, 1986.

Cuba et la crise des Caraïbes. Paris: Maspero, 1963.

Biografias recomendadas

KALFON, Pierre. *CHE/Ernesto Guevara, une légende du siècle*. Paris: Points, 2007.

ANDERSON, John Lee. *CHE*. Nova York: Grove Press, 2010.

Outras biografias

MATTHEWS, Herbert L. *Fidel Castro*. Paris: Seuil, 1970.

CLERC, Jean-Pierre. *Fidel Castro, une vie*. Paris: L'Archipel, 2013.

ROJO, Ricardo. *Che Guevara, vie et mort d'un ami*. Paris: Seuil, 1968.

NATTIEZ, Jen-Jacques. *Che Guevara*. Paris: Seghers, 1970.

SAINT CLAIR, Andrew. *"Che" Guevara*. Grijalbo, 1972.

VILLAR-BORDA, Carlos J. *Che Guevara, su vida y muerte*. Pacific Press, 1968.

TAIBO, Paco Ignacio. *Ernesto Guevara también conocido como El Che*. Planeta, 1996.

GAVI, Philippe. *Che Guevara*. Éditions universitaires, 1970.

CORMIER, Jean. *Che Guevara*. Éditions du Rocher, 2011.

COMIER, Jean. *Docteur Che Guevara*. Éditions du Rocher, 2012.

Testemunhos

René Depestre, entrevista com o autor (gravada em Lézignan-Corbières, 2014).

DEBRAY, Régis. *La guérilla du Che*. Paris: Points, 2008.

FRANQUI, Carlos. *Journal de la révolution cubaine*. Paris: Seuil, 1976.

FERRER, Carlos. *Mon ami le Che*. Paris: L'Archipel, 2009.

VILLEGAS, Harry. *Pombo, a Man of Che's Guerrilla*. Pathfinder, 1997.

VILLEGAS, Harry. *At the Side of Che Guevara*. Pathfinder, 1997.

GUEVARA LYNCH, Ernesto. *Meu filho "Che"*. Tradução de Emir Sader. São Paulo: Brasiliense, 1986.

GUEVARA LYNCH, Ernesto. *Aquí va un soldado de América*. Buenos Aires: Sudamericana-Planeta, 1987.

SARTRE, Jean-Paul. "Ouragan sur le sucre", *France-Soir*, 1960.

GADEA, Hilda; GADEA, Ricardo. *Che Guevara, les années décisives*. Paris: Éditions nº 1, 1997.

MARCH, Aleida. *Remembering Che (My Life With Che Guevara)*. Ocean Press, 2012.

GRANADO, Alberto. *Sur la route avec Che Guevara*. Paris: L'Archipel, 2005.

KENNEDY, Robert. *Témoignages pour l'Histoire*. Paris: Belfond, 1989.

RAMÍREZ, Daniel Alarcón (Benigno). *Le Che en Bolivie*. Mônaco: Rocher, 1997.

RAMÍREZ, Daniel Alarcón (Benigno). *Les survivants du Che*. Mônaco: Rocher, 1995.

BUSTOS, Ciro; WRIGHT, Anne. *Che Wants to See You (The Untold Story of Che Guevara)*. Londres: Verso, 2013.

BUSTOS, Ciro. *El Che quiere verte: la historia jamás contada del Che*. Barcelona: Vergara Grupo Zeta, 2007.

ENSAIOS

DEBRAY, RÉGIS. *Révolution dans la révolution?* Paris: François Maspero, 1971.

DEBRAY, RÉGIS. *La critique des armes*. Paris: Seuil, 1974.

BESANCENOT, Oliver; LÖWY, Michel. *Che Guevara, une braise qui brûle encore*. Paris: Mille et une nuits, 2007.

SÁNCHEZ OTERO, Germán. *Che sin enigmas*. Ciencias sociales, 2008.

ARIET, María del Carmen (Org.). *La pensée du Che*. Capitán San Luis, 2013.

TABLADA, Carlos. *El pensamiento economico de Ernesto Che Guevara*. Ciencias sociales, 2001.

CUPULL, Adys; GONZÁLEZ, Froilán. *El asesinato del Che en Bolivia*. Editora Politica, 2012.

DOCUMENTOS DIVERSOS

Chronique de Che Guevara. Chronique Éditions, 2013.

Che et Fidel, des amis de coeur. Capitán San Luis, 2012.

Viva Guevara/Quarante ans après sa mort. *L'Humanité*, hors-série, 2007.

Cuba, l'histoire non racontée. Capitán San Luis, 2012.

Che Guevara, la foi du guerrier. Alain Ammar e Susana Ojeda, *Paris Match*, 1997.

FILMES E AUDIOVISUAIS

CHE, de Steven Soderbergh (1ª e 2ª partes), 2008.

Diários de Motocicleta, filme de Walter Salles, 2004.

Rebels of the Sierra Maestra: The Story of Cuba's Jungle Fighters, Bob Taber, CBS Films, 1958.

Le fond de l'air est rouge, Chris Marker, 1977.

Diversos documentos sobre o Che podem ser consultados na Internet, como *The True Story of Che Guevara*, comentado por John Lee Anderson [YouTube].

Notas

A VIAGEM INICIÁTICA

PARTIR

1. GUEVARA, Ernesto. "Lettre d'adieux à ses parents", 1º abr. 1965. Arquivos do Centro de Estudos Che Guevara (Havana).
2. Citado por P.A. MENDOZA, que em *Aquellos tiempos con Gabo* (Barcelona, 2000) dedica dezessete páginas a sua estada em Cuba ao lado de García Márquez.
3. GUEVARA, Ernesto. *Écrits sur la révolution*. Saint-Gilles, Bélgica: Aden, 2007.
4. GRANADO, Alberto. *Sur la route avec Che Guevara*. Paris: Archipoche, 2006.
5. GUEVARA LYNCH, Ernesto. *Meu filho "Che"*. Tradução de Emir Sader. São Paulo: Brasiliense, 1986.
6. Id.
7. MARCH, Aleida. *Remembering Che* (*My Life With Che Guevara*). Melbourne: Ocean Press, 2012.
8. Id.
9. Ibid.
10. René Depestre, entrevista com o autor.

DIÓGENES DE MOTO

1. GUEVARA, Ernesto. *De moto pela América do Sul*. Tradução de Diego Ambrosini. São Paulo: Sá Editora, 2001.
2. "Carta a Maurice Thorez". Arquivos do Partido Comunista Francês.
3. GUEVARA, Ernesto. *De moto pela América do Sul*, op. cit.
4. Id.
5. CASTRO, Fidel. *Biographie à deux voix (entretiens avec Ignacio Ramonet)*. Paris: Fayard, 2007.
6. GUEVARA, Ernesto. *A guerra de guerrilhas*. Tradução de Cláudio Alberto Martins. São Paulo: Edições Populares, 1980.
7. GUEVARA, Ernesto. *De moto pela América do Sul*, op. cit.
8. Id.
9. Ibid.
10. Ibid.

O BEIJO DOS LEPROSOS

1. GUEVARA, Ernesto. *De moto pela América do Sul*, op. cit.
2. GUEVARA, Ernesto. *Écrits sur la révolution*, op. cit.
3. Entrevista a Josie Fanon. In: GUEVARA, Ernesto. *Écrits sur la révolution*, op. cit.
4. GUEVARA, Ernesto. *De moto pela América do Sul*, op. cit.
5. Id.
6. Ibid.
7. Discurso proferido em 19 de agosto de 1960, por ocasião da abertura de um curso de formação patrocinado pelo Ministério da Saúde Pública de Havana. In: GUEVARA, Ernesto. *Écrits sur la révolution*, op. cit.
8. Id.
9. GUEVARA, Ernesto. *De moto pela América do Sul*, op. cit.
10. Id.
11. Ibid.
12. Ibid.
13. Ibid.
14. Ibid.
15. FERRER, Carlos. *Mon ami le Che*. Paris: L'Archipel, 2009.
16. "Notes pour l'étude de l'idéologie de la révolution cubaine". Outubro de 1960. In: GUEVARA, Ernesto. *Écrits sur la révolution*, op. cit.
17. Id.
18. Arquivos do Centro de Estudos Che Guevara (Havana).
19. GUEVARA, Ernesto. *De moto pela América do Sul*, op. cit.
20. GUEVARA LYNCH, Ernesto. *Meu filho "Che"*, op. cit.

A MUDA DA SERPENTE EMPLUMADA

NASCIDO EM 4 DE JULHO

1. GUEVARA, Ernesto. *Second voyage à travers l'Amérique latine (1953-1956)*. Paris: Mille et une nuits, 2009.
2. Id.
3. Ibid.
4. Ibid.
5. Ibid.
6. Ibid.
7. Ibid.
8. Ibid.
9. Ibid.
10. Ibid.
11. Ibid.
12. Ibid.

13. Ibid.
14. Ibid.
15. Ibid.
16. SARTRE, Jean-Paul. "Ouragan sur le sucre", *France-Soir*, 1960.
17. GUEVARA, Ernesto. *Second voyage à travers l'Amérique latine (1953-1956)*, op. cit.
18. Id.
19. Ibid.
20. GADEA, Hilda; GADEA, Ricardo. *Che Guevara, les années décisives*. Paris: Éditions nº 1, 1977.
21. GUEVARA, Ernesto. *Second voyage à travers l'Amérique latine (1953-1956)*, op. cit.
22. Id.
23. Ibid.
24. Ibid.
25. Ibid.
26. Arquivos do Centro de Estudos Che Guevara (Havana).
27. GUEVARA, Ernesto. *Second voyage à travers l'Amérique latine (1953-1956)*, op. cit.
28. Id.
29. Ibid.
30. Ibid.
31. Ibid.
32. Ibid.

LEVAR O ESSENCIAL

1. GUEVARA, Ernesto. *Second voyage à travers l'Amérique latine (1953-1956)*, op. cit.
2. Id.
3. Ibid.
4. Ibid.
5. Ibid.
6. Ibid.
7. Ibid.
8. Ibid.
9. Ibid.
10. Ibid.
11. Ibid.
12. Ibid.
13. Ibid.
14. GADEA, Hilda; GADEA, Ricardo. *Che Guevara, les années décisives*, op. cit.
15. Carta a Tita Infante. Centro de Estudos Che Guevara (Havana).
16. GUEVARA, Ernesto. *Second voyage à travers l'Amérique latine (1953-1956)*, op. cit.

17. Id.
18. Espace Che Guevara [espace-che-guevara.com].

MORDER E FUGIR

1. GUEVARA, Ernesto. Carta a Tita Infante, novembro de 1956.
2. GADEA, Hilda; GADEA, Ricardo. *Che Guevara, les années décisives*, op. cit.
3. GUEVARA, Ernesto. *Second voyage à travers l'Amérique latine (1953-1956)*, op. cit.
4. GUEVARA, Ernesto. *A guerra de guerrilhas*, op. cit.
5. GUEVARA LYNCH, Ernesto. *Meu filho "Che"*, op. cit.
6. FRANQUI, Carlos. *Journal de la révolution cubaine*. Paris: Seuil, 1976.
7. *Ernesto Che Guevara. Journal d'un combattant*. Paris: Éditions des Équateurs, 2011.
8. GUEVARA, Ernesto. *Souvenirs de la guerre révolutionnaire cubaine*. Paris: Mille et une nuits, 2007.
9. GUEVARA, Ernesto. *A guerra de guerrilhas*, op. cit.
10. Centro de Estudos Che Guevara (Havana).
11. Diálogo extrapolado a partir de uma anedota contada por Che Guevara em *Souvenirs de la guerre révolutionnaire cubaine*, op. cit.

A REVOLUÇÃO NO CINEMA

1. GUEVARA, Ernesto. *Souvenirs de la guerre révolutionnaire cubaine*, op. cit.
2. *The New York Times*, 24 fev. 1957, "Cuban Rebel Is Visited in Hideout".
3. GUEVARA, Ernesto. *Souvenirs de la guerre révolutionnaire cubaine*, op. cit.
4. FRANQUI, Carlos. *Journal de la révolution cubaine*, op. cit.
5. Id.
6. Ibid.
7. *The New York Times*, 24 fev. 1957, "Cuban Rebel Is Visited in Hideout".
8. GUEVARA, Ernesto. *Souvenirs de la guerre révolutionnaire cubaine*, op. cit.
9. *Ernesto Che Guevara. Journal d'un combatant*, op. cit.
10. *Chicago Tribune*, 30 ago. 1957.
11. FRANQUI, Carlos. *Journal de la révolution cubaine*, op. cit.
12. TABER, Bob. *Rebels of the Sierra Maestra: The Story of Cuba's Jungle Fighters*. CBS Films, 1958.
13. Id.
14. GUEVARA, Ernesto. *Souvenirs de la guerre révolutionnaire cubaine*, op. cit.
15. Id.

O TOURO, O COMANDANTE E O CACHORRINHO

1. *Ernesto Che Guevara. Journal d'un combattant*, op. cit.
2. GUEVARA, Ernesto. *Souvenirs de la guerre révolutionnaire cubaine*, op. cit.
3. Id.
4. CASTRO, Fidel. *Biographie à deux voix (entretiens avec Ignacio Ramonet)*, op. cit.
5. GUEVARA, Ernesto. *Souvenirs de la guerre révolutionnaire cubaine*, op. cit.
6. Id.
7. Ibid.
8. FRANQUI, Carlos. *Journal de la révolution cubaine*, op. cit.
9. Id.
10. GUEVARA, Ernesto. *Souvenirs de la guerre révolutionnaire cubaine*, op. cit.
11. Id.
12. FRANQUI, Carlos. *Journal de la révolution cubaine*, op. cit.
13. GUEVARA, Ernesto. *Souvenirs de la guerre révolutionnaire cubaine*, op. cit.
14. Id.
15. FRANQUI, Carlos. *Journal de la révolution cubaine*, op. cit.
16. Id.

A CONQUISTA DO OESTE

1. FRANQUI, Carlos. *Journal de la révolution cubaine*, op. cit.
2. CASTRO, Fidel. *Biographie à deux voix (entretiens avec Ignacio Ramonet)*, op. cit.
3. GUEVARA, Ernesto. *Souvenirs de la guerre révolutionnaire cubaine*, op. cit.
4. FRANQUI, Carlos. *Journal de la révolution cubaine*, op. cit.
5. CASTRO, Fidel. *Biographie à deux voix (entretiens avec Ignacio Ramonet)*, op. cit.
6. FRANQUI, Carlos. *Journal de la révolution cubaine*, op. cit.
7. Id.
8. Ibid.
9. MARCH, Aleida. *Remembering Che (My Life With Che Guevara)*, op. cit.
10. Id.
11. Ibid.
12. FRANQUI, Carlos. *Journal de la révolution cubaine*, op. cit.

O SABOR DA VITÓRIA

A MORTE, SEMPRE A MORTE

1. Centro de Estudos Che Guevara (Havana).
2. Id.
3. ANDERSON, John Lee. *CHE*. Nova York: Grove Press, 2010.
4. Id.
5. Ibid.
6. Centro de Estudos Che Guevara (Havana).
7. GUEVARA, Ernesto. *Le socialisme et l'homme*. Saint-Gilles, Bélgica: Aden, 2007.
8. FRANQUI, Carlos. *Journal de la révolution cubaine*, op. cit.
9. CASTRO, Fidel. *Biographie à deux voix (entretiens avec Ignacio Ramonet)*, op. cit.
10. GUEVARA, Ernesto. *A guerra de guerrilhas*, op. cit.

O ARTISTA E O CAMPONÊS

1. SARTRE, Jean-Paul. "Ouragan sur le sucre", op. cit.
2. GUEVARA, Ernesto. *A guerra de guerrilhas*, op. cit.
3. Id.
4. GUEVARA, Ernesto. *Le socialisme et l'homme*, op. cit.
5. GUEVARA, Ernesto. *A guerra de guerrilhas*, op. cit.
6. GUEVARA, Ernesto. *Le socialisme et l'homme*, op. cit.
7. GUEVARA, Ernesto. *Écrits sur la révolution*, op. cit.
8. GUEVARA, Ernesto. *Le socialisme et l'homme*, op. cit.
9. ANDERSON, John Lee. *CHE*, op. cit.
10. GUEVARA, Ernesto. *Notes critiques d'économie politique*. Paris: Mille et une nuits, 2012.
11. Id.
12. Ibid.
13. Ibid.
14. Ibid.
15. GUEVARA, Ernesto. *Le socialisme et l'homme*, op. cit.
16. GUEVARA, Ernesto. *Écrits sur la révolution*, op. cit.
17. CASTRO, Fidel. *Biographie à deux voix (entretiens avec Ignacio Ramonet)*, op. cit.
18. René Depestre, entrevista com o autor (realizada em Lézignan-Corbières, 2014).
19. GUEVARA, Ernesto. *Le socialisme et l'homme*, op. cit.
20. Id.
21. Ibid.
22. Ibid.
23. Ibid.

24. Ibid.
25. René Depestre, entrevista com o autor (realizada em Lézignan-Corbières, 2014).

O DÓLAR NA PONTA DO FUZIL

1. ANDERSON, John Lee. *CHE*, op. cit.
2. Id.
3. SARTRE, Jean-Paul. "Ouragan sur le sucre", op. cit.
4. NERUDA, Pablo. *J'avoue que j'ai vécu*, "La poésie est un métier". Paris: Gallimard, 1975, p. 476.
5. SARTRE, Jean-Paul. "Ouragan sur le sucre", op. cit.
6. FRANQUI, Carlos. *Journal de la révolution cubaine*, op. cit.
7. ANDERSON, John Lee. *CHE*, op. cit.
8. Arquivos Nacionais de Cuba.
9. BEAUVOIR, Simone de. *La force des choses*. Paris: Gallimard, 1972.

O PESADELO KENNEDY

1. GUEVARA, Ernesto. *Notes critiques d'économie politique*, op. cit.
2. GUEVARA, Ernesto. *Le socialisme et l'homme*, op. cit.
3. GUEVARA, Ernesto. *Écrits sur la révolution*, op. cit.
4. GUEVARA, Ernesto. *Le socialisme et l'homme*, op. cit.
5. Id.
6. GUEVARA, Ernesto. *Notes critiques d'économie politique*, op. cit.
7. ANDERSON, John Lee. *CHE*, op. cit.
8. René Depestre, entrevista com o autor (realizada em Lézignan-Corbières, 2014).
9. MARCH, Aleida. *Remembering Che (My Life With Che Guevara)*, op. cit.
10. Le Grand Soir [www.legrandsoir.info].
11. KENNEDY, Robert. *Témoignages pour l'Histoire*. Mônaco: Belfond, 1989.
12. Id.
13. Ibid.
14. CASTRO, Fidel. *Biographie à deux voix (entretiens avec Ignacio Ramonet)*, op. cit.
15. KENNEDY, Robert. *Témoignages pour l'Histoire*, op. cit.
16. GUEVARA, Ernesto. *Écrits sur la révolution*, op. cit.

K CONTRA K

1. René Depestre, entrevista com o autor (realizada em Lézignan-Corbières, 2014).
2. DEBRAY, Régis. *Révolution dans la révolution? et autres essais*. Paris: François Maspero, 1971.

3. DEBRAY, Régis. *La guérilla du Che*. Paris: Points, 2008.
4. KENNEDY, Robert. *Témoignages pour l'Histoire*, op. cit.
5. GUEVARA, Ernesto. *Notre Amérique et la leur*. Paris: Mille et une nuits, 2010.
6. Id.
7. Ibid.
8. Ibid.
9. Ibid.
10. Ibid.
11. GUEVARA, Ernesto. *Souvenirs de la guerre révolutionnaire cubaine*, op. cit.
12. CASTRO, Fidel. *Biographie à deux voix (entretiens avec Ignacio Ramonet)*, op. cit.
13. ANDERSON, John Lee. *CHE*, op. cit.
14. Id.
15. Ibid.
16. Ibid.

FIDEL É DEIXADO PARA TRÁS

1. DALLEK, Robert. *Uma visão de paz:* os melhores discursos de John F. Kennedy. Seleção e organização de Robert Dallek e Terry Golway. Tradução de Bárbara Duarte. Rio de Janeiro: Zahar, 2007, p. 228-229.
2. ANDERSON, John Lee. *CHE*, op. cit. e René Depestre, entrevista com o autor (realizada em Lézignan-Corbières, 2014).
3. CASTRO, Fidel. *Biographie à deux voix (entretiens avec Ignacio Ramonet)*, op. cit.
4. Id.
5. Arquivos RTS [www.rts.ch].
6. Centro de Estudos Che Guevara (Havana).
7. BUSTOS, Ciro; WRIGHT, Anne. *Che Wants to See You (the untold story of Che Guevara)*. Londres: Verso, 2013.
8. GUEVARA, Ernesto. *Écrits sur la révolution*, op. cit.
9. Centro de Estudos Che Guevara (Havana).

A ÚLTIMA VIAGEM

O ADEUS À ILHA

1. HEIKAL, Mohamed Hassanein. *Les documents du Caire*. Paris: Flammarion, 1972, p. 223.
2. GUEVARA, Ernesto. *Journal du Congo*. Paris: Mille et une nuits, 2009.
3. Id.
4. Centro de Estudos Che Guevara (Havana).

5. GUEVARA, Ernesto. *A guerra de guerrilhas*, op. cit.
6. Centro de Estudos Che Guevara (Havana).
7. GUEVARA, Ernesto. "Carta de adeus a seus pais", 1º de abril de 1965.

FIASCO NO CONGO

1. GUEVARA, Ernesto. *Journal du Congo*, op. cit.
2. Id.
3. Ibid.
4. Ibid.
5. Ibid.
6. Ibid.
7. Ibid.
8. Ibid.
9. Ibid.
10. Ibid.
11. Ibid.
12. Ibid.

LUA DE MEL NA TANZÂNIA

1. Provérbio cigano.
2. MARCH, Aleida. *Remembering Che (My Life With Che Guevara)*, op. cit.
3. ANDERSON, John Lee. *CHE*, op. cit.
4. Id.
5. Ibid.
6. Centro de Estudos Che Guevara (Havana).
7. VILLEGAS, Harry. *Pombo, A Man of Che's Guerrilla*. Nova York: Pathfinder, 1997.
8. MARCH, Aleida. *Remembering Che (My Life With Che Guevara)*, op. cit.

O CAMINHO QUE NÃO LEVA A LUGAR ALGUM

1. GUEVARA, Ernesto. *Journal de Bolivie*. Paris: Mille et une nuits, 2008.
2. VILLEGAS, Harry. *Pombo, A Man of Che's Guerrilla*, op. cit., p. 124.
3. GUEVARA, Ernesto. *Journal de Bolivie*, op. cit.
4. Id.
5. CASTRO, Fidel. *Biographie à deux voix (entretiens avec Ignacio Ramonet)*, op. cit.
6. KING, Martin Luther. *Révolution non violente*. Paris: Payot et Rivages, 2008.
7. GUEVARA, Ernesto. *Écrits sur la révolution*, op. cit.
8. GUEVARA, Ernesto. *Journal de Bolivie*, op. cit.
9. Id.
10. Ibid.
11. Marxists.org

Morte sem sepultura

1. GUEVARA, Ernesto. *Journal de Bolivie*, op. cit.
2. Id.
3. Ibid.
4. Ibid.
5. GUILLERM, François Xavier. *Le sang des nègres*. Paris: Galaade, 2015.
6. GUEVARA, Ernesto. *Journal de Bolivie*, op. cit.
7. Id.
8. Ibid.
9. Ibid.
10. Ibid.
11. Ibid.
12. Ibid.
13. Ibid.
14. Ibid.
15. Ibid.
16. Ibid.
17. Ibid.
18. ANDERSON, John Lee. *CHE*, op. cit.
19. GUEVARA, Ernesto. *Journal de Bolivie*, op. cit.

Agradecimentos

Agradeço a Gérard Roero de Cortanze, diretor da coleção Folio Biographies, sua renovada confiança.

Um agradecimento especial a René Depestre, que me concedeu inúmeras horas de entrevistas e, recebendo-me calorosa e amavelmente em sua casa, esclareceu com seu testemunho direto uma faceta inteira desta história.

Eu também gostaria de agradecer com muita ênfase a Patricia Guédot, que, por seus conselhos precisos e repetidos encorajamentos, foi um apoio fundamental a meu trabalho de escritor.

Agradeço também a Michel Bangou, Laurent Klajnbaum, Obey Ament, Serge Sandor, Jean-Michel Helvig, Frédérique Romain, François Xavier Guillerm, Manuèle Robert, bem como a toda a minha família.

Sobre o autor

Escritor, filósofo e dramaturgo, Alain Foix, nascido em Guadalupe, foi diretor da Scène Nationale de Guadalupe, do teatro Le Prisme de Saint-Quentin-en-Yvelines e de La Muse en Circuit, Centre national de créatrion musicale. É atualmente diretor artístico e diretor da companhia "Quai des arts". Foi vencedor, em 2004, do Grand Prix Beaumarchais/ETC-Caraïbe de escrita teatral.

Sua obra literária, que vai do romance à escrita teatral, passando pelo ensaio filosófico e pelos livros infantojuvenis, é marcada pelo ecletismo. Publicou pela editora Gallimard *Ta mémoire, petit monde* (relato autobiográfico), *Je danse donc je suis* (ensaio filosófico) e Toussaint Louverture na coleção Folio Biographies. De sua autoria, a L&PM Editores publicou *Martin Luther King* na Série Biografias.

Coleção L&PM POCKET (últimos lançamentos)

417. **Histórias de robôs:** vol. 1 – org. Isaac Asimov
418. **Histórias de robôs:** vol. 2 – org. Isaac Asimov
419. **Histórias de robôs:** vol. 3 – org. Isaac Asimov
423. **Um amigo de Kafka** – Isaac Singer
424. **As alegres matronas de Windsor** – Shakespeare
425. **Amor e exílio** – Isaac Bashevis Singer
426. **Use & abuse do seu signo** – Marília Fiorillo e Marylou Simonsen
427. **Pigmaleão** – Bernard Shaw
428. **As fenícias** – Eurípides
429. **Everest** – Thomaz Brandolin
430. **A arte de furtar** – Anônimo do séc. XVI
431. **Billy Bud** – Herman Melville
432. **A rosa separada** – Pablo Neruda
433. **Elegia** – Pablo Neruda
434. **A garota de Cassidy** – David Goodis
435. **Como fazer a guerra: máximas de Napoleão** – Balzac
436. **Poemas escolhidos** – Emily Dickinson
437. **Gracias por el fuego** – Mario Benedetti
438. **O sofá** – Crébillon Fils
439. **O "Martín Fierro"** – Jorge Luis Borges
440. **Trabalhos de amor perdidos** – W. Shakespeare
441. **O melhor de Hagar 3** – Dik Browne
442. **Os Maias (volume1)** – Eça de Queiroz
443. **Os Maias (volume2)** – Eça de Queiroz
444. **Anti-Justine** – Restif de La Bretonne
445. **Juventude** – Joseph Conrad
446. **Contos** – Eça de Queiroz
448. **Um amor de Swann** – Marcel Proust
449. **À paz perpétua** – Immanuel Kant
450. **A conquista do México** – Hernan Cortez
451. **Defeitos escolhidos e 2000** – Pablo Neruda
452. **O casamento do céu e do inferno** – William Blake
453. **A primeira viagem ao redor do mundo** – Antonio Pigafetta
457. **Sartre** – Annie Cohen-Solal
458. **Discurso do método** – René Descartes
459. **Garfield em grande forma (1)** – Jim Davis
460. **Garfield está de dieta** (2) – Jim Davis
461. **O livro das feras** – Patricia Highsmith
462. **Viajante solitário** – Jack Kerouac
463. **Auto da barca do inferno** – Gil Vicente
464. **O livro vermelho dos pensamentos de Millôr** – Millôr Fernandes
465. **O livro dos abraços** – Eduardo Galeano
466. **Voltaremos!** – José Antonio Pinheiro Machado
467. **Rango** – Edgar Vasques
468(8).**Dieta mediterrânea** – Dr. Fernando Lucchese e José Antonio Pinheiro Machado
469. **Radicci 5** – Iotti
470. **Pequenos pássaros** – Anaïs Nin
471. **Guia prático do Português correto – vol.3** – Cláudio Moreno
472. **Atire no pianista** – David Goodis
473. **Antologia Poética** – García Lorca
474. **Alexandre e César** – Plutarco
475. **Uma espiã na casa do amor** – Anaïs Nin
476. **A gorda do Tiki Bar** – Dalton Trevisan
477. **Garfield um gato de peso (3)** – Jim Davis
478. **Canibais** – David Coimbra
479. **A arte de escrever** – Arthur Schopenhauer
480. **Pinóquio** – Carlo Collodi
481. **Misto-quente** – Bukowski
482. **A lua na sarjeta** – David Goodis
483. **O melhor do Recruta Zero (1)** – Mort Walker
484. **Aline: TPM – tensão pré-monstrual (2)** – Adão Iturrusgarai
485. **Sermões do Padre Antonio Vieira**
486. **Garfield numa boa (4)** – Jim Davis
487. **Mensagem** – Fernando Pessoa
488. **Vendeta** *seguido de* **A paz conjugal** – Balzac
489. **Poemas de Alberto Caeiro** – Fernando Pessoa
490. **Ferragus** – Honoré de Balzac
491. **A duquesa de Langeais** – Honoré de Balzac
492. **A menina dos olhos de ouro** – Honoré de Balzac
493. **O lírio do vale** – Honoré de Balzac
497. **A noite das bruxas** – Agatha Christie
498. **Um passe de mágica** – Agatha Christie
499. **Nêmesis** – Agatha Christie
500. **Esboço para uma teoria das emoções** – Sartre
501. **Renda básica de cidadania** – Eduardo Suplicy
502(1).**Pílulas para viver melhor** – Dr. Lucchese
503(2).**Pílulas para prolongar a juventude** – Dr. Lucchese
504(3).**Desembarcando o diabetes** – Dr. Lucchese
505(4).**Desembarcando o sedentarismo** – Dr. Fernando Lucchese e Cláudio Castro
506(5).**Desembarcando a hipertensão** – Dr. Lucchese
507(6).**Desembarcando o colesterol** – Dr. Fernando Lucchese e Fernanda Lucchese
508. **Estudos de mulher** – Balzac
509. **O terceiro tira** – Flann O'Brien
510. **100 receitas de aves e ovos** – J. A. P. Machado
511. **Garfield em toneladas de diversão (5)** – Jim Davis
512. **Trem-bala** – Martha Medeiros
513. **Os cães ladram** – Truman Capote
514. **O Kama Sutra de Vatsyayana**
515. **O crime do Padre Amaro** – Eça de Queiroz
516. **Odes de Ricardo Reis** – Fernando Pessoa
517. **O inverno da nossa desesperança** – Steinbeck
518. **Piratas do Tietê (1)** – Laerte
519. **Rê Bordosa: do começo ao fim** – Angeli
520. **O Harlem é escuro** – Chester Himes
521. **Café-da-manhã dos campeões** – Kurt Vonnegut
522. **Eugénie Grandet** – Balzac
523. **O último magnata** – F. Scott Fitzgerald
524. **Carol** – Patricia Highsmith
525. **100 receitas de patisseria** – Sílvio Lancellotti

527. **Tristessa** – Jack Kerouac
528. **O diamante do tamanho do Ritz** – F. Scott Fitzgerald
529. **As melhores histórias de Sherlock Holmes** – Arthur Conan Doyle
530. **Cartas a um jovem poeta** – Rilke
532. **O misterioso sr. Quin** – Agatha Christie
533. **Os analectos** – Confúcio
536. **Ascensão e queda de César Birotteau** – Balzac
537. **Sexta-feira negra** – David Goodis
538. **Ora bolas – O humor de Mario Quintana** – Juarez Fonseca
539. **Longe daqui aqui mesmo** – Antonio Bivar
540. **É fácil matar** – Agatha Christie
541. **O pai Goriot** – Balzac
542. **Brasil, um país do futuro** – Stefan Zweig
543. **O processo** – Kafka
544. **O melhor de Hagar 4** – Dik Browne
545. **Por que não pediram a Evans?** – Agatha Christie
546. **Fanny Hill** – John Cleland
547. **O gato por dentro** – William S. Burroughs
548. **Sobre a brevidade da vida** – Sêneca
549. **Geraldão (1)** – Glauco
550. **Piratas do Tietê (2)** – Laerte
551. **Pagando o pato** – Ciça
552. **Garfield de bom humor (6)** – Jim Davis
553. **Conhece o Mário?** vol.1 – Santiago
554. **Radicci 6** – Iotti
555. **Os subterrâneos** – Jack Kerouac
556(1). **Balzac** – François Taillandier
557(2). **Modigliani** – Christian Parisot
558(3). **Kafka** – Gérard-Georges Lemaire
559(4). **Júlio César** – Joël Schmidt
560. **Receitas da família** – J. A. Pinheiro Machado
561. **Boas maneiras à mesa** – Celia Ribeiro
562(9). **Filhos sadios, pais felizes** – R. Pagnoncelli
563(10). **Fatos & mitos** – Dr. Fernando Lucchese
564. **Ménage à trois** – Paula Taitelbaum
565. **Mulheres!** – David Coimbra
566. **Poemas de Álvaro de Campos** – Fernando Pessoa
567. **Medo e outras histórias** – Stefan Zweig
568. **Snoopy e sua turma (1)** – Schulz
569. **Piadas para sempre (1)** – Visconde da Casa Verde
570. **O alvo móvel** – Ross Macdonald
571. **O melhor do Recruta Zero (2)** – Mort Walker
572. **Um sonho americano** – Norman Mailer
573. **Os broncos também amam** – Angeli
574. **Crônica de um amor louco** – Bukowski
575(5). **Freud** – René Major e Chantal Talagrand
576(6). **Picasso** – Gilles Plazy
577(7). **Gandhi** – Christine Jordis
578. **A tumba** – H. P. Lovecraft
579. **O príncipe e o mendigo** – Mark Twain
580. **Garfield, um charme de gato (7)** – Jim Davis
581. **Ilusões perdidas** – Balzac
582. **Esplendores e misérias das cortesãs** – Balzac
583. **Walter Ego** – Angeli
584. **Striptiras (1)** – Laerte
585. **Fagundes: um puxa-saco de mão cheia** – Laerte
586. **Depois do último trem** – Josué Guimarães
587. **Ricardo III** – Shakespeare
588. **Dona Anja** – Josué Guimarães
589. **24 horas na vida de uma mulher** – Stefan Zweig
591. **Mulher no escuro** – Dashiell Hammett
592. **No que acredito** – Bertrand Russell
593. **Odisséia (1): Telemaquia** – Homero
594. **O cavalo cego** – Josué Guimarães
595. **Henrique V** – Shakespeare
596. **Fabulário geral do delírio cotidiano** – Bukowski
597. **Tiros na noite 1: A mulher do bandido** – Dashiell Hammett
598. **Snoopy em Feliz Dia dos Namorados! (2)** – Schulz
600. **Crime e castigo** – Dostoiévski
601. **Mistério no Caribe** – Agatha Christie
602. **Odisséia (2): Regresso** – Homero
603. **Piadas para sempre (2)** – Visconde da Casa Verde
604. **À sombra do vulcão** – Malcolm Lowry
605(8). **Kerouac** – Yves Buin
606. **E agora são cinzas** – Angeli
607. **As mil e uma noites** – Paulo Caruso
608. **Um assassino entre nós** – Ruth Rendell
609. **Crack-up** – F. Scott Fitzgerald
610. **Do amor** – Stendhal
611. **Cartas do Yage** – William Burroughs e Allen Ginsberg
612. **Striptiras (2)** – Laerte
613. **Henry & June** – Anaïs Nin
614. **A piscina mortal** – Ross Macdonald
615. **Geraldão (2)** – Glauco
616. **Tempo de delicadeza** – A. R. de Sant'Anna
617. **Tiros na noite 2: Medo de tiro** – Dashiell Hammett
618. **Snoopy em Assim é a vida, Charlie Brown! (3)** – Schulz
619. **1954 – Um tiro no coração** – Hélio Silva
620. **Sobre a inspiração poética (Íon)** e ... – Platão
621. **Garfield e seus amigos (8)** – Jim Davis
622. **Odisséia (3): Ítaca** – Homero
623. **A louca matança** – Chester Himes
624. **Factótum** – Bukowski
625. **Guerra e Paz: volume 1** – Tolstói
626. **Guerra e Paz: volume 2** – Tolstói
627. **Guerra e Paz: volume 3** – Tolstói
628. **Guerra e Paz: volume 4** – Tolstói
629(9). **Shakespeare** – Claude Mourthé
630. **Bem está o que bem acaba** – Shakespeare
631. **O contrato social** – Rousseau
632. **Geração Beat** – Jack Kerouac
633. **Snoopy: É Natal! (4)** – Charles Schulz

634. **Testemunha da acusação** – Agatha Christie
635. **Um elefante no caos** – Millôr Fernandes
636. **Guia de leitura (100 autores que você precisa ler)** – Organização de Léa Masina
637. **Pistoleiros também mandam flores** – David Coimbra
638. **O prazer das palavras** – vol. 1 – Cláudio Moreno
639. **O prazer das palavras** – vol. 2 – Cláudio Moreno
640. **Novíssimo testamento: com Deus e o diabo, a dupla da criação** – Iotti
641. **Literatura Brasileira: modos de usar** – Luís Augusto Fischer
642. **Dicionário de Porto-Alegrês** – Luís A. Fischer
643. **Clô Dias & Noites** – Sérgio Jockymann
644. **Memorial de Isla Negra** – Pablo Neruda
645. **Um homem extraordinário e outras histórias** – Tchékhov
646. **Ana sem terra** – Alcy Cheuiche
647. **Adultérios** – Woody Allen
651. **Snoopy: Posso fazer uma pergunta, professora? (5)** – Charles Schulz
652(10). **Luís XVI** – Bernard Vincent
653. **O mercador de Veneza** – Shakespeare
654. **Cancioneiro** – Fernando Pessoa
655. **Non-Stop** – Martha Medeiros
656. **Carpinteiros, levantem bem alto a cumeeira & Seymour, uma apresentação** – J.D.Salinger
657. **Ensaios céticos** – Bertrand Russell
658. **O melhor de Hagar 5** – Dik e Chris Browne
659. **Primeiro amor** – Ivan Turguêniev
660. **A trégua** – Mario Benedetti
661. **Um parque de diversões da cabeça** – Lawrence Ferlinghetti
662. **Aprendendo a viver** – Sêneca
663. **Garfield, um gato em apuros (9)** – Jim Davis
664. **Dilbert (1)** – Scott Adams
666. **A imaginação** – Jean-Paul Sartre
667. **O ladrão e os cães** – Naguib Mahfuz
669. **A volta do parafuso** seguido de **Daisy Miller** – Henry James
670. **Notas do subsolo** – Dostoiévski
671. **Abobrinhas da Brasilônia** – Glauco
672. **Geraldão (3)** – Glauco
673. **Piadas para sempre (3)** – Visconde da Casa Verde
674. **Duas viagens ao Brasil** – Hans Staden
676. **A arte da guerra** – Maquiavel
677. **Além do bem e do mal** – Nietzsche
678. **O coronel Chabert** seguido de **A mulher abandonada** – Balzac
679. **O sorriso de marfim** – Ross Macdonald
680. **100 receitas de pescados** – Silvio Lancellotti
681. **O juiz e seu carrasco** – Friedrich Dürrenmatt
682. **Noites brancas** – Dostoiévski
683. **Quadras ao gosto popular** – Fernando Pessoa
685. **Kaos** – Millôr Fernandes
686. **A pele de onagro** – Balzac
687. **As ligações perigosas** – Choderlos de Laclos
689. **Os Lusíadas** – Luís Vaz de Camões
690(11). **Átila** – Éric Deschodt
691. **Um jeito tranqüilo de matar** – Chester Himes
692. **A felicidade conjugal** seguido de **O diabo** – Tolstói
693. **Viagem de um naturalista ao redor do mundo** – vol. 1 – Charles Darwin
694. **Viagem de um naturalista ao redor do mundo** – vol. 2 – Charles Darwin
695. **Memórias da casa dos mortos** – Dostoiévski
696. **A Celestina** – Fernando de Rojas
697. **Snoopy: Como você é azarado, Charlie Brown! (6)** – Charles Schulz
698. **Dez (quase) amores** – Claudia Tajes
699. **Poirot sempre espera** – Agatha Christie
701. **Apologia de Sócrates** precedido de **Êutifron e** seguido de **Críton** – Platão
702. **Wood & Stock** – Angeli
703. **Striptiras (3)** – Laerte
704. **Discurso sobre a origem e os fundamentos da desigualdade entre os homens** – Rousseau
705. **Os duelistas** – Joseph Conrad
706. **Dilbert (2)** – Scott Adams
707. **Viver e escrever (vol. 1)** – Edla van Steen
708. **Viver e escrever (vol. 2)** – Edla van Steen
709. **Viver e escrever (vol. 3)** – Edla van Steen
710. **A teia da aranha** – Agatha Christie
711. **O banquete** – Platão
712. **Os belos e malditos** – F. Scott Fitzgerald
713. **Libelo contra a arte moderna** – Salvador Dalí
714. **Akropolis** – Valerio Massimo Manfredi
715. **Devoradores de mortos** – Michael Crichton
716. **Sob o sol da Toscana** – Frances Mayes
717. **Batom na cueca** – Nani
718. **Vida dura** – Claudia Tajes
719. **Carne trêmula** – Ruth Rendell
720. **Cris, a fera** – David Coimbra
721. **O anticristo** – Nietzsche
722. **Como um romance** – Daniel Pennac
723. **Emboscada no Forte Bragg** – Tom Wolfe
724. **Assédio sexual** – Michael Crichton
725. **O espírito do Zen** – Alan W.Watts
726. **Um bonde chamado desejo** – Tennessee Williams
727. **Como gostais** seguido de **Conto de inverno** – Shakespeare
728. **Tratado sobre a tolerância** – Voltaire
729. **Snoopy: Doces ou travessuras? (7)** – Charles Schulz
730. **Cardápios do Anonymus Gourmet** – J.A. Pinheiro Machado
731. **100 receitas com lata** – J.A. Pinheiro Machado
732. **Conhece o Mário? vol.2** – Santiago
733. **Dilbert (3)** – Scott Adams
734. **História de um louco amor** seguido de **Passado amor** – Horacio Quiroga
735(11). **Sexo: muito prazer** – Laura Meyer da Silva
736(12). **Para entender o adolescente** – Dr. Ronald Pagnoncelli

737(13).**Desembarcando a tristeza** – Dr. Fernando Lucchese
738.**Poirot e o mistério da arca espanhola & outras histórias** – Agatha Christie
739.**A última legião** – Valerio Massimo Manfredi
741.**Sol nascente** – Michael Crichton
742.**Duzentos ladrões** – Dalton Trevisan
743.**Os devaneios do caminhante solitário** – Rousseau
744.**Garfield, o rei da preguiça (10)** – Jim Davis
745.**Os magnatas** – Charles R. Morris
746.**Pulp** – Charles Bukowski
747.**Enquanto agonizo** – William Faulkner
748.**Aline: viciada em sexo (3)** – Adão Iturrusgarai
749.**A dama do cachorrinho** – Anton Tchékhov
750.**Tito Andrônico** – Shakespeare
751.**Antologia poética** – Anna Akhmátova
752.**O melhor de Hagar 6** – Dik e Chris Browne
753(12).**Michelangelo** – Nadine Sautel
754.**Dilbert (4)** – Scott Adams
755.**O jardim das cerejeiras** *seguido de* **Tio Vânia** – Tchékhov
756.**Geração Beat** – Claudio Willer
757.**Santos Dumont** – Alcy Cheuiche
758.**Budismo** – Claude B. Levenson
759.**Cleópatra** – Christian-Georges Schwentzel
760.**Revolução Francesa** – Frédéric Bluche, Stéphane Rials e Jean Tulard
761.**A crise de 1929** – Bernard Gazier
762.**Sigmund Freud** – Edson Sousa e Paulo Endo
763.**Império Romano** – Patrick Le Roux
764.**Cruzadas** – Cécile Morrisson
765.**O mistério do Trem Azul** – Agatha Christie
768.**Senso comum** – Thomas Paine
769.**O parque dos dinossauros** – Michael Crichton
770.**Trilogia da paixão** – Goethe
773.**Snoopy: No mundo da lua! (8)** – Charles Schulz
774.**Os Quatro Grandes** – Agatha Christie
775.**Um brinde de cianureto** – Agatha Christie
776.**Súplicas atendidas** – Truman Capote
779.**A viúva imortal** – Millôr Fernandes
780.**Cabala** – Roland Goetschel
781.**Capitalismo** – Claude Jessua
782.**Mitologia grega** – Pierre Grimal
783.**Economia: 100 palavras-chave** – Jean-Paul Betbèze
784.**Marxismo** – Henri Lefebvre
785.**Punição para a inocência** – Agatha Christie
786.**A extravagância do morto** – Agatha Christie
787(13).**Cézanne** – Bernard Fauconnier
788.**A identidade Bourne** – Robert Ludlum
789.**Da tranquilidade da alma** – Sêneca
790.**Um artista da fome** *seguido de* **Na colônia penal e outras histórias** – Kafka
791.**Histórias de fantasmas** – Charles Dickens
796.**O Uraguai** – Basílio da Gama
797.**A mão misteriosa** – Agatha Christie
798.**Testemunha ocular do crime** – Agatha Christie
799.**Crepúsculo dos ídolos** – Friedrich Nietzsche
802.**O grande golpe** – Dashiell Hammett
803.**Humor barra pesada** – Nani
804.**Vinho** – Jean-François Gautier
805.**Egito Antigo** – Sophie Desplancques
806(14).**Baudelaire** – Jean-Baptiste Baronian
807.**Caminho da sabedoria, caminho da paz** – Dalai Lama e Felizitas von Schönborn
808.**Senhor e servo e outras histórias** – Tolstói
809.**Os cadernos de Malte Laurids Brigge** – Rilke
810.**Dilbert (5)** – Scott Adams
811.**Big Sur** – Jack Kerouac
812.**Seguindo a correnteza** – Agatha Christie
813.**O álibi** – Sandra Brown
814.**Montanha-russa** – Martha Medeiros
815.**Coisas da vida** – Martha Medeiros
816.**A cantada infalível** *seguido de* **A mulher do centroavante** – David Coimbra
819.**Snoopy: Pausa para a soneca (9)** – Charles Schulz
820.**De pernas pro ar** – Eduardo Galeano
821.**Tragédias gregas** – Pascal Thiercy
822.**Existencialismo** – Jacques Colette
823.**Nietzsche** – Jean Granier
824.**Amar ou depender?** – Walter Riso
825.**Darmapada: a doutrina budista em versos**
826.**J'Accuse...! – a verdade em marcha** – Zola
827.**Os crimes ABC** – Agatha Christie
828.**Um gato entre os pombos** – Agatha Christie
831.**Dicionário de teatro** – Luiz Paulo Vasconcellos
832.**Cartas extraviadas** – Martha Medeiros
833.**A longa viagem de prazer** – J. J. Morosoli
834.**Receitas fáceis** – J. A. Pinheiro Machado
835(14).**Mais fatos & mitos** – Dr. Fernando Lucchese
836(15).**Boa viagem!** – Dr. Fernando Lucchese
837.**Aline: Finalmente nua!!! (4)** – Adão Iturrusgarai
838.**Mônica tem uma novidade!** – Mauricio de Sousa
839.**Cebolinha em apuros!** – Mauricio de Sousa
840.**Sócios no crime** – Agatha Christie
841.**Bocas do tempo** – Eduardo Galeano
842.**Orgulho e preconceito** – Jane Austen
843.**Impressionismo** – Dominique Lobstein
844.**Escrita chinesa** – Viviane Alleton
845.**Paris: uma história** – Yvan Combeau
846(15).**Van Gogh** – David Haziot
848.**Portal do destino** – Agatha Christie
849.**O futuro de uma ilusão** – Freud
850.**O mal-estar na cultura** – Freud
853.**Um crime adormecido** – Agatha Christie
854.**Satori em Paris** – Jack Kerouac
855.**Medo e delírio em Las Vegas** – Hunter Thompson
856.**Um negócio fracassado e outros contos de humor** – Tchékhov
857.**Mônica está de férias!** – Mauricio de Sousa
858.**De quem é esse coelho?** – Mauricio de Sousa
860.**O mistério Sittaford** – Agatha Christie
861.**Manhã transfigurada** – L. A. de Assis Brasil
862.**Alexandre, o Grande** – Pierre Briant
863.**Jesus** – Charles Perrot

864. **Islã** – Paul Balta
865. **Guerra da Secessão** – Farid Ameur
866. **Um rio que vem da Grécia** – Cláudio Moreno
868. **Assassinato na casa do pastor** – Agatha Christie
869. **Manual do líder** – Napoleão Bonaparte
870(16). **Billie Holiday** – Sylvia Fol
871. **Bidu arrasando!** – Mauricio de Sousa
872. **Desventuras em família** – Mauricio de Sousa
874. **E no final a morte** – Agatha Christie
875. **Guia prático do Português correto – vol. 4** – Cláudio Moreno
876. **Dilbert (6)** – Scott Adams
877(17). **Leonardo da Vinci** – Sophie Chauveau
878. **Bella Toscana** – Frances Mayes
879. **A arte da ficção** – David Lodge
880. **Stritiras (4)** – Laerte
881. **Skrotinhos** – Angeli
882. **Depois do funeral** – Agatha Christie
883. **Radicci 7** – Iotti
884. **Walden** – H. D. Thoreau
885. **Lincoln** – Allen C. Guelzo
886. **Primeira Guerra Mundial** – Michael Howard
887. **A linha de sombra** – Joseph Conrad
888. **O amor é um cão dos diabos** – Bukowski
890. **Despertar: uma vida de Buda** – Jack Kerouac
891(18). **Albert Einstein** – Laurent Seksik
892. **Hell's Angels** – Hunter Thompson
893. **Ausência na primavera** – Agatha Christie
894. **Dilbert (7)** – Scott Adams
895. **Ao sul de lugar nenhum** – Bukowski
896. **Maquiavel** – Quentin Skinner
897. **Sócrates** – C.C.W. Taylor
899. **O Natal de Poirot** – Agatha Christie
900. **As veias abertas da América Latina** – Eduardo Galeano
901. **Snoopy: Sempre alerta! (10)** – Charles Schulz
902. **Chico Bento: Plantando confusão** – Mauricio de Sousa
903. **Penadinho: Quem é morto sempre aparece** – Mauricio de Sousa
904. **A vida sexual da mulher feia** – Claudia Tajes
905. **100 segredos de liquidificador** – José Antonio Pinheiro Machado
906. **Sexo muito prazer 2** – Laura Meyer da Silva
907. **Os nascimentos** – Eduardo Galeano
908. **As caras e as máscaras** – Eduardo Galeano
909. **O século do vento** – Eduardo Galeano
910. **Poirot perde uma cliente** – Agatha Christie
911. **Cérebro** – Michael O'Shea
912. **O escaravelho de ouro e outras histórias** – Edgar Allan Poe
913. **Piadas para pequenos (4)** – Visconde da Casa Verde
914. **100 receitas de massas light** – Helena Tonetto
915(19). **Oscar Wilde** – Daniel Salvatore Schiffer
916. **Uma breve história do mundo** – H. G. Wells
917. **A Casa do Penhasco** – Agatha Christie
919. **John M. Keynes** – Bernard Gazier
920(20). **Virginia Woolf** – Alexandra Lemasson
921. **Peter e Wendy** *seguido de* **Peter Pan em Kensington Gardens** – J. M. Barrie
922. **Aline: numas de colegial (5)** – Adão Iturrusgarai
923. **Uma dose mortal** – Agatha Christie
924. **Os trabalhos de Hércules** – Agatha Christie
926. **Kant** – Roger Scruton
927. **A inocência do Padre Brown** – G.K. Chesterton
928. **Casa Velha** – Machado de Assis
929. **Marcas de nascença** – Nancy Huston
930. **Aulete de bolso**
931. **Hora Zero** – Agatha Christie
932. **Morte na Mesopotâmia** – Agatha Christie
934. **Nem te conto, João** – Dalton Trevisan
935. **As aventuras de Huckleberry Finn** – Mark Twain
936(21). **Marilyn Monroe** – Anne Plantagenet
937. **China moderna** – Rana Mitter
938. **Dinossauros** – David Norman
939. **Louca por homem** – Claudia Tajes
940. **Amores de alto risco** – Walter Riso
941. **Jogo de damas** – David Coimbra
942. **Filha é filha** – Agatha Christie
943. **M ou N?** – Agatha Christie
945. **Bidu: diversão em dobro!** – Mauricio de Sousa
946. **Fogo** – Anaïs Nin
947. **Rum: diário de um jornalista bêbado** – Hunter Thompson
948. **Persuasão** – Jane Austen
949. **Lágrimas na chuva** – Sergio Faraco
950. **Mulheres** – Bukowski
951. **Um pressentimento funesto** – Agatha Christie
952. **Cartas na mesa** – Agatha Christie
954. **O lobo do mar** – Jack London
955. **Os gatos** – Patricia Highsmith
956(22). **Jesus** – Christiane Rancé
957. **História da medicina** – William Bynum
958. **O Morro dos Ventos Uivantes** – Emily Brontë
959. **A filosofia na era trágica dos gregos** – Nietzsche
960. **Os treze problemas** – Agatha Christie
961. **A massagista japonesa** – Moacyr Scliar
963. **Humor do miserê** – Nani
964. **Todo o mundo tem dúvida, inclusive você** – Édison de Oliveira
965. **A dama do Bar Nevada** – Sergio Faraco
969. **O psicopata americano** – Bret Easton Ellis
970. **Ensaios de amor** – Alain de Botton
971. **O grande Gatsby** – F. Scott Fitzgerald
972. **Por que não sou cristão** – Bertrand Russell
973. **A Casa Torta** – Agatha Christie
974. **Encontro com a morte** – Agatha Christie
975(23). **Rimbaud** – Jean-Baptiste Baronian
976. **Cartas na rua** – Bukowski
977. **Memória** – Jonathan K. Foster
978. **A abadia de Northanger** – Jane Austen
979. **As pernas de Úrsula** – Claudia Tajes
980. **Retrato inacabado** – Agatha Christie
981. **Solanin (1)** – Inio Asano
982. **Solanin (2)** – Inio Asano
983. **Aventuras de menino** – Mitsuru Adachi

984. (16).**Fatos & mitos sobre sua alimentação** – Dr. Fernando Lucchese
985. **Teoria quântica** – John Polkinghorne
986. **O eterno marido** – Fiódor Dostoiévski
987. **Um safado em Dublin** – J. P. Donleavy
988. **Mirinha** – Dalton Trevisan
989. **Akhenaton e Nefertiti** – Carmen Seganfredo e A. S. Franchini
990. **On the Road – o manuscrito original** – Jack Kerouac
991. **Relatividade** – Russell Stannard
992. **Abaixo de zero** – Bret Easton Ellis
993. (24).**Andy Warhol** – Mériam Korichi
995. **Os últimos casos de Miss Marple** – Agatha Christie
996. **Nico Demo** – Mauricio de Sousa
998. **Rousseau** – Robert Wokler
999. **Noite sem fim** – Agatha Christie
1000. **Diários de Andy Warhol (1)** – Editado por Pat Hackett
1001. **Diários de Andy Warhol (2)** – Editado por Pat Hackett
1002. **Cartier-Bresson: o olhar do século** – Pierre Assouline
1003. **As melhores histórias da mitologia: vol. 1** – A.S. Franchini e Carmen Seganfredo
1004. **As melhores histórias da mitologia: vol. 2** – A.S. Franchini e Carmen Seganfredo
1005. **Assassinato no beco** – Agatha Christie
1006. **Convite para um homicídio** – Agatha Christie
1008. **História da vida** – Michael J. Benton
1009. **Jung** – Anthony Stevens
1010. **Arsène Lupin, ladrão de casaca** – Maurice Leblanc
1011. **Dublinenses** – James Joyce
1012. **120 tirinhas da Turma da Mônica** – Mauricio de Sousa
1013. **Antologia poética** – Fernando Pessoa
1014. **A aventura de um cliente ilustre** *seguido de* **O último adeus de Sherlock Holmes** – Sir Arthur Conan Doyle
1015. **Cenas de Nova York** – Jack Kerouac
1016. **A corista** – Anton Tchékhov
1017. **O diabo** – Leon Tolstói
1018. **Fábulas chinesas** – Sérgio Capparelli e Márcia Schmaltz
1019. **O gato do Brasil** – Sir Arthur Conan Doyle
1020. **Missa do Galo** – Machado de Assis
1021. **O mistério de Marie Rogêt** – Edgar Allan Poe
1022. **A mulher mais linda da cidade** – Bukowski
1023. **O retrato** – Nicolai Gogol
1024. **O conflito** – Agatha Christie
1025. **Os primeiros casos de Poirot** – Agatha Christie
1027. (25).**Beethoven** – Bernard Fauconnier
1028. **Platão** – Julia Annas
1029. **Cleo e Daniel** – Roberto Freire
1030. **Til** – José de Alencar
1031. **Viagens na minha terra** – Almeida Garrett
1032. **Profissões para mulheres e outros artigos feministas** – Virginia Woolf
1033. **Mrs. Dalloway** – Virginia Woolf
1034. **O cão da morte** – Agatha Christie
1035. **Tragédia em três atos** – Agatha Christie
1037. **O fantasma da Ópera** – Gaston Leroux
1038. **Evolução** – Brian e Deborah Charlesworth
1039. **Medida por medida** – Shakespeare
1040. **Razão e sentimento** – Jane Austen
1041. **A obra-prima ignorada** *seguido de* **Um episódio durante o Terror** – Balzac
1042. **A fugitiva** – Anaïs Nin
1043. **As grandes histórias da mitologia greco-romana** – A. S. Franchini
1044. **O corno de si mesmo & outras historietas** – Marquês de Sade
1045. **Da felicidade** *seguido de* **Da vida retirada** – Sêneca
1046. **O horror em Red Hook e outras histórias** – H. P. Lovecraft
1047. **Noite em claro** – Martha Medeiros
1048. **Poemas clássicos chineses** – Li Bai, Du Fu e Wang Wei
1049. **A terceira moça** – Agatha Christie
1050. **Um destino ignorado** – Agatha Christie
1051. (26).**Buda** – Sophie Royer
1052. **Guerra Fria** – Robert J. McMahon
1053. **Simons's Cat: as aventuras de um gato travesso e comilão – vol. 1** – Simon Tofield
1054. **Simons's Cat: as aventuras de um gato travesso e comilão – vol. 2** – Simon Tofield
1055. **Só as mulheres e as baratas sobreviverão** – Claudia Tajes
1057. **Pré-história** – Chris Gosden
1058. **Pintou sujeira!** – Mauricio de Sousa
1059. **Contos de Mamãe Gansa** – Charles Perrault
1060. **A interpretação dos sonhos: vol. 1** – Freud
1061. **A interpretação dos sonhos: vol. 2** – Freud
1062. **Frufru Rataplã Dolores** – Dalton Trevisan
1063. **As melhores histórias da mitologia egípcia** – Carmem Seganfredo e A.S. Franchini
1064. **Infância. Adolescência. Juventude** – Tolstói
1065. **As consolações da filosofia** – Alain de Botton
1066. **Diários de Jack Kerouac – 1947-1954**
1067. **Revolução Francesa – vol. 1** – Max Gallo
1068. **Revolução Francesa – vol. 2** – Max Gallo
1069. **O detetive Parker Pyne** – Agatha Christie
1070. **Memórias do esquecimento** – Flávio Tavares
1071. **Drogas** – Leslie Iversen
1072. **Manual de ecologia (vol.2)** – J. Lutzenberger
1073. **Como andar no labirinto** – Affonso Romano de Sant'Anna
1074. **A orquídea e o serial killer** – Juremir Machado da Silva
1075. **Amor nos tempos de fúria** – Lawrence Ferlinghetti
1076. **A aventura do pudim de Natal** – Agatha Christie
1077. **Amores que matam** – Patricia Faur

1079. **Histórias de pescador** – Mauricio de Sousa
1080. **Pedaços de um caderno manchado de vinho** – Bukowski
1081. **A ferro e fogo: tempo de solidão (vol.1)** – Josué Guimarães
1082. **A ferro e fogo: tempo de guerra (vol.2)** – Josué Guimarães
1084(17). **Desembarcando o Alzheimer** – Dr. Fernando Lucchese e Dra. Ana Hartmann
1085. **A maldição do espelho** – Agatha Christie
1086. **Uma breve história da filosofia** – Nigel Warburton
1088. **Heróis da História** – Will Durant
1089. **Concerto campestre** – L. A. de Assis Brasil
1090. **Morte nas nuvens** – Agatha Christie
1092. **Aventura em Bagdá** – Agatha Christie
1093. **O cavalo amarelo** – Agatha Christie
1094. **O método de interpretação dos sonhos** – Freud
1095. **Sonetos de amor e desamor** – Vários
1096. **120 tirinhas do Dilbert** – Scott Adams
1097. **200 fábulas de Esopo**
1098. **O curioso caso de Benjamin Button** – F. Scott Fitzgerald
1099. **Piadas para sempre: uma antologia para morrer de rir** – Visconde da Casa Verde
1100. **Hamlet (Mangá)** – Shakespeare
1101. **A arte da guerra (Mangá)** – Sun Tzu
1104. **As melhores histórias da Bíblia (vol.1)** – A. S. Franchini e Carmen Seganfredo
1105. **As melhores histórias da Bíblia (vol.2)** – A. S. Franchini e Carmen Seganfredo
1106. **Psicologia das massas e análise do eu** – Freud
1107. **Guerra Civil Espanhola** – Helen Graham
1108. **A autoestrada do sul e outras histórias** – Julio Cortázar
1109. **O mistério dos sete relógios** – Agatha Christie
1110. **Peanuts: Ninguém gosta de mim... (amor)** – Charles Schulz
1111. **Cadê o bolo?** – Mauricio de Sousa
1112. **O filósofo ignorante** – Voltaire
1113. **Totem e tabu** – Freud
1114. **Filosofia pré-socrática** – Catherine Osborne
1115. **Desejo de status** – Alain de Botton
1118. **Passageiro para Frankfurt** – Agatha Christie
1120. **Kill All Enemies** – Melvin Burgess
1121. **A morte da sra. McGinty** – Agatha Christie
1122. **Revolução Russa** – S. A. Smith
1123. **Até você, Capitu?** – Dalton Trevisan
1124. **O grande Gatsby (Mangá)** – F. S. Fitzgerald
1125. **Assim falou Zaratustra (Mangá)** – Nietzsche
1126. **Peanuts: É para isso que servem os amigos (amizade)** – Charles Schulz
1127(27). **Nietzsche** – Dorian Astor
1128. **Bidu: Hora do banho** – Mauricio de Sousa
1129. **O melhor do Macanudo Taurino** – Santiago
1130. **Radicci 30 anos** – Iotti
1131. **Show de sabores** – J.A. Pinheiro Machado
1132. **O prazer das palavras** – vol. 3 – Cláudio Moreno
1133. **Morte na praia** – Agatha Christie
1134. **O fardo** – Agatha Christie
1135. **Manifesto do Partido Comunista (Mangá)** – Marx & Engels
1136. **A metamorfose (Mangá)** – Franz Kafka
1137. **Por que você não se casou... ainda** – Tracy McMillan
1138. **Textos autobiográficos** – Bukowski
1139. **A importância de ser prudente** – Oscar Wilde
1140. **Sobre a vontade na natureza** – Arthur Schopenhauer
1141. **Dilbert (8)** – Scott Adams
1142. **Entre dois amores** – Agatha Christie
1143. **Cipreste triste** – Agatha Christie
1144. **Alguém viu uma assombração?** – Mauricio de Sousa
1145. **Mandela** – Elleke Boehmer
1146. **Retrato do artista quando jovem** – James Joyce
1147. **Zadig ou o destino** – Voltaire
1148. **O contrato social (Mangá)** – J.-J. Rousseau
1149. **Garfield fenomenal** – Jim Davis
1150. **A queda da América** – Allen Ginsberg
1151. **Música na noite & outros ensaios** – Aldous Huxley
1152. **Poesias inéditas & Poemas dramáticos** – Fernando Pessoa
1153. **Peanuts: Felicidade é...** – Charles M. Schulz
1154. **Mate-me por favor** – Legs McNeil e Gillian McCain
1155. **Assassinato no Expresso Oriente** – Agatha Christie
1156. **Um punhado de centeio** – Agatha Christie
1157. **A interpretação dos sonhos (Mangá)** – Freud
1158. **Peanuts: Você não entende o sentido da vida** – Charles M. Schulz
1159. **A dinastia Rothschild** – Herbert R. Lottman
1160. **A Mansão Hollow** – Agatha Christie
1161. **Nas montanhas da loucura** – H.P. Lovecraft
1162(28). **Napoleão Bonaparte** – Pascale Fautrier
1163. **Um corpo na biblioteca** – Agatha Christie
1164. **Inovação** – Mark Dodgson e David Gann
1165. **O que toda mulher deve saber sobre os homens: a afetividade masculina** – Walter Riso
1166. **O amor está no ar** – Mauricio de Sousa
1167. **Testemunha de acusação & outras histórias** – Agatha Christie
1168. **Etiqueta de bolso** – Celia Ribeiro
1169. **Poesia reunida (volume 3)** – Affonso Romano de Sant'Anna
1170. **Emma** – Jane Austen
1171. **Que seja em segredo** – Ana Miranda
1172. **Garfield sem apetite** – Jim Davis
1173. **Garfield: Foi mal...** – Jim Davis
1174. **Os irmãos Karamázov (Mangá)** – Dostoiévski
1175. **O Pequeno Príncipe** – Antoine de Saint-Exupéry
1176. **Peanuts: Ninguém mais tem o espírito aventureiro** – Charles M. Schulz

1177. **Assim falou Zaratustra** – Nietzsche
1178. **Morte no Nilo** – Agatha Christie
1179. **Ê, soneca boa** – Mauricio de Sousa
1180. **Garfield a todo o vapor** – Jim Davis
1181. **Em busca do tempo perdido (Mangá)** – Proust
1182. **Cai o pano: o último caso de Poirot** – Agatha Christie
1183. **Livro para colorir e relaxar** – Livro 1
1184. **Para colorir sem parar**
1185. **Os elefantes não esquecem** – Agatha Christie
1186. **Teoria da relatividade** – Albert Einstein
1187. **Compêndio de psicanálise** – Freud
1188. **Visões de Gerard** – Jack Kerouac
1189. **Fim de verão** – Mohiro Kitoh
1190. **Procurando diversão** – Mauricio de Sousa
1191. **E não sobrou nenhum e outras peças** – Agatha Christie
1192. **Ansiedade** – Daniel Freeman & Jason Freeman
1193. **Garfield: pausa para o almoço** – Jim Davis
1194. **Contos do dia e da noite** – Guy de Maupassant
1195. **O melhor de Hagar 7** – Dik Browne
1196(29). **Lou Andreas-Salomé** – Dorian Astor
1197(30). **Pasolini** – René de Ceccatty
1198. **O caso do Hotel Bertram** – Agatha Christie
1199. **Crônicas de motel** – Sam Shepard
1200. **Pequena filosofia da paz interior** – Catherine Rambert
1201. **Os sertões** – Euclides da Cunha
1202. **Treze à mesa** – Agatha Christie
1203. **Bíblia** – John Riches
1204. **Anjos** – David Albert Jones
1205. **As tirinhas do Guri de Uruguaiana 1** – Jair Kobe
1206. **Entre aspas (vol.1)** – Fernando Eichenberg
1207. **Escrita** – Andrew Robinson
1208. **O spleen de Paris: pequenos poemas em prosa** – Charles Baudelaire
1209. **Satíricon** – Petrônio
1210. **O avarento** – Molière
1211. **Queimando na água, afogando-se na chama** – Bukowski
1212. **Miscelânea septuagenária: contos e poemas** – Bukowski
1213. **Que filosofar é aprender a morrer e outros ensaios** – Montaigne
1214. **Da amizade e outros ensaios** – Montaigne
1215. **O medo à espreita e outras histórias** – H.P. Lovecraft
1216. **A obra de arte na era de sua reprodutibilidade técnica** – Walter Benjamin
1217. **Sobre a liberdade** – John Stuart Mill
1218. **O segredo de Chimneys** – Agatha Christie
1219. **Morte na rua Hickory** – Agatha Christie
1220. **Ulisses (Mangá)** – James Joyce
1221. **Ateísmo** – Julian Baggini
1222. **Os melhores contos de Katherine Mansfield** – Katherine Mansfied
1223(31). **Martin Luther King** – Alain Foix
1224. **Millôr Definitivo: uma antologia de A Bíblia do Caos** – Millôr Fernandes
1225. **O Clube das Terças-Feiras e outras histórias** – Agatha Christie
1226. **Por que sou tão sábio** – Nietzsche
1227. **Sobre a mentira** – Platão
1228. **Sobre a leitura** *seguido do* **Depoimento de Céleste Albaret** – Proust
1229. **O homem do terno marrom** – Agatha Christie
1230(32). **Jimi Hendrix** – Franck Médioni
1231. **Amor e amizade e outras histórias** – Jane Austen
1232. **Lady Susan, Os Watson e Sanditon** – Jane Austen
1233. **Uma breve história da ciência** – William Bynum
1234. **Macunaíma: o herói sem nenhum caráter** – Mário de Andrade
1235. **A máquina do tempo** – H.G. Wells
1236. **O homem invisível** – H.G. Wells
1237. **Os 36 estratagemas: manual secreto da arte da guerra** – Anônimo
1238. **A mina de ouro e outras histórias** – Agatha Christie
1239. **Pic** – Jack Kerouac
1240. **O habitante da escuridão e outros contos** – H.P. Lovecraft
1241. **O chamado de Cthulhu e outros contos** – H.P. Lovecraft
1242. **O melhor de Meu reino por um cavalo!** – Edição de Ivan Pinheiro Machado
1243. **A guerra dos mundos** – H.G. Wells
1244. **O caso da criada perfeita e outras histórias** – Agatha Christie
1245. **Morte por afogamento e outras histórias** – Agatha Christie
1246. **Assassinato no Comitê Central** – Manuel Vázquez Montalbán
1247. **O papai é pop** – Marcos Piangers
1248. **O papai é pop 2** – Marcos Piangers
1249. **A mamãe é rock** – Ana Cardoso
1250. **Paris boêmia** – Dan Franck
1251. **Paris libertária** – Dan Franck
1252. **Paris ocupada** – Dan Franck
1253. **Uma anedota infame** – Dostoiévski
1254. **O último dia de um condenado** – Victor Hugo
1255. **Nem só de caviar vive o homem** – J.M. Simmel
1256. **Amanhã é outro dia** – J.M. Simmel
1257. **Mulherzinhas** – Louisa May Alcott
1258. **Reforma Protestante** – Peter Marshall
1259. **História econômica global** – Robert C. Allen
1260(33). **Che Guevara** – Alain Foix
1261. **Câncer** – Nicholas James

IMPRESSÃO:

Pallotti
GRÁFICA EDITORA
IMAGEM DE QUALIDADE

Santa Maria - RS - Fone/Fax: (55) 3220.4500
www.pallotti.com.br